働く人々の
キャリア発達と生きがい
―― 看護師と会社員データによるモデル構築の試み ――

小野公一
Kouichi Ono

はじめに

　「人はなぜ働くのか」　これが最初の著作『職務満足感と生活満足感』（白桃書房　1993）執筆の問題意識であった。その後20年近くが経とうとしている。この間、バブルの崩壊、さらにその後の失われた10年のなかで、わが国の働く人々は、リストラという名の人員削減や成果主義というわけの分からない（人件費抑制のための）管理手段、そして、雇用の多様化の名の下に派遣労働をはじめとして、より不安定で劣悪な労働条件の労働市場の拡大に一方的に苦しめられてきたと言っても過言ではない。そのなかで、過労死や過労自殺、バーンアウトやうつ病などのメンタルヘルス不全に代表される働く人々のウェルビーイング（well-being）の劣化が、大きな社会問題となってきている。そこで浮き彫りにされたのは、正社員であろうが有名大企業に勤めていようが、働く人々そのものが簡単に弱者（負け組み）になるという事実である。

　このような事実は、「だからこそ、働く人は個人として武装（キャリア発達）しなければ生き残れない」、逆に言えば、「敗者になりたくなければ、個人責任でキャリアを何とかしろ」という見解に結びつきがちである。本書でも見るように、そのような論調が「ある」ことは事実であるが、本当にそうなのであろうか。

　最初の著作を世に出した後、ある地方で、周辺の数県にまたがって店舗展開しているスーパーマーケットの労働組合の研修会に招かれて、職務満足感について話をしたことがある。その際、労働組合の幹部が「もう、われわれが提供できるのは職務満足感しかない」と言っておられたのが非常に印象深かった。その時は、労働条件改善要求を放棄するなどとは"なんて組合なんだ"と感じたが、その後、その会社の倒産を聞き、その意味することの重さに愕然とした記憶が、今でも鮮明に残っている。賃金に代表される労働条件の獲得に行き詰ったとき、われわれは何を求めて働くのであろうか。逆に言えば、労働条件にのみ働くことの意味を求めているのであろうか。

最初に掲げた問題意識「人はなぜ働くのか」に対する回答の第1位は、常に「生きるため＝生活の糧を稼ぐため≒賃金」であろう。しかし、根底に厳然とそれがあるにせよ、今日のような相対的に"ゆたか"で多様な価値観が氾濫する時代には、われわれは多様な働く理由を挙げるであろう。それらの多くは、ハーズバーグの言う動機づけ要因に関するもの、すなわち、達成や承認、責任、仕事そのものの面白さや自分自身にとっての（主観的な）価値などということができよう。同時に、それらは、働くことの意味や働き甲斐の有無として語られ、職務満足感や動機づけの問題としても論じられてきた。その背景には、仕事や仕事をすることのなかで、自己の成長や能力の発揮を重要視する、という"自己実現"人的な考え方が根強くある。

　しかしながら、仕事の場を見渡し仕事の仕方を見ていけば、そのような仕事に携わることや、それを円滑に進めることを可能にする人的な支援関係の存在から得られる精神的な健康や豊かさについても目を向ける必要があるのではないか、という問題意識が生じてくる。

　筆者の初期の研究は、職務満足感を"仕事そのもの"との関連を中心に形成されるものと見なす傾向が強かったが、その一方で、「働く人々の心理的な環境」という枠組みで職務満足感を見た時、身近かな所にいる他者からの働きかけやそれらの人々との相互作用を抜きにしては、職務満足感も含めた働く人々の心理的な健康は論じられないというきわめて当たり前の結果に行き着いた。そのため、ソーシャル・サポートという概念にも、多くの関心を払い続けることになった。

　そのような問題意識から、キャリア発達や個人的な支援関係によるキャリア発達をメンターという視点で捉え、専門職である看護師を対象にした実証的研究を中心に分析したのが『キャリア発達におけるメンターの役割』（白桃書房、2003）である。

　本書は、そのような問題意識をもとに、働く人々の「精神的な健康や豊かさ」を総称するものとして、一般的に広く用いられてはいるが学問的には定義し切

れていない「生きがい」という言葉で表し、われわれの成長、すなわち、キャリア発達が、生きがいに貢献し得るか否か、また、貢献できるとすればどのようなものであるのかを、産業・組織心理学的な視点からの実証研究をもとに検討することを目的としている。また、両者の関係が明確になったとすれば、そのことに関して働く人々や産業界にどのような提言が可能なのかを探ってみたい。なお、「生きがい」という言葉は、本書でも見るように、あまりに日常的かつ抽象的であり、多様すぎる使い方がなされている。すなわち、多分にatheoriticalであることは事実である。おそらく、それが本書を分かりにくくしているとも思われるが、たぶんに、それは筆者の筆の力の足らなさでもあることを、はじめにお断りしておきたい。

　本研究は、(最終的には、メンタリングを含めたキャリア発達から生きがいに至るモデルの検証を意図して実施した) 5つの異なった対象・対象群に対する質問紙調査の結果を踏まえたものである。5つの実証研究を連ねたのは、特定の調査データによる分析では、職種や企業、対象の専門性の有無などの制約が大きく、そこから導き出されたモデルが、果たしてどこまでわが国の働く人々をカバーし得るのかという疑問が当然生じるので、それを克服するために、同じ意図で設計された質問紙を用いて資格専門職（看護師）対非専門職（会社員）、男性対女性、男性社会の職場とそうでない職場（病院）などの比較検討を意図したためである。その結果、分析結果の表示などに関しては、読者に一貫性を欠いた記述との印象を与えかねないという危惧をもたらしたことは、否めない事実であることもお断りしておきたい。

　本書は、大きく3部の構成になっている。第Ⅰ部では、「生きがい」、「キャリア・キャリア発達」という本研究の主要な概念に関する先行研究を紹介し、若干の検討を加えたまとめをする。第Ⅱ部は、先行研究をもとに作成した質問紙による実証研究（看護師を対象とした予備調査である第5研究からその本調査となる第6・7研究、一般の会社員を対象にした第8・9研究）から、働く人々のさまざまな満足感やキャリア、そして、キャリア発達への影響の大きいメンタリングに関する意識を概観する。第Ⅲ部では、メンタリングを起点とし

たキャリア発達から生きがいに至るモデルを検証し、あわせて、メンタリングを含まないキャリア発達から生きがいに至るモデルの検証を試み、最後に、それらをもとに、産業・組織心理学の立場から人事・労務管理への提言を試みる。

なお、前著『キャリア発達におけるメンターの役割』でもキャリアについては、先行研究の紹介と検討を試みているので、第Ⅰ部のキャリアに関する部分はなるべく重複を避けるような記述になっており、キャリア発達の段階等については、ほとんど触れていない。同様に、メンターやメンタリングに関しても理論的な紹介はほとんどなく、実証研究の結果の記述にとどめている。これらの部分の物足りなさの半分は、そのような重複記述を回避した結果によるものである。

本書の刊行に当たっては、ゆまに書房の高井健氏に多大なご尽力をいただきました。記して謝意を表したい。

はじめに *i*

目　次 *v*

第Ⅰ部　キャリアと生きがい

第1章　キャリア *3*

第1節　キャリア *6*

1. キャリアをどのように捉えるか *6*
2. キャリア概念の拡大をもたらしたもの *9*
3. まとめ *11*

第2節　キャリア発達 *12*

1. 個人の問題としてのキャリア発達 *13*
2. 組織の問題としてのキャリア開発・能力開発 *15*

第3節　キャリア発達を促進する要因 *18*

1. さまざまな外部からの働きかけとキャリア発達 *18*
2. キャリア発達の段階とキャリア発達に影響を与える要因 *20*
3. 私的な人間関係によるキャリア発達支援：メンター *22*

第4節　キャリア発達は何をもたらすのか *23*

第2章　働く人々の生きがい *25*

第1節　「生きがい」という言葉とその使われ方 *29*

第2節　生きがいの概念：生きがいは何を意味するのか *31*

1. 生きがいの意味 *32*
2. 居がい・他者との関係 *34*
3. 未来志向　対　過去志向 *36*

第3節　生きがいの類似概念　*37*

   1．心理的 well-being・主観的 well-being　*38*

   2．自己実現　*41*

   3．幸福感　*43*

   4．その他の関連概念　*44*

     （1）　QOL（Quality of Life）：生活の質　*44*

     （2）　モラール　*44*

     （3）　充足感　Fulfillment　*45*

第4節　生きがいの構成要素と尺度　*46*

   1．生きがいの測定尺度　*47*

     （1）　PIL　*47*

     （2）　近藤・鎌田による大学生の生きがい感測定尺度　*48*

   2．生きがいの構造　*50*

     （1）　鈴木広の研究　*50*

     （2）　熊野道子・木下富雄の研究　*51*

     （3）　シニアプラン開発機構の継続調査　*51*

第5節　働くことと生きがい：生きがいと働き甲斐　*53*

第Ⅱ部　実証研究

第3章　実証研究の枠組み　*59*

  第1節　先行研究とその要約　*61*

  第2節　本研究の概要　*63*

   1．目的　*63*

   2．方法と尺度　*64*

     （1）　職務満足感・生活満足感・全体的生活満足感　*65*

（2）キャリア満足感・キャリア発達に影響を与えるもの　*66*

　　　（3）メンタリング　*67*

　　　（4）自己効力感　*67*

　　　（5）パーソナリティ：自己啓発意欲、対人関係志向　*68*

　　　（6）生きがい　*69*

　　　（7）その他（ソーシャル・サポートなど）　*70*

　　3．第5研究以降の調査　*71*

　　　（1）第5研究　*71*

　　　（2）第6研究　*72*

　　　（3）第7研究　*73*

　　　（4）第8研究　*73*

　　　（5）第9研究　*74*

　　　　付表：質問紙　看護師対象の質問紙

第4章　働く人々の心理的 well-being とキャリア　*85*

　第1節　職務満足感と生活満足感　*87*

　　1．職務満足感　*88*

　　　（1）職務満足感の構成要因　*88*

　　　（2）各研究ごとの因子別平均値の比較　*89*

　　　（3）職務満足感の総合評価　*93*

　　2．生活満足感と全体的生活満足感　*95*

　　　（1）看護師と会社員の比較　*95*

　　　（2）家族構成との関係　*95*

　　3．全体的生活満足感を中心とした職務満足感や生活満足感の関係　*98*

　第2節　キャリア満足感　*100*

　　1．キャリア満足感　*101*

2．全体的キャリア満足感と個別のキャリア満足感の関係　*103*

　3．キャリア発達とキャリア満足感の関係　*103*

第3節　キャリア発達　*106*

　1．因子構造　*107*

　2．キャリア発達の認知　*107*

　　（1）　個別項目への評価　*107*

　　（2）　研究間の比較　*109*

　3．キャリア発達と生活満足感やソーシャル・サポートの関係　*111*

第4節　キャリア発達の促進に影響を与える要因　*113*

　1．キャリア発達を促進したもの　*113*

　　（1）　個別要因　*113*

　　（2）　キャリア発達への影響度　*114*

　2．ソーシャル・サポートとメンタリング　*115*

　　（1）　ソーシャル・サポート　*115*

　　（2）　メンタリング　*117*

　3．パーソナリティに関するもの　*119*

　　（1）　自己効力感　*120*

　　（2）　対人関係志向　*124*

　　（3）　自己啓発意欲　*125*

第5章　メンタリング　*127*

第1節　メンタリングの機能分類　*129*

　1．質問項目と分類手順　*129*

　2．メンタリングの機能の分類　*134*

　3．信頼性と機能間の相関関係　*135*

　　（1）　信頼性と妥当性　*135*

（2）機能間の相関関係　*136*

　第2節　メンタリングの受領と属性　*137*

　　1．地位別に見たメンタリングの受領　*137*

　　2．年代別に見たメンタリングの受領　*140*

　　3．メンタリングとサポート　*140*

　第3節　メンタリングとキャリア満足感の関係　*142*

　　1．相関分析　*142*

　　　（1）相関関係の数　*142*

　　　（2）キャリア満足感に最も強い関係を示す機能　*143*

　　　（3）個別のキャリア満足項目とメンタリングの機能の関係　*144*

　　　（4）まとめ　*145*

　　2．偏相関係数による確認　*146*

　第4節　メンタリングとキャリア発達　*147*

　　1．全体の傾向　*148*

　　2．管理職とメンタリング機能　*149*

　　3．メンタリングの結果としてのリテンション　*150*

　　　（1）メンタリングと勤務継続意思　*151*

　　　（2）ソーシャル・サポートと勤務継続意思　*152*

　　　（3）まとめ　*155*

第Ⅲ部　モデルの検証とまとめ

　第6章　［メンタリング―キャリア発達―生きがい］モデルの検証　*159*

　　第1節　予備調査による分析　*161*

　　第2節　生きがいを変数としたパスモデルの検討　*164*

　　　　――第6研究を用いた検証

1．研究の方法　*165*

　　　（1）方法　*165*

　　　（2）対象　*165*

　　2．結果　*166*

　　　（1）モデルとその評価のための適合度　*166*

　　　（2）全サンプルを用いた全体像の分析　*167*

　　　（3）属性区分による検証　*169*

　　3．第7研究（看護師データ）による確認　*173*

　第3節　会社員に関する検証　*174*

　　1．第8研究による検証　*174*

　　　（1）男性　*174*

　　　（2）女性　*175*

　　2．第9研究による検証　*176*

　　　（1）男性　*176*

　　　（2）女性　*178*

　　3．キャリア発達から生きがいへのパス　*178*

　第4節　パス解析の結果の考察と課題　*179*

　　1．全体の要約　*179*

　　2．キャリア発達 ── 生きがい のモデル　*184*

第7章　働く人々の生きがいの構造について　*187*

　第1節　生きがいの評価と対象　*190*

　　1．生きがいの評価　*190*

　　2．生きがいの対象　*191*

　第2節　生きがいを構成するもの　*193*

　　1．"生きがい"をめぐる因子分析　*193*

2．項目間の関係　*197*

第3節　モデルの構築　*200*

1．基本モデル　*200*

（1）モデル設計　*200*

（2）実際のデータによるモデルの検証　*201*

2．6章のモデルとの比較　*203*

3．モデルの適合度指標の上昇を求めて　*204*

4．メンタリングを取り除いた [キャリア発達―生きがい] モデルについて　*209*

第8章　[キャリア発達― 生きがい] モデルと組織の対応：まとめにかえて　*213*

第1節　本研究の要約　*215*

1．本研究で発見したこと　*215*

（1）モデルについて　*215*

（2）キャリア発達について　*216*

（3）生きがいについて　*217*

（4）メンタリングについて　*217*

（5）キャリア発達に関連するその他の要因について　*217*

2．それらの発見が意味することは　*218*

第2節　組織はいかに対応すべきか　*220*

1．本研究の意味するもの　*220*

2．具体的に何をなすべきか　*224*

（1）組織全体としての取り組み　*225*

（2）人事・労務管理の制度として　*226*

（3）上司の取り組み　*229*

（4）公式メンターの可能性　*233*
第3節　今後の課題　*234*

参考文献　*237*
おわりに　*252*

索　引　*254*

第Ⅰ部　キャリアと生きがい

第1章

キャリア

「企業の人材開発は、あくまでも企業のイニシアティブで行われ、従業員の自主的なキャリア形成が考慮されることはほとんどなかった。」[1]（菊地達昭 2006）という指摘がなされるように、かつての終身雇用の下では、"キャリア"という言葉は、特定の高度に専門的な職業についていない働く人々にとって、組織に所属すれば自動的に形成されるので意識しなくてよいものであり、その言葉自体は、とても"輝かしくまぶしいもの"であったように思われる。ところが、バブル崩壊後の失われた10年を境に"キャリア"という言葉は、働く人々にとってそのような輝かしくまぶしいものから、働く人々の人生に突きつけられた刃のようなものとなって、人口に膾炙し始めた。それを端的に表す言葉が"キャリアの自己責任"[2]（小野公一 2003、坂東眞理子 2005、関口和代 2005）化や"自立（律）的なキャリア"[3]（谷内篤博 2007）という言葉であり、人々は自分自身の（キャリア）発達に責任を負わなければならない[4]（Sktickland, R. 1996）という主張に結び付いている。これらの言葉の拡がりは、長期の不況脱出を人件費削減によって克服しようとした企業によって採られた、リストラという名の解雇を中心とした雇用調整や成果主義という施策が、自己のエンプロイアビリティや職務遂行能力の向上を図ること、すなわちキャリアを高めることしか生き延びる道はない、というなかば脅迫的な雰囲気を、日本社会全体に蔓延させたためとも言えよう。このような、雇用の確保のためのキャリア形成を志向する考え方を、雇用保証 job security に対してキャリア保証 career security という言い方をする場合もある[5]（Mondy, R.W., Noe, R.M. and Premeaux, S.R. 2002）。

　そのような流れの中で、産業界においては、教育訓練費が削減され、年次、階層、職種などに応じて対象者全体に対して能力開発や教育訓練・研修を施すシステムから、個々の働く人の能力、ニーズ、キャリア発達への関心に応じた

キャリア開発機会の提供へと人材育成の基調のシフトが行われたと言われている。また、従業員が企業内で自らのキャリア形成をしていく仕組みづくりが進んでいる[6]（菊地 2006）という指摘もある。働く人々の側の「キャリア志向」や「自律的キャリア志向」も、そのような基調のシフトを促したという主張もある[7]（岩出博 2000、鈴木竜太 2007）。その一方で、近年、再び「従業員のキャリア形成は企業が主体的に行う」という企業が増え 4 分の 3 に達しているという調査結果がある[8]（労働法令協会 2008）。これは、正社員の長期雇用を改めて見直す企業が増えている[9]（鈴木 2007）という指摘と無縁ではないであろう。

　キャリアの自己責任化の流れに対応するかのように、厳しい就職状況を前にして、多くの大学でかつての就職部が、キャリアセンターに代表されるような「キャリア」という名前を冠したものに変わり、入学間もない頃から職業への意識づけを試みるカリキュラムが組まれ、企業での実務体験を軸にしたインターンシップが導入されている[10]（小野 2007）。また、新聞や TV のニュースは、中学校や高校の段階から、職業や仕事を身近なものに感じさせようという試みが、より積極的に展開されつつあることを報じている[11]（山梨県立博物館ホームページ、広島県立福山少年自然の家ホームページ）。

　この章では、そのようなキャリアとキャリア形成のプロセスや結果であるキャリア発達について、本書での検討に関係のある範囲で、見ていくことにする。

第 1 節　キャリア

1．キャリアをどのように捉えるか

　キャリアに関しては、心理学、とりわけ発達心理学や産業・組織心理学、社会学など多様な側面から研究がなされて来た。キャリアという言葉の語源は、道路やレースのコースを意味するフランス語にあるとされ、イギリスでは、レーシングコースを示すものとして用いられ、それが高速コースや人の人生を通しての進歩や特定の職業における進歩など、さまざまなコースにおける進歩や

発達という含意を持つものにその意味を拡大してきたとされている[12] (Dalton, G.W. 1989)。この言葉を、『広辞苑 第5版』[13]（新村出 1998）で見ると①（職業・生涯の）経歴、②専門的技能を有する職業についていること、③国家公務員Ⅰ種合格者で、本庁に採用されているもののこと、となっている。また、かつては、特権を表したり、軍隊、法律、医師などの専門性や熟練を要する職業を表したりするものであった[14] (Inkson, K. 2007) とも言われる。一般的に、経歴、職歴、履歴などという言葉があてられるが、どれも的確にその意味を表していないとの指摘もある[15]（渡辺直登 2002）。

若林満[16]（1988）は、その概念を、1）昇進や昇格の累積、2）医師、教授、法律家、聖職者などの伝統的な専門職、3）ある人が生涯を通じて経験した一連の仕事、4）ある個人が経験した社会的な役割・地位、身分の一系列などをキャリアとして呼ぶ見方があるとしている。それらと同様の意味づけをしている著作も多い[17]（平野光俊 1994、小野 2003、谷内 2007）。

キャリアの概念については、最近では、仕事に関するものと同様に、全ての生活役割をカバーするものにまで拡大してきており、ある人の生涯における全ての役割を扱う[18] (Gouws, D.J. 1995) というような視点に立つ見解も多い[19] (Arthur, M.B. and Rousseau, D.M. 1996、金井壽宏 2002、Yarnall, J. 2008)。たとえば、わが国の多くのキャリア研究に大きな影響を与えているシャイン[20] (Schein, E.H. 1978) の『キャリア・ダイナミックス』は、キャリアを幅広いパースペクティブで捉え、キャリアと人生の関わりについて論じている。さらに、近年、スーパーら[21] (Super, D.E. et al. 1996) は、Life-Span, Life Space Approachという形で幅広い視野でのキャリア論を展開している[i]。そこでは、キャリア発達が、（個人が、能力や要求、価値、興味、性格特性、自己概念の

---

i　スーパーのライフ・キャリア・レインボーについて岡田昌毅（岡田昌毅 2003「ドナルド・スーパー」渡辺三枝子 2003 編著『キャリアの心理学』ナカニシヤ出版、第1章）は、仕事に関するものだけでなく、個人の人生における役割を全体を描写した役割軸であるライフ・スペースと人生の発達段階という時間軸で表したライフ・スパンという2つの軸（次元）からなり、人はこの2つの次元の交点の中で生きている、と述べている。

適切なはけ口（表現方法）を見つける程度に依存する）職務満足感や生活満足感に関連するとしている。またL.S.ハンセン[22]（Hansen, L.S. 1997）は、統合的人生設計 Integrative Life Planning：ILP という概念を提示し、働く人々の生活（人生）全体とキャリア発達の関係を論じ、キャリア発達が働く人々の生活全体を構成する一部であることをキルトを例に述べている。このことは、一方で、仕事生活と非仕事生活の境界があいまいであり、職業選択や決定に際して、個人的理由や家族の事由が以前より重要な役割を演じるようになった[23]（Ibarra, H. 2003）ことと無縁ではないであろう。

このように、キャリアという言葉は、多様な意味で使われてきたが、最近では一段とポピュラーになり、その使われ方は一層多様になったと渡辺三枝子とE.L.ハー（2001）[24]はしている。

また、キャリアは、経済的・社会的な結果をもたらす[25]（Arthur, M.B. and Rousseau, D.M. 1996）というように客観的に把握できる側面もある。同時に、「（キャリアは）どのような仕事や職務につき、地位や所得がどのように変化したかを指す言葉といえるが、その一方では、そのような外面的な変化だけでなく、技能、専門性、そして、関係のネットワークに内包される情報や知識の蓄積が、労働経験の発展する連続を通して獲得されるプロセスである」[26]（Bird, A. 1994）というような質的な面を含んだ言葉でもある。D.C.フェルドマン[27]（Feldman, D.C. 2002）は、これについて、キャリアは主観的にも客観的にも定義できるとし、後者に関しては、産業心理学者がキャリアの達成を予測する客観的、かつ、測定可能で、観察可能な個人差として関心を持ってきたとしている。川端大二[28]（2005）は、「キャリアとは、仕事経歴の職業上や社会的な意義づけ、ひいては人の生き方をも含めた意味を有する概念であると捉えることができる。」とし、非常に広範な概念であることを主張している。

本書では、キャリアを「ある人の生涯のなかで演じた役割から獲得された知識・技術、専門性、ネットワークやその他のノウハウ、および、客観的な地位・資格や所得など」と定義して見ていくことにする。

2．キャリア概念の拡大をもたらしたもの

このような広い視点に立つことは、キャリアは一連の仕事・職業経験である[29]（Noe, R.A., Hollenbeck, J.R., Gerhart, B. and Wright, P.M. 2006）というような伝統的なキャリアの立場に立てば、キャリアの意味を希薄にするという指摘[30]（平野 1994）を招くことも十分予想される。しかしながら、もともと人のキャリアは家族やコミュニティと結びつきワーク・ライフ・バランスが存在した[31]（Peiperl, M.A. and Arthur, M.B. 2000）、キャリアに関連したものとしてワーク・ライフ・バランスに注目することは増えつつある[32]（Yarnall, J. 2008）、（今後の課題に取り組むためには）キャリアや働き方に不連続性や異質性を含ませなければならないような世界では、仕事と家庭の関係についての新たな関係に基盤を置くことが必要である[33]（Bailyn, L. 1993）などという指摘もあり、仕事と不可分の生活全体の視点から、キャリアについて考えざるを得ないとするほうが妥当のように思われる。この点について谷内[34]（2007）は、今まで関心の中心であったワークキャリア（狭義のキャリア）と等閑視されていたライフキャリア（広義のキャリア）の統合を論じている。

また、近年の働く人々と企業の間の心理的契約が長期的で安定的な雇用から短期的な雇用へと変化し[ii]、それが protean career[iii]という言葉で表されるようなキャリアのあり方をもたらし、働く人々のキャリアは、その人の関心、能力、価値観、そして仕事環境などの変化に基づいて、頻繁に変化するようになった[35]（Noe, R.A., Hollenbeck, J.R., Gerhart, B. and Wright, P.M. 2006）。キャリアに関する最も適切な見方は境界を越えた（境界のない）boundaryless なものである[36]（Noe, R.A., Hollenbeck, J.R., Gerhart, B. and Wright, P.M. 2006）

---

ii 川喜多喬は、この20年ほどの企業行動で、その心理的契約が変化したとしている。
　また、経営者との「心理的な契約」が一方的に破られたと思った組織人による「個人責任によるキャリア自主管理」ブームも起きた、と評している（川喜多喬 2006「キャリア開発支援型の人的資源管理」川喜多喬・菊地達昭・小玉小百合〔編著〕『キャリア支援と人材開発』経営書院 195頁、206頁）。
iii この用語は、D.T. ホール（Hall, D.T.1976 Hall, D.T. 2002 *Careers In and Out of Organizations*, Sage Publications, p.4.）から引用されることが多く、梅澤正（梅澤正2003「キャリア論と人生論と」『社会教育』2003.7, 40-42頁）は protean に「変幻自在な」という訳を与えている。

という指摘もあり、そのような視点に立てば、単に特定の"仕事・職業"や企業内のキャリアだけでは論じられない働く人々の人生そのものに関わるものとしてのキャリアが浮かび上がってくる。梅澤正[37]（2003）は、キャリアを人生に関わるものとした上で、「人が生きていく上で職業はその根幹をなすものであるが、職業に自信と誇りを持つことができず、職業活動の中に自分を表現し自分の能力や個性を注入していくことが充分にできないようでは、パーソナル・アイデンティティーは未確立に終わる。」とし、今日のわが国の社会がキャリア・クライシスの状態に置かれている、と論じている。その意味で、生きがいと（どうしても中心的にならざるを得ないワーク）キャリアの関係を探る試みに挑むことは意味があるものと思われる。

　人生という視点でキャリアを捉える立場のD.T. ホール（Hall, D.T. 1976）は、キャリアを個人が管理し、個人の心理的な成功に重点を置き、職務満足感や専門性へのコミットメントなどの職務態度を重視する新しい倫理感としてR. J.Liftonのprotean style（ギリシャ神話のプロテウスにちなんでいる）という言葉を援用して1976年にprotean careerという言葉を用いた[38]。これは自己志向的キャリアモデルであり、個人は、自分のキャリアを管理し、役割、境界、均衡を定義し、生涯にわたる多くの変化を導くことを要求し、そして、自己の成功を最終的に判断するものと仮定されている[39]（Harrington, B. and Hall, D.T. 2007）。キャリアという言葉の概念は今日ひろく行き渡っている[40]（Inkson, K. 2002）とされるが、ホール[41]（Hall, D.T. 2002）は、組織というよりはむしろ個人のニーズによって突き動かされる、自己志向、自己創造、自立、そして、頻繁な変化によって特徴づけられるものとしている。そして、protean careerと伝統的キャリアの違いを**表1－1**のように示している[42]（Hall, D.T. 2002）。この表自体は1976年当時の見解であるが、2002年でも、protean careerに関する彼の見方は、あまり変わってはいないとしている。かつてと異なる新しい特徴として彼が挙げているものを意訳すると、キャリアと精神（個人の目的の強調と組織によるその支援）、挑戦的な職務付与とキャリア発達、日常的な業務での人間関係と発達（メンターなど）、仕事─生活の関係がキャリアの枠組み

表1−1　Protean Career と伝統的なキャリアの違い（1976年の視点）

出来事	Protean Career	伝統的キャリア
挑戦者	個人	組織
中心的価値	自由・成長	向上・力
移動の程度	高い	より低い
重要な達成次元	心理的成功	地位、給与
重要な態度次元	仕事満足 専門性へのコミットメント	組織コミットメント
重要なアイデンティティの次元	自尊 自分がしたいことへの自己の気づき	他者からの尊重、 自分がしなければならないこと （組織的な気づき）
重要な適応的次元	仕事に関連した柔軟性、 現在の能力（尺度：市場性）	組織に関連した柔軟性 （尺度：組織での生き残り）

(Hall, D.T. 1976, p.202, Hall, D.T. 2002, p.303.)

に参入、などがある[43]（Hall, D.T. 2002）。これらを見る限り、伝統的なキャリアでは、特定組織を意識し、客観的・外的なキャリアが志向されていたのに対して、protean career は、より多様な局面から、個人の心理的成功、すなわち、内的なキャリア発達を重視しているように思える。

3．まとめ

　ここまで、キャリアについて、働く人々の life すなわち、生活全般や人生・生涯に関わるものという主張を支持してきた。また、本章の第3節で触れるが、現在キャリア発達は、シャインのキャリア・アンカーに代表されるように、家庭や社会の持つ仕事観や職業観などを含む価値観に影響を受けて形成される個人の価値観の形成と表裏の関係で述べられるという側面が強い。そのことは、同時に、キャリアが他者と自己の違いを明確にするアイデンティティに深く関わるということを示しており、アイデンティティという言葉が、仕事生活の中で自分であること・自分らしいことをどのように主張するのかという視点で論じられるべき可能性を示唆している。

　多くのキャリア理論は、働く人々が役割を演じるために選ぶ方法と、役割の選択を彼らに強いるとき個人の基準を表すものとしてアイデンティティという

概念を含む[44]（Inkson, K. 2007）という指摘もあり、職業選択との関連で述べられることもある[45]（Jones, C. 2002）。ホール（Hall, D.T. 1976）[46]は、西欧社会では、アイデンティティについての自己観の発達は、職業的アイデンティティの上昇と密接に結びついているとしている。そのため、キャリアに関してアイデンティティを論じる文献も少なくない。例えばB. ハリントンとホール（Harrington, B. and Hall, D.T. 2007）[47]は、自己知識や自己覚醒と同種のものとしてのアイデンティティをあげ、ホールとP.H. マービス（Hall, D.T. and Mirvis, P.H. 1996）[48]は、アイデンティティとは自己概念、自己イメージ、自己観と同義である、としている（ただし、それらはキャリア・アイデンティティではない）。このように、キャリアとアイデンティティの関係が深いことを念頭に置いて考えていくことは、重要なことと言えよう。

第2節　キャリア発達

　上記のようにキャリアを定義したとき、働く人々がそれを意識するにせよしないにせよ、また、発達の速度が速かろうが遅かろうが、キャリア発達は常に行われていると考えるべきである。では、なぜ、キャリア発達が考えられなければならないのであろうか。それは、キャリア発達（開発）が、個人や組織にとって肯定的な結果を導くであろうと仮定されるからである[49]（London, M., 2002）。

　ここでは、個人の問題としてのキャリア発達と組織の問題としてのキャリア開発という2つの面から考えていくことにする。

　なお、キャリア発達は career development の訳であり、キャリア開発とも訳される。筆者は、単純に個人の側面から見たものをキャリア発達、組織がそのメンバーのキャリア発達を促進する行為をキャリア開発としているが、本来は多様な意味があり、安易な翻訳や使用には注意が必要であると渡辺三枝子[50]（2003）は指摘している。

1．個人の問題としてのキャリア発達

　個人の視点でキャリア発達を考えるとき、その個人が仕事に何を期待しているのか、人生やそのプロセスに何を期待し、どのように過ごしたいと考えているのか、という働く人々のニーズの面から考えることができる。

　マズローの要求5段階説に見るように、人々はさまざまな要求を持っており、それらがある種の階層を持ってカテゴライズされるという考え方は、今日の我々には極めて受け入れやすい考え方である。筆者はよく学生に「卒業したら働くの？　それは何のため？」という問を発する。多くの場合「生活のため」、「働かなければ食えない」、「お金を得るため」、「家族を養うため」などという答えが返ってくる。これらは生活をするために食費を稼ぐということを含意しており、マズローの説ではきわめて低次の（基本的な）要求のように思える。しかしながら、「生活ってどのような生活（のレベル）」、「お金のためならどんな仕事でもするの？　たとえば、月給100万円で毎日パチンコの玉を布で磨き続けるという仕事があればどのくらいの期間やる？　それはなぜ？」という問を重ねていくと、どうも、単に食費や生活に最低限必要な衣服や光熱費などを稼ぐというようなものでないらしく、「生きていくため」とか「生活のため」という言葉の意味するものが多様であり、また、仕事への期待も多様であることが分かる。

　確かに、年収200万円未満の層が拡大し、「派遣打ち切り、即、宿舎追い出し、ホームレス化」というようなニュースが流れる今日では、まさに、生きる（その日の食費や宿代を得る）ために働く人々がいる。その一方で、将来の子供の学費や老後の豊かさを念頭に賃金の額を考える人や、仕事の内容や仕事を通した他者との関わり合いなどから得られる満足感、また仕事生活を通した自己の成長感や充実感など、マズローの自己実現に代表される高次の（成長）要求を満たそうとする働く人々も、まだまだ多い。というよりも、多くの働く人々が、貧困レベルを脱して、相対的に豊かで高学歴化し、社会的な基盤も整った中で暮らしているわが国においては、基本的には、後者に基づく職業行動のほうが圧倒的に多いように思われ、それに対応した、人事施策をとる企業が一般的であるように思える。金銭による動機づけの最たるものである成果主義を、

（生活のために仕事をし、生活費という面での金銭を重視する）経済人モデルを前提にした科学的管理法的なものであるとして、否定的に評価する論者[51]（高橋伸夫 2004）もおり、筆者もそのような見解を支持するものであるが、それすらも、仕事をしてきたこと、仕事ができる能力があることに関する評価を金銭でしているとすれば、尊重要求の表れと言えないこともない。

　そのような成長要求に支配された働く人々を前提としたとき、キャリア発達という概念は非常に重要になる。なぜならば、仕事を通して成長すること、すなわち、仕事に対する知識や技術、ノウハウを高めそれらをフルに活用し、人的ネットワークを拡げてより円滑に仕事を進め、そして、より多くの予算規模や人員規模で仕事ができるようになることは、他者からの賞賛や尊敬、高い地位や所得も含め、紛うことなく、誰もが思い浮かべるキャリア発達であるからである。このような、自己の成長要求を前面に出すとき、職業的なキャリア発達の自己責任論もまた、強調されることになる。

　前述のように、キャリアについては、職業生活に限定せず、人生で経験した役割に関わるものという定義をしてきたが、現実に多くの人々は、人生で最も活動的な青年、壮年、そして老年初期の多くの起きている（心理的に覚醒している）時間を仕事に費やしており、その意味で、人生のキャリアと職業的なキャリア発達は不可分であり、後者が人生のキャリアに占める割合は大きいということができよう。ただし、岡田昌毅[52]（2003）は、非常に多くのキャリア理論は、仕事での役割を重視するあまり「ひとは人生を生きている」という事実を軽視しているが、仕事はそれらの役割の中で、重要ではあるが多くの役割のひとつでしかない、としており、どのようなバランス配分で、それを捉えていくかというのも、頭の片隅に置かなければならない課題といえよう。さらに言えば、脚注1で見たキャリア・レインボーの考え方は、あるライフステージと別のライフステージでは、仕事や家事などの特定の領域に配分される生理的・心理的なエネルギーや時間が異なることを示唆しており、同じ人の中でも、いつも同じ割合で、配分され続けているわけではない。その中で、全体的にみれば、活動量が大きく減少する職業生活からの引退時期を除けば、相対的に仕事

の占める割合が大きい（大きすぎる）というのが現実であると言えよう。

なお、個人のキャリア発達に関しては、さまざまな論者が、その発達段階を論じており、筆者の前著[53]（2003）も含め、それを紹介する文献は数多いので、ここではあえて取り上げない。

2．組織の問題としてのキャリア開発・能力開発[iv]

企業（組織）が、その目標を効率的に達成するためには、単に人員を量的に充足するだけではなく、高い職務遂行能力をもつ構成員が必要となる。そこでは、働く人々は、単なる代替可能性が高い生産要素ではなく、自律的に自己の仕事を管理できる"ひと"であることが求められる。たとえ、代替可能性が高い生産要素として働く人々を捉えたとしても、現実に、人の入れ替わりの激しい組織では、募集採用に関わる直接的・間接的な費用は看過できない。新たに採用した場合、初期の採用時訓練だけでなく、現場の上司や先輩が訓練や仕事ぶりのチェックのために割く時間は、新入社員が企業や職場、そして、仕事に慣れるまでかなり長期にわたって要求されるであろうし、そのことは、上司や先輩にとって心理的・生理的なストレスとなり、業務の遅滞や質的低下を招きかねない。

このような新規採用に関する間接的なコストを下げ、また、日常的な部下管理のコストを削減し、総体的な効率の向上を図るためには、職務遂行とその組織での活動への理解と応用に関して高い能力を持った人材が必要であることは言うまでもない。そのような人材の確保は、それを外部からの調達に頼るよりは、企業の実情に即して内部で育成したほうが、より効果的であることは容易に想像できる。その意味で、企業・組織が構成員のキャリア発達を促進しよう

---

iv 企業が行う従業員のキャリア開発や能力開発、人材育成、教育訓練などに関しては、training and development 教育・開発と Human resource development 人材育成を明確に分けて記述したり（Mondy, R.W., Noe, R.M. and Premeaux, S.R. 2002 *Human Resource Management 8th*, Prentice Hall, chap.8.)、development という言葉のみが使われる場合が少なくない。ここでは、development と標記されるものや能力開発、人材育成、教育訓練もキャリア開発も同じ意味として扱っていく。

と試みることは大いに意味があることである。そのためには、能力開発の手法の運用だけでなく、キャリア発開発プログラムが重要である[54]（Mondy, R.W., Noe, R.M. and Premeaux, S.R. 2002、London, M., 2002）ことは言うまでもない。

　また、自分の属する企業が、従業員のキャリア発達の促進を支援している、と働く人々が知覚することは、成長要求の高い人々にとっては強力なインセンティブになり、職務満足感や組織コミットメントを高め、それを通して動機づけを高めたり、生産性の向上を促したりするなど、その有効性を高めることにつながる。川喜多喬（2006）[55]の引用にもあるように、F.C. アッシュバイとA.R. ペル（Ashby, F.C. and Pell, A.R. 2001）[56]は、*Bootom Line Business's*（2000年5月号）からの引用として、米国の3,000人の従業員に対する質問紙調査は、今の仕事に定着する理由の中で、賃金や競争的な福利は11位から18位の間にとどまり、1位は「キャリア成長と学習」、2位は「面白くて挑戦しがいのある仕事」、3位は「意義のある仕事と重要な影響を行使する機会」、以下「良好な同僚」、「チームの一員であること」、「よい上司」、「よい業務遂行に対する承認」、「仕事の中に喜びがあること」、「自分の仕事に対する自律性や統制感」の順であることを示している、としている。この結果は、きわめて高い成長要求が前面にあり、それが定着というコミットメントに明確に結びついていることを示している。その意味でも、企業が行うキャリア開発は、意味のある施策と言えよう。鈴木竜太（2007）[57]は、「責任感のある仕事は、やりがいをもたらすだけでなく、組織の中での自分の存在意義を感じさせることにつながる。また、会社が自分にその仕事を任せてくれているというメッセージである」、「自分の人生は自分で決めてください、会社は知りません、いつあなたとの関係を切るかわかりませんよといった形の自律的キャリアは、組織に対する信頼を失い、従業員の組織へのコミットメントを下げてしまうだろう。（中略）会社が従業員に示せる可能性をきちんと示すことができるのであれば、従業員の組織へのコミットメントは高くなるであろう」[58]、「きちんと自分のキャリア、自分の仕事に対する考えがあり、そして所属する組織側から提示される自分のキャリアや仕事に対するメッセージがあり、その折り合いの中でよい関係が生まれるの

である。」[59]としている。前述のように、また後でも述べるように、企業が働く人々に提示する能力開発の機会は、そのためのOff-JT（Off the Job Training）や自己啓発援助だけではない。仕事の機会や、責任、評価、OJT（On the Job Training）を通した教育などさまざまなものがある。鈴木が言うところの会社が提示できる可能性には、それらを通したものも含まれるはずであり、それが働く人々へのメッセージであると考えることもできる。そのような機会の付与こそが、コミットメントを高め、また、キャリア開発にもなると言えよう。

「組織は、従業員にキャリア発達の機会を与えることによって、コミットメントを形成することができるという見解と、よく訓練された従業員は生産的で、凝集性が高く動機づけられているという主張を結びつけることができる」[60]（Hall, R. 2002）という主張は、前述の鈴木の主張を要約しているとも言うことができよう。同時に、この主張は、企業の能力（キャリア）開発が、単に高い効率のためだけのものでないことを示しているとも言える。

また、企業の能力開発は、企業目的の円滑な達成を目的として行われるので、直接的な仕事役割に関連するものにのみ支援が行われがちである[61]（Sktickland, R. 1996）ことは言をまたない。そのため、非仕事生活まで視野に入れた多様な個人のキャリア目標と必ずしも沿うわけではないが、キャリアの自己管理に関して、「ほとんどの人は、組織の健全なサポートがない限り、彼ら自身に関する責任をとろうとはしない。しかし、正しい実践的なイニシアティブがあれば彼らはその（キャリア発達の）プロセスによって勇気づけられる、という主張がある。もし、職務遂行のレベルを並から優秀に上げることを望むのならば、組織は、個人として人々を理解することに注意を集中する必要がある。」[62]（Sktickland, R. 1996）という指摘があることは考慮に値する。川喜多[63]（2006）も、企業のキャリア支援に関して、すべてではないにしてもいくつかのキャリアのステージを通して蓄積され、そして次のステージで発揮され、さらに伸長される能力（技能、技術、知識など）をキャリア支援者が理解していなければ職業生涯をかけたキャリア支援ではないとしている。すなわち、働く人々の自

己努力によるキャリア発達を企業の支援が促し、そして、そのために、企業が、個人として働く人々を理解し、それぞれの能力や志向に応じたキャリア支援を行うことが必要である、と言うことができよう。

M. ロンドン（London, M., 2002)[64]は、「継続的に学習に投資する組織（開発志向的組織文化）に属するメンバーは開発の価値を理解する。そのような文化は、新しい組織戦略を確立する重要な役割をもつ特殊な配置や職務への従業員の参加を増す。また、そのような文化を持つ組織は、従業員のキャリアへの動機づけを増すことにより多く成功する。」と指摘しており、キャリア支援の重要さを説いている。

第3節　キャリア発達を促進する要因

1．さまざまな外部からの働きかけとキャリア発達

個人のキャリアは、キャリアそのものの概念が拡大していることを割引いたとしても、さまざまな支援を含む促進要因を受けてその発達が遂げられる。とりわけ職業的なキャリア発達は、多くの働く人々の職業生活が特定の企業に属して成り立っており、企業がその目的達成のために働く人々のキャリア発達を期待しているが故に多様であり、企業からの働きかけ以外にも、公私に渡る外部からの働きかけも少なくない。

その中には、1）本人の成長過程で心理的に刷り込まれていく価値観のようなもの、2）学校教育の中で形成される社会生活に必要な基本的な知識やスキルと職業教育を通して得られるもの、3）職業生活のなかで促進されるもの、そして、4）パーソナリティなど個人的な要因、などがあるであろう。それらは、公式のルール化された義務教育や企業の研修や能力開発プログラムによる支援や圧力もあれば、組織に属することで自然に身につくもの、そして、他者からの非公式な直接的・間接的な働きかけなどという分類もできる。また、自己啓発意欲による自己努力や生まれ持った能力や適性なども、見過ごしてはならない大きな要因と言えよう。それらの関係のうち、とりわけ職業的なキャリ

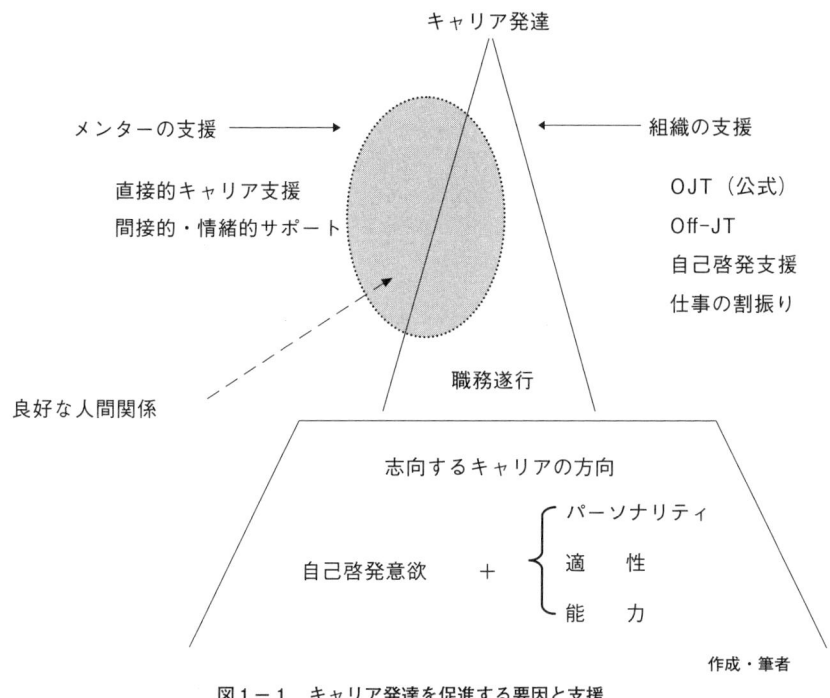

図1-1 キャリア発達を促進する要因と支援

ア発達に関して、大まかに図示すると図1-1のようになる。

　前記の1）や2）の一部は、図の台形の土台（基礎）の部分に相当し、図の上部の三角形の部分に関しては、左側は非公式な人間関係による支援であり、右側は2）の一部や3）が当てはまる公式なものと考えればよい。また、4）も土台の部分に深く関係する。

　図1-1の土台の部分に関しては、A. バンデューラ[65]（Bandura, A.1995）が指摘するようにキャリア発達と自己効力感の関わりは強く、自己啓発意欲の有無は、とりわけわが国の産業界における能力開発の論議の中では、中心的な課題のひとつである。また、self-reliance や self management などの用語でキャリア（発達）促進を論じるものもある[66]（Ensher, E.A., Murphy, S.E. and Sullivan, S.E, 2002）。その意味で、価値観としての職業観以外に、このようなパーソナリティに関わる面も無視できない。

2．キャリア発達の段階とキャリア発達に影響を与える要因

　キャリア発達の影響要因を年齢的な発達との関係で具体的に見たものが、図1－2である。この図1－2の段階区分は、D.E. スーパー[68]（Super, D.E.）のキャリア探索期、確立期、維持期、衰退期という4段階の区分を中心に、M. アームストロング[67]（Armstrong, M. 1995）の段階をも参考にし、キャリア発達の3本の曲線もアームストロングの考えを基にしている。また、キャリア発達の程度は、入職後の期間の長短とは、必ずしも一貫した関係にないことを念頭に置く必要がある。個人によってかなりの幅があることは、われわれの生活のなかでも自明のことのように思われる。

　第1の価値観に関わるものとしては、本人の成長過程で心理的に刷り込まれていくものであり、家庭教育における価値観や仕事観、社会全体の価値観をベースにした日常的なマスコミからの情報や地域社会や学校での大人や友人との交流で身につくもの、そして、最終的には仕事生活を通して形成される「選択を迫られた場合、その人が最も放棄したがらない要求、価値観、才能の組合せ」であるキャリア・アンカー[69]（Schein, E.H. 1980）などがそこに含まれる。仕事観・職業観に関して見ると、読み書きや日常的な言葉遣い・礼儀などの社会化の第一歩として重要な事柄を習得させたり、成功経験を味あわせ自己効力感を高めさせたり、仕事に対してどう向き合うかを日常生活のなかで感じ取らせたりするという意味でも家庭教育の大きさを看過してはならない。D.C. フェルドマン[70]（Feldman, D.C. 2002）は、キャリア・アイデンティティ（技能、キャリアへの関心、仕事価値など）は幼少時に形成され始め、家庭内の初期の経験に強力に影響されるとしている。

　第2の公的なものとしては、学校教育の中で学習される基本的な学習内容や職業教育、企業の研修、社会教育などがある。特にわが国では、職業的なキャリアに関しては、企業内の研修（公式のOJTやoff-JT）の役割が大きい。それ以外にも公式の人事制度である、アセスメント・センター、ベンチマーク、人事考課などの評価、配置・異動、ジョブ・ローテーション、職務の拡大などの職務経験、そして、メンタリングやコーチングなどの対人関係的なものもキ

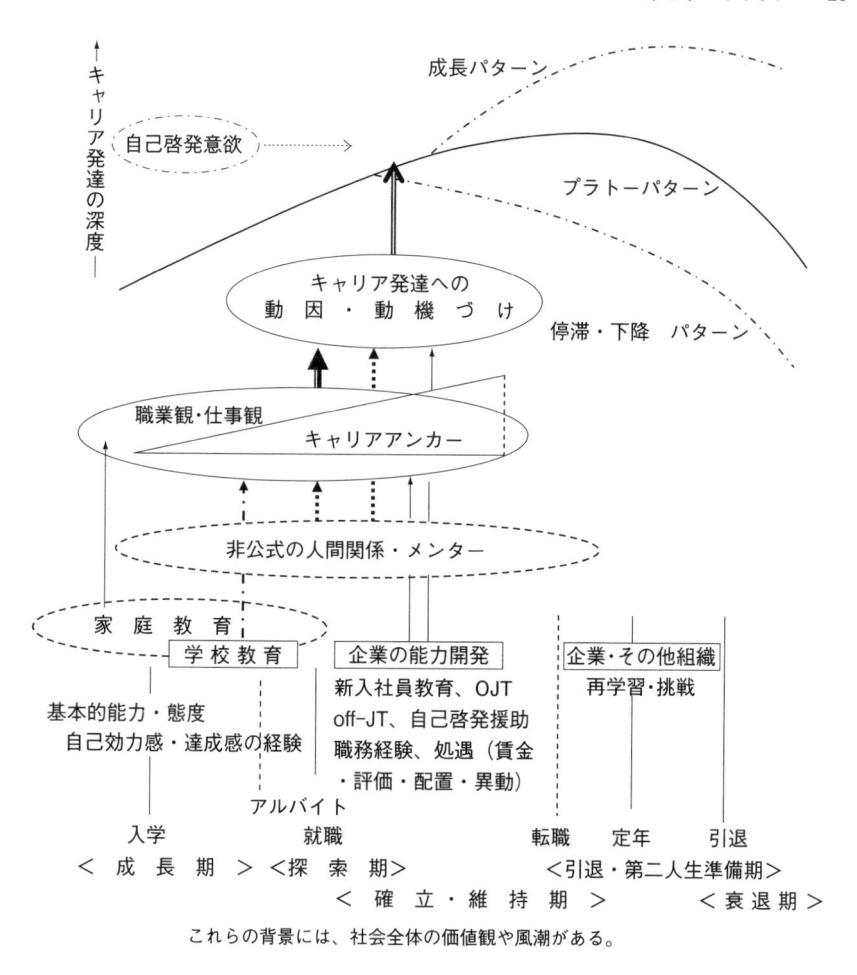

図1−2 キャリア発達と影響を与える要因

出所：小野（2002「キャリア発達・育成」上里一郎［監修］『心理学基礎事典』至文堂、214頁）を大幅に加筆修正

ャリア発達に与える影響は大きいとされている[71]（Noe, R.A., Hollenbeck, J.R., Gerhart, B. and Wright, P.M. 2006）。これらもまた、職業経験の比較的初期の段階では、キャリア・アンカーの形成に大きな影響を与える。

　第3の集団や職場で自然に身につくものも少なくない。前記のキャリア発達の定義に従えば、職業的キャリアのかなりの部分は日常の職務経験を通して行

われ、それは企業や働く人本人が意識しているかいないかにかかわらず発展を遂げる。それゆえ、当人が意図的に行えば、大きな成果が上がるが、その一方、キャリア発達意識とは無関係に職務をこなしたり、それ以前の学校生活を送っていれば、当然のこととして、その発達は大きく遅れたり、少なくても職業的なキャリアとしては方向違いの展開を見せることになろう。ここに自己啓発意欲やキャリア観の存在が大きく作用することになる。

3．私的な人間関係によるキャリア発達支援：メンター

　もうひとつ看過できないキャリア発達支援は、前著で強く主張した、他者からの非公式な直接的・間接的働きかけによるものである。仕事も含め日常生活のなかで他者との関係は欠かせない。特に、支援を含む社会的交換関係をソーシャル・サポートと呼ぶ。また、キャリアにその支援を限定した場合、メンターやメンタリングという用語が使われることが多い。それらについて、以下に、前著をもとに要約して紹介する。

　メンターとは、その人が持っている知識や経験、ある種の力を用いて、それらを持たないプロトジー（キャリア発達支援の受け手）のキャリアの成功を助ける人のことである。多くの場合、メンターは年長者であり、年少・若年のプロトジーのキャリア発達を直接的・間接的に助けるとされている。メンターとプロトジーの関係は、両者の共通する価値観やシンパシーなどの上に成り立つ私的な関係であるが、近年は、組織が両者の組み合わせを仲介して、積極的にキャリア開発に役立てようとする公式メンターという施策がとられることもある。

　メンターによって提供される支援をメンタリングといい、多くの研究はK.E. クラム[72]（Kram, K.E. 1985）の分類に従い、メンタリングの機能を、直接キャリア発達を促進するキャリア機能と情緒的な安定や心理的な受容・承認の面で支える心理・社会的機能に大別しているが、それ以外に、現実に職業人としての手本になる役割モデルも重要な役割を果たすという研究も多い。日本の働く人々を対象に実施された筆者の一連の実証的研究では、仕事能力の向上や昇進などを援助するキャリア機能と、管理者などが日々の部下管理を通して行

うことが多い管理者的行動機能、ソーシャル・サポートの情緒的機能に近い情緒的機能と、プロトジーに対して"一人の人間"として敬意を払い、その言動を評価する受容・承認機能、の4つに大きく分かれることが明らかになった。また、モデルについてはクラムの枠組みでは心理社会的機能に属しているが、どちらかといえばキャリア機能に近い管理者的行動機能に属することも分かった。

第4節　キャリア発達は何をもたらすのか

　キャリア発達は何をもたらすのであろうか。この章では、近年キャリアと言う言葉がもてはやされるようになった理由について、働く人々自身の問題として、ひとつは、自己の雇用上の地位の安全と向上のためにエンプロイアビリティを増す立場と、もうひとつは、成長意欲に支えられたキャリアの自立という立場の2つがあるとした。さらに、企業組織の視点からは、その目標の円滑な達成のための人的ストックの拡大という視点と、人材を組織にコミットメントさせ、成長感の充足を助けるという側面があると指摘した。

　個人のなかで、エンプロイアビリティを増すという視点で考えれば、キャリア発達は、職務遂行能力を増すことや、組織内での職務上での重要性を増すことにつながり、それらの結果として、雇用そのものや地位の確保と上昇、そして、所得の安定的確保と増大などをもたらすことになる。また、成長感の充足という立場に立てば、成長したことによる満足感や、充実感・充足感を味わうことを通して、心理的な well-being を高めることができると考えられる。企業にとっては、何よりも職務遂行能力の向上による生産性の向上が図られる。

　それだけでなく、初期のキャリア発達支援は、職場への定着に大きな寄与をもたらす[73]（小野 2003）。同時に、前述のように、企業が、キャリア発達支援をより多く行っているという姿勢は、企業にとどまることへの安心感やその企業に誇りを持つことにつながる。そのような感情は、働く人々の企業への帰属意識やコミットメントを高めるが、それらは、職務満足感や動機づけとの関係も深い[74]（小野 2005）。働く人々が、仕事生活に満足感を感じ、自己の存在を

肯定的に捉えることができるということは、その人が所属する組織や仕事へのコミットメントを高めることを通して組織の有効性を高める[75]ことにもつながり、人事・労務管理の視点からも、非常に重要な意味を持つ。

前著『キャリア発達に及ぼすメンターの役割』[76]では、キャリア発達が、キャリア満足感を通して職務満足感や全体的生活満足感に結びつくことを示し、また、馬場昌雄らとの共同研究[77]（小野 2002）を通して、働く人々のキャリア発達が、自己効力感を高め職務満足感を高めるとともに、自己の人生の肯定感につながることを見出し、それらをもとに、図1-3のような一連のモデルを提示した。

本書では、このモデルの右の楕円の中にある「人生への満足」を核に、自尊感情や自己充足感を含めたものを「生きがい」という概念で捉え、キャリア発達と生きがいの関係を、実証的に把握しようとするものである。同時にキャリア発達への影響力が強いとされるメンタリングとの関係も視野に入れた分析を試みたいと考えている。なお、この"生きがい"については、次章で詳しく検討することにする。

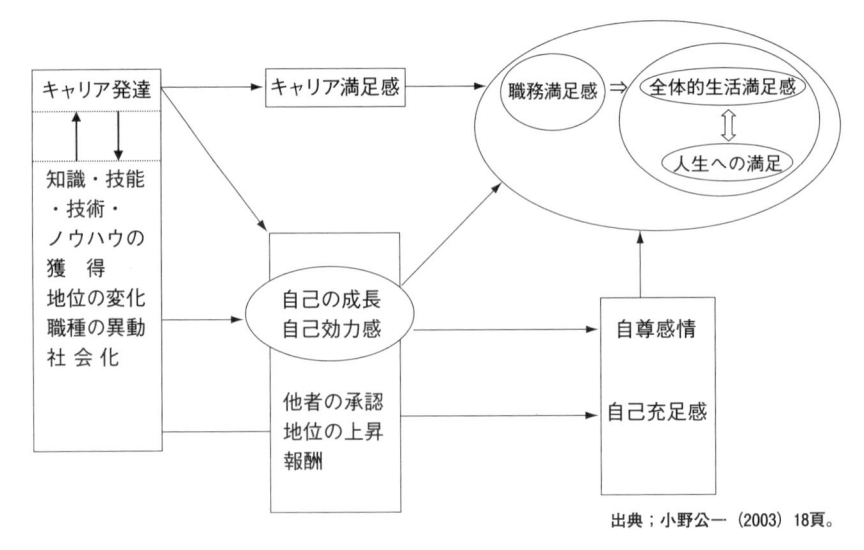

出典；小野公一（2003）18頁。

図1-3　キャリア発達　―　満足感・成長　―　生きがいモデル

第 2 章
働く人々の生きがい

今から半世紀ほど前の1960年代から70年代にかけて、わが国社会では「生きがい論ブーム」が生じていた[1]（和田修一 2001）と言われる。そして、今日タイトルに「生きがい」という言葉が含まれる新聞や雑誌記事、論文、そして、著作を見ることは少なくないし、生きがいという言葉は日常的にもよく使われている。「生きがいについての意識を持ち、自分の生きがいを見いだし、他人に向かってそれを表明することができ、さらには生きがいを達成することができるというのは現代人の理想の生き方とされる。」[2]（波平恵美子 2001）という時代に私たちは生きており、生きがいを強く意識せざるを得ないと言えよう。

この生きがいという言葉は、非常に一般的な言葉であり、「生きる喜び」と非常に幅広く定義[3]（石井毅 1995）されたり、心身ともに健康であることを踏まえた「生きる力」[4]（保坂恵美子ら 2007）であると述べられるなど、その視点もまた多様で、ある面でその人その人なりの使い方があり、ある種の思い入れで使われている言葉とも言える。近藤勉と鎌田次郎[5]（1998）は、生きがい感に関する多くの調査項目をレビューし、「それぞれについては貴重な体験や理論としての歴史的な重みがあり軽々しく論駁できるものではないと思われるが、生きがい感のとらえ方についての一般に対する意識調査をもとにしたものでない限り、その生きがい感概念については思弁的で特定の価値観が混入しているのではないかという疑念や批判はどうしても免れ得ないのである。」としているが、ある面でセオリーフリーであるという主張を否定することはできない状況にあるとして差支えないであろう。

筆者がこの言葉に関心を持ったのは、1999年度に馬場昌雄先生ら[6]（馬場昌雄ら 2002）と実施した大卒ホワイトカラーの全体的生活満足感に関する研究の取りまとめ中であった。この研究は、大卒ホワイトカラーの職務満足感、生活満足感、積極的な人生観（幸福感）、全体的生活満足感、キャリア、コミッ

トメント、対人関係の志向性などの関係を調べようとするものであった。その結果は、働く人々の全体的生活満足感は、当然のことながら、職務満足感や生活満足感に影響を受けるということを示したが、全体的生活満足感の影響を受けると想定されていた人生の肯定感が、全体的生活満足感と相互に関連しながら、ひとつの変数を形成しているように思えた。そして、働くことのなかで見出す喜びや満足感（職務満足感）、そして、その中で感じられる人間らしさとそれを通して形成される幸福感のようなものが、人々を長期的に仕事に駆り立てるのではないかと思える結果であった。それらの包括な概念として考えるのならば、"働き甲斐"としてもよいように思えるが、筆者[7]（小野公一 1993）がかつて、職務満足感と生活満足感の関係について分析した時に提唱したように、働く人々は、働いているだけでなく、仕事を離れた家庭生活や社会的・地域的な生活を同時平行的に営んでいる。さらには、現在の自分はこれまでの自己の（広義の）キャリアの中にあり、それが今後の生活全体の展望にも大きな影響を与えているのである。つまり、自己の人生を振り返り、現在を評価して、それに満足したり誇りを感じたり、次のステップを考えたりするのであれば、より包括的に人生を生きるという視点は欠くことができないものと思われる。その意味で、単なる"働き甲斐"を超えた、自尊感情や自己（人生）の肯定感、などが渾然一体となった変数を想定する必要があり、その名称としてイメージされたのが"生きがい"であった。

　なお、本書では、生きがいという言葉を非常に重要なキーワードとして用いている。しかし、筆者が本書で検討する2005年から2008年に4回に渡って実施した質問紙法による調査を企画した2003年の段階では、本書で見るほどには、生きがいについて充分検討していたわけではない。それは、筆者の研究努力の不足も否めないが、上記のようにあまりに一般的に用いられる言葉のためか、前述の近藤と鎌田の研究を除けば、精緻な実証研究があるようには思えず、とりわけ働く人々を対象にした生きがいに関してはその感が強かった。その一方で、高齢者に焦点が当てられていたり、対象が学生で、質問項目も少ないものは少なからず目にすることができたが、働く人々の生きがいに、その結果や枠

組みを敷衍するには無理があると考えられたからである。また、参考文献の発行年を見れば分かるように、研究着手後に公にされたものが少なくないことにも起因している。

　この章では、生きがいに関する文献のレビューを通して、生きがいという言葉はどのような言葉とともに用いられ、また、類似概念にはどのようなものがあるかを探り、何によって"生きがい"や"生きがい感"[i]が構成されているのかを探っていくことにする。

第1節 「生きがい」という言葉とその使われ方

　今日われわれが触れることのできる多くの研究や雑誌論文・記事で用いられる「生きがい」の概念のベースには、1966年の神谷美恵子の『生きがいについて』[8][ii]があり、後で見る多くの文献で紹介・援用されるように、その枠組み自体は、ほぼ半世紀を経ようとする今日でも大きく変っていないことを見ると、きわめて強固で普遍的な概念として広く用いられているとしてよいであろう。生きがいが、人間が精神的存在として生きていくための前提条件であり、いわば精神のパンであることを考えるとき、生きがいの問題はわれわれ日本人にとって特に重要な問題である[9]（塹江清志・岡和夫　1987）とまで言われている。このような論議のベースには、"（西欧的な一神教の）神"が存在しないわが国おいては、それに代わるものとして生きがいが必要であったとの主張[10]（森俊太　2001）や、宗教やそれに関連するものとの重ねあわせで論じている[11]（塹江清志　1981）ものもある。

　生きがい研究の対象の範囲は思春期から老年期までに限られているという主

---

[i]　神谷美恵子（1966　14-15頁。注8参照）は、後述のように生きがいと生きがい感を区別しており、筆者もほぼそれに準じて考えているが、生きがいを感じること、つまり生きがい感について強調したい時のみ、生きがい感という言葉を用いている。
[ii]　戦後の日本社会に大きな影響与えた著作57のひとつに選ばれるほど、その影響力は大きい（『文藝春秋』平成16年9月号　281-282頁）。なお、本書で、この神谷の文献の頁数を示す際は、みすず書房の1980年の『神谷美恵子著作集』によることにする。

張[12]（鶴田一郎 2007）がある一方で、わが国では、今日の多くの生きがいに関する研究が、高齢者を対象としたものになっており、また、さまざまな論文や記事も、高齢者を対象にした文脈のなかで書かれていることが少なくない。しかしながら、日本心理学会における発表[13]（黒田正典 1971、1972、田中弘子・佐藤文子・青木孝悦 1972、1973、1974）を見る限りでは、初期の研究は高齢者というよりは若年者や壮年者を対象にしたものが多いように思われ、初期の生きがい論ブーム以降も、中学生[14]（藤木五月・井上祥治 2007）や若者の生きがい[15]（近藤・鎌田 1998）に関する実証的研究が少なくない。高齢者が対象の中心になっている近年の出版物では、行政の視点[iii]から、仕事を離れた（仕事を奪われた）高齢者や、活動力の低下した高齢者の「生きがいの喪失」が問題になっており、高齢者に生きがいを与え、生きがいを再発見させることの論議が主要なテーマになっているように思われる[16]（平田哲 1988、神戸勤労福祉振興財団 1995、東清和 1998、森俊太 2001、金子勇 2004、熊澤光正 2005など多数）。このような、高齢者を中心とした生きがい論の盛況の背景には、上記のような政策テーマとしての生きがいだけでなく、多くの高齢者自身が老年期をまさに「喪失期」と見なし、生きがいの対象の喪失によって自らの生きている価値や意味が失われると考えているというわが国の特性[17]（井上勝也 2007）も背景にはある。

　逆に言えば、千保喜久夫・真野敬[18]（2005）の、現役世代は仕事の多忙さゆえ、生きがいを感じるゆとりにかけるのかもしれない、という指摘に見るように、多くの日本人にとって、仕事をしている間は、生きがいなど考える精神的・時間的なゆとりすらないとも言えるし、仕事自体が生きがいである[19]（塹江 1990、見田宗介 1984）と言うこともできる。佐藤真一[20]（2006）が、現役世代の男性の約半数は「仕事」と指摘するように、多くの研究結果が、生きがいの対象として仕事を上げていることからも、それは納得できる。

---

iii　"生きがい"をタイトルにした定期刊行物で学術的なレベルも高いものに『生きがい研究』がある。1995年の創刊から、2007年3月現在第13号が刊行されているが、発行・編集は旧厚生省の外郭団体である（社）長寿社会開発センターであり、高齢者を対象にした生きがい論議に集中している。

そのため、一般の若年から壮年にかけての働く人々の生きがいを考えるとき、それらが、必ずしも、"生きがい"のニュアンスにフィットするわけではない、という感じを受けることもある。どちらかといえば「働き甲斐」としたほうがよいような場合も少なくない[iv]。

何よりも「高齢者に生きがいを与える」的な発想は、それまでどっぷり仕事に浸ってきた、生きがいが仕事もしくは働き甲斐である人々に、新たな生きがいを持たせるということであるが、個人の生きるうえでの精神的な支柱となるべき（個人にとっての）生きがいが、そのように簡単に手に入れられたり変更でき得るものとは思えない。その意味で、高齢者対策としての生きがいの論議のみが盛んであることは、きわめて変則的な現象と言えよう。

第2節　生きがいの概念：生きがいは何を意味するのか

生きがいという言葉は、前述のように、私たちが、日常的によく使う言葉であり、「かい」には「甲斐」という字も当てられることもある。それは「自分が何かをするとき、期待した予測が結果において十分実現したかどうかの評価の高低のことを指す。当然生きがいもその筋の意味を持つ」[21]（島崎敏樹 1974）とされるように「かひ（≒価値）」という概念が入っており[22]（井上 2007）、古くから使われていた言葉である。二宮厚美[23]（1994）は、「生きがい」の「甲斐」が意味することとして、行為に値するだけのしるし（worth）、結果としての効き目（effect）、交ひ；対人交流（communication）をあげている。そして、この言葉の概念は、時代とともに変化してきているとされている[24]（鶴田 2007）。

「生きがい」はもともと、感性的感覚的なものである[25]（梶田叡一 1990）と

---

iv　たとえば、働く人々を論議の対象にしている『生きがいの組織論』（川喜多二郎・小林茂・野田和夫 1968）では、「生きがいのある組織は可能である」とし、その具体策・例として、クリエイティビティがあって、なおかつ個性的でやりがいのある仕事をしている集団（小組織）を論じているが、これらは、そこに所属するものにとっては働き甲斐としても一向に差支えがないように思える。

指摘されているように、私たちは、それに、さまざまなニュアンスを含ませて用いており、"生きがい"に関して、多くの人々がイメージしやすいより具体的なレベルでの定義づけは、未だなされているようには思えない。

また、「生きがい」という言葉は日本語にしかない[26]（Mathews, G. 1996、甄江 1990）と言われるように、日本独特の言葉という指摘も多い[27]（神谷 1966、近藤勉 1997、岡堂哲雄 1993など）。飯田史彦[28]（1998）も、英国留学中に、彼が伝えたい「生きがい」というニュアンスをぴったり伝える言葉がなくて困ったとしている。その一方で、そのような意味を持つ一塊の語群（句）は、日本以外にも多くの国に在るという指摘もある[29]（近藤 1997）。これに関して森[30]（2001）は、ハングル語には生きがいに相当する言葉はあるが、イタリア語、フランス語、英語には日本語の生きがいに相当する言葉はなく、フランス語やイタリア語には生きがいの対象を表したり生きがい感を表す表現はあっても、たぶんに哲学的な語感を持ち、日本語の「生きがい」のように日常的な場で、教育程度や社会階層にあまり関わりなく使われることはない、としている。

また、宮川陽子[31]は、マシューズ（Mathews, G. 1996）の『人生に生きる価値を与えているものは何か』の翻訳に際して、「生きがい」という概念は、日本人ばかりでなく世界中の人々にも当てはまるであろうとし、生きがいという言葉の偏在と、その概念の普遍性について論及している。

なお、甄江[32]（1981）は、「生きがい」という言葉を耳にするとき、日常生活の中での労働、仕事と密着して感じられる「生」の感覚を感じる、との主旨の主張をしている。

1．生きがいの意味

具体的に生きがいが何を意味するのかを見ると、『広辞苑　第5版』[33]（新村出 1998）では、「生きるはりあい。生きてきてよかったと思うこと。」とされている。前者は多分に、「……を生きがいにしている」というように対象になる何かがあることを表し、後者は、生きてきたことに対する感想のようなもの

を意味するとしてよいであろう。

　神谷[34]（1966）は、これについて「人間の感じる生きがいというものの、一口には言い切れない複雑なニュアンスをかえってよく示しているのかも知れない。」としている。そして、生きがいの源泉または対象となるものを指す場合と、生きがいを感じている精神状態を指す場合があり、後者はフランクルの言う「意味感」に近い（「生きがい感」と呼ぶ）、という2通りの使い方があると述べている。また、神谷[35]は生きがい感について、素朴な形では生命の基盤そのものに密着しているので、生きる喜び、または「生存充実感」としてしか意識されない、とも述べている。そして、「生きがいを求める心」を構成するものとして、以下の7つをあげ、一般に人はたった一つのことを生きがいに限ってはいない[36]としている。

　　1．生存充実感への要求をみたすもの
　　2．変化と成長への要求をみたすもの
　　3．未来性への要求をみたすもの
　　4．反響への要求をみたすもの；共感や友情や愛、優越または支配、服従と奉仕
　　5．自由への要求をみたすもの
　　6．自己実現への要求をみたすもの
　　7．意味への要求をみたすものである

　難波光男[37]（2005）は、神谷を引いた後、「生きがいというのはきわめて個性的な、生きることの目標、生きていることの価値や認識に関わる精神的なもの、心の張り合いとか感情に基礎を置くものである。」としている。

　初期の実証的研究である佐藤文子・田中弘子[38]（1971）の国立大学校の学生148名を対象とした2種類の質問紙を用いた研究は、「生きがい」とは、「価値ある目標に向かって努力していく過程で感ずる充実感」あるいは「目標を達成したときの満足感、それに伴う生の実感、喜び」ということになる、としている。また、佐藤文子ら[39]（1972）は、その翌年の発表で、前者をフランクルの「意味への意思、目的意識に支えられた充実感」に近いものであるとしている。

二宮[40]（1994）は、一般的に言われる、自己実現としての生きがいと社会的存在としての生きがいだけでなく、それらに加えて、「従来の生きがい論では、この人間発達の視点が弱かったのではないかという思いを持って、この発達論的視点に立った評価能力の重要さについて述べてきました。（中略）人間の全面的な発達という場合には、人の想像力・能動的な能力に合わせてこうした評価・教授能力の発達を視野に納める必要がある。」[41]とし、発達や評価という概念を加えている。

このように生きがいは、個人の価値（観）や感情との関連が強くきわめて心理学的な概念のようにも思えるが、その一方で、「生きがいは、単なる心理の問題を超えた概念である」[42]（黒田正典 1971）と言われるように、より広い視座からの検討も指摘されている。

２．居がい・他者との関係

上記のような生きがいは、個人内部の問題として捉えることが主流であるが、その一方で、他者との関係のなかで、生きがいを感じるという視点もある。黒田正典[43]（1972）は生きがいの３つの属性のひとつに他者に迷惑をかけないことをあげている。熊野道子[44]（2003）は、大学生を対象とした調査結果を基に、「生きがいは自分の考え・生き方という内面生活だけからでは得にくく、対人関係という外面生活を重視するほうが得やすいと考えられ、相関研究の結果と一致した知見であるといえる。」としており、他者との関係も生きがいを検討するうえでは、重要な意味を持つことを示している。

島崎[45]（1974）は、生きがいについては前景の「行きがい」と背景の「居がい」がある（79頁）とし、「居がい」とは仲間と一緒に生きていることの生きがい[46]（64頁）であるとしている。これについて、直井道子[47]（2004）は、「島崎の「居がい」と見田の「他の生きがい」はかなり近い概念でその表現が異なるだけだという面もあるが、「居がい」のほうがさらに自己に重点をおいた瞑想的な志向が感じられるのではないか。どちらも失って初めて気がつく大切な物である点は共通であるが、「居がい」の場合は病気であれ孤独であれ、ここ

に生きていることをかみしめるようなひびきがあり、高齢者の生きがいを論じる場合に有効であると思う。」としている。

二宮[48]（1994）も、生きがいの「甲斐」について述べているなかで、「3つの甲斐とは、価値を発見・評価する主体的な評価能力、第2に目的や課題に対する意識性、第3は人を取り巻く共感・応答関係の3つに関わって使用されている言葉だということになります。」とし、さらに、生きがいには、自分らしさとか自己の目標とか使命を社会の場で実現・達成することに求めた自己実現としての生きがいと、喜びを共有したり確信しあったりする仲間、共感に関連する社会的存在としての生きがい、という2つの源泉があるとしている。

安立清史[49]（2003）も、「「生きがい」感の基礎にあるのは、社会に根ざし、社会に求められることを、自分が提供している（提供出来ている）という自分の人生と社会との間の関係性である。自己と他者や社会との響きあう関係である。」としている。

和田修一[50]（2006）は、「生きがい問題が社会的な広がりをまったくもたない、純粋に個人的な問題であるというわけではないとも思うのである。（中略）

他者との間の人間関係という文脈において議論が成立しうるという特性が、生きがいという事象が心理的満足や幸福感ともまた違った事柄であることを示しているのである。」と主張し、「生きがいを求める個人の意識の働きは他者との関わりという文脈においてはじめて形成されるのであり、また生きがいを追い求める個人の意識や行為もまた他者との関係性を前提としてはじめて成り立つ性質のものなのである。」という立場に立つが、彼と同じように、生きがいを他者との関係で捉える立場[51]（波平 2001）に立てば、単なる欲望や要求充足による幸福感を持つことが「生きがいがある」こととは言いがたいことになる。

直井[52]（2004）は、生きがいを高齢者の問題と強く結び付けているように思えるが、この居がいという側面は、自分がそこに居てよい、すなわち、他者に役立っているという意味で、社会的な存在意義があることを他者から認められているという感情、安心感を持てることを意味しており、どの世代に属する人々

にとっても非常に重要な感情と言うことができる。とりわけ、新入社員の職業的キャリア発達の第一歩において、その居場所を職場のなかに確立することは重要であり、より広い視点から、この言葉の意義は検討されてもよいように思える。

　その一方で、生きがいを他者との関連で見るとき、「人並み」であることを重要視する視点も生じてくる[v]。波平[53]（2001）は「こうした「人並みである」ことに価値をおく傾向は、急速に高度工業化と都市化が進行した日本社会では、今なお一部の人の間に見出せる。」としているが、とりわけ、他者と同じであることが強く求められるわが国社会においては、居がいは、斉一化への圧力や逸脱への反発を通して、後で見るような、自己の能力の発揮という側面では自己抑制を導き、生きがいの反作用となる危険性をはらんでいることも、考えておく必要があろう。

3．未来志向　対　過去志向

　多くの論者は、神谷[vi]に従って、生きがいが「未来志向的」な側面を含むとしている。しかしながら、これまでの自己の人生の積み重ねのなかに未来があるとすれば、過去を肯定的に捉え、それに満足を感じ、その安心感や幸福感の上に立って、取り立てて鮮明な目標がなくても日々生きていくというのも、生きがい（感）を持つことになり得るのではないかという考え（「過去を志向」）を捨て去ることはできない。つまり、「思い出という生きがいは、きわめて強固で不動の生きがいである。自分がどこにいようがどんな状態になろうが、常

---

v　生きがい感と関係が深いと考えられる自尊感情の尺度に「自分が人並みに価値がある」という項目を用いているものもあり、また、自己肯定度を問う尺度にも「他者よりも劣っているか優れているを気にする」という項目もある。このように日常生活の中で人並みであることは、自己の安心立命、すなわち、心の安寧に、大きな意味を持つと言える。尺度については、山本真理子編『心理測定尺度集Ⅰ』（サイエンス社）の16-32頁を参照されたい。
vi　神谷（1968　37頁）も、「過去の生活がまったく意味のないもの、失敗したものと感じられれば、その無意味感は人を打ちのめしてしまい、現在の生をも無意味にしてしまう。」として、過去の評価を無視しているわけではないが、積極的に論じようとする姿勢は見られない。

に自分とともにあり続ける生きがいだからである。(中略) 身の内側—心の中にある思い出を生きがいとする人は、どこにいてもどんな風になっても失われない生きがいを持ったことになる。」[54]（井上 2007）という主張も、看過できないのである。森俊太[55]（2001）も、面接調査をもとに、「生きがいとは何かと問われてもはっきりと答えられず、(中略) しかし、その中には、いままで何とか生存してきた、とにかく毎日生活してきたという満足感、充実感を覚える人もあった。自分の人生を振り返り、その歩みに思いを巡らせた時に、山あり谷ありであったが、結果的によかったとありのままを受け入れられる心境や、満足感を覚えることも、ある意味でライフコースの次元で今までの自分を評価して、そこに意義を見出していると思われる。将来に向けての積極的な生きがいではないが、その基盤になる可能性はある。」と指摘している。

　熊野[56]（2005）の実証研究も、過去のポジティブな達成経験や対人関係が生きがいと高い関係を持つことを示している。

　そのような主張を見ていくと、われわれの過去の評価、とりわけ肯定的な評価もまた、立派な生きがいになり得るということができよう。「未来に向けて目標を持ってポジティブに生きること」に大きな価値を持たせ、それが、生きがいを持っていることであるという価値観は、余りに健康すぎる人生観のように思える。

　なお、未来志向を論じる時"目標（がある事）"や"目標を達成するために行動していること"がキーワードになるように思える。このような目標の存在やその達成に関しては、達成困難目標と目標追求断念や新たな目標の設定と主観的幸福感の変化に関する島田ら（2008）[57]の実証研究が、目標を不屈に追求することが、すべての場合主観的幸福感を高めることにつながるかという問いを発しており、非常に興味深い。

第3節　生きがいの類似概念

　今まで見てきたように、日本語で言う"生きがい"に相当する言葉は、他の

言語にはほとんど見当たらないとされているが、他の文化に属する人々に生きがいそのものがないのであろうか、という疑問が生じるのは当然である。現実に、それを意味するらしい言葉や語群はあるとされ、それをもって日本人の生きがいとの比較が論じられることは少なくない。このような"生きがい"に類似する概念として熊野[58]（2003）は、主観的幸福感、心理的 well-being、QOL（Quality of Life）を挙げている。さらに、生きがいと精神的健康は厳密には異なるが重なる部分が多い[59]（熊野 2005）とも述べている。

それ以外にも、自己実現という言葉が、かなり頻繁に関連文献のなかからは上がってくる。ここでは、それらの言葉と生きがいの異同について見ていくことにする。

1．心理的 well-being・主観的 well-being

生きがいを論じる文献には、心理的 well-being や主観的 well-being という言葉が、よく出てくる。

C.D. リフ[60]（Ryff, C.D. 1989）は、「幸福感」という論文のサブタイトルに心理的 well-being を用いているが、ほぼ同義と見なしているとしてよいであろう[vii]。彼が操作的に定義し分析に用いた概念は、自己受容、他者との肯定的関係、自律性、（心理的）環境統制、人生の目的、（人としての）成長である。これらは、前述の神谷や二宮の生きがいの領域と重なりあう部分が多い。

well-being という言葉は「安寧」と訳されているが、なかなか日常の日本語で説明しにくい言葉のように思える。また、働く人々の心の問題として心理的 well-being を考えるときには、アメリカ心理学会 APA と米国国立労働安全衛生研究所（NIOSH）の合同カンファレンスンの発表論文集である G.P. ケイタと S.L. ソウター（Keita, G.P. and Sauter, S.L. 1992）編の『Work and Well-Being』[61]や C. クーパーと I. ロバートソン（Cooper, C. and Robertson, I. 2001）

[vii] 大坊郁夫（2009）は、well-being は幸福感・充実感・充足感と訳されているとしている（大坊郁夫 2009「Well-being を目指す社会心理学の役割と課題」『対人社会心理学研究』NO.9. 1〜2頁）

編の『Well-Being in Organization』[62]に見るように、職業上の疾病や傷害、メンタルヘルス、仕事ストレス、健康と効果（効率）、ジェンダー、職業への適応など、物理的・生理的な安全・衛生やそれから派生してきた精神的な安全性・快適性、そしてそれらとテクノロジーや制度、組織文化などの関係のなかでの、精神的な安心・安らぎを表す言葉のように思える。また、P. ヴァール[63]（Warr, P. 2002）は、伝統的な働く人々の仕事に関連したwell-beingとして、職務満足感をあげている。

　石井留美[64]（1997）は、QOL研究の展開のなかから生まれた主観的well-being（SWB: subjective well-being）について主観的幸福感という訳が用いられているが、「他の訳語としては、「主観的（主体的）厚生」、「主体的福祉」、「主観的よい状態」、「主観的健康」、「主観的充足感」、「生きがい」などが見受けられる。「生きがい」は日常的用語で分かりやすいが、その意味を検討すると将来への志向性が強い。SWBは感情の状態や満足といった現在の心理状態に焦点を当てた概念であるため、「生きがい」とは多少意味合いが異なる。」とし、生きがいの類似概念としての主観的well-beingを論じている。そこでは、充足感や精神的な健康や福祉、主観的よい状態などが同等の意味を持つものとイメージされていることが分かる。

　また、主観的well-beingについては、E. ダイナー[65]（Diener, E. 2000）は、幸福感Happinessの科学であるとし、それは、下位領域（要素）として、全体的生活満足感、重要な領域への満足（たとえば職務満足感）、肯定的感情、そして低いレベルの否定的感情を含んでいるが、同時にそれについての心理学者の知識は、未だ十分ではなく、幸福感を増すためにはどのようにすればよいのかということを社会や個人明確に推奨するためには、より強力な科学的ベースが必要である、としている。F. ストラックら[66]（Strack, F. Argyle, M. and Schwarz, N. 1991）による『Subjective Well-Being』は1987年の学会をもとに刊行されたもので、この領域に関する多くの心理学者が執筆しているが、subjective well-beingとhappinessを互換的に用いている。R. ヴィーンホーベン[67]（Veenhoven, R. 1991）も、well-beingと幸福感をほぼ同義に扱っているよう

に見える。さらに、幸福感の研究のなかで、M. アーガイル[68]（Argyle, M. 1987）は、幸福感を仕事（職務満足感）やレジャー、生活への満足、健康、経済的要因、パーソナリティと並んで、ソーシャル・サポートや家族・友人などとの社会的関係も含めて論じている。

これらを見ていくと、心理的well-beingは、さまざまな満足などによって構成されているが、必ずしも明確に定義されたものではなく、研究（者）ごとに操作的に用いられている用語であることを示しているとも言えよう。

この心理的well-beingという言葉は、心の健康であるメンタルヘルスを扱う研究やそれを対象に含む産業・組織心理学で用いられることが多い。それについて、L. レビ[69]（Levi, L. 1992）は、心の病がないことだけでなく個人の総合的に調和の取れたダイナミックな状態として見なされるとし、そこでは、仕事の場で生じるさまざまなこととの関連も深いとしている。そこで言われている、仕事の場で生じることとは、職務満足感や動機づけも含めた職務態度[70]（Pinder, C.C. 1998, Robbins, S.S. 1996）や達成感、充実感、承認などを想定してよいであろう。これらは、前述のダイナーの幸福感（主観的well-being）と重なりあうことが多いように思える。

安立[71]（2003）は、実証研究においては操作的に「主観的幸福感（subjective well-being）」が高い状態を「生きがい」の近似値として捉えることが多いようだ、としている。

また、堀毛一也[72]（2009）は、Subjective Well-beingに主観的充実感という訳をあて、その概念としてHedonic快楽的側面とEndaimonicな側面、すなわち、人生の目的、人格的な成長などに関連した側面があるとしている。後者の側面は、まさに、本研究でいう生きがいに関連する側面と言えよう。

なお、東[73]は、「幸福な老い」を測定するものとして主観的な幸福感の論議が盛んであったとしているが、本書で見るように、必ずしもこの主観的well-beingという概念は、高齢者に特に関係づけられたものではなく、ダイナー[74]（2000）が、生活満足感（ある人の生活の包括的な判定）、重要な領域の満足（職務満足感など）、肯定的感情（多くの喜ばしい情緒や気分の経験）、低い水

準の否定的感情をその構成要素に挙げているように、humanity総体の問題として扱われることが多いように思える。おそらく心理学と社会老年学会の違いによるものと思われるが、筆者は、この用語が、高齢者に関するものであるとは見なさない立場に立つことを明示しておく。

佐藤[75]（1998）が、シニアプラン開発機構の現役サラリーマンと定年退職者、およびその配偶者を対象者にした1992年の質問紙調査を基に行った研究も、主観的幸福感を問題にしている。これに対して、西村純一[76]（2005）は「主観的幸福感は、わが国固有の概念といわれる「生きがい」と比べて、あまりに定量的に単純化されていて、「生きがい」に含まれる日本人特有の微妙な感情の質的違いを充分にとらえているとは言い難い。」と批判している。

これらをまとめれば、主観的well-beingや心理的well-beingは、生きがいそのものとは言えないが、きわめて近似したものとして研究されていると言うことができよう。

2．自己実現

前述のように神谷[77]（1966）は「生きがいを求める心」を構成するものひとつとして、「自己実現への要求をみたすもの」をあげている。また、渡部昇一[78]（1977）は、A. H. マズロー（Maslow, A. H.）が使ったのと同じ文脈で自己実現という言葉を用い、「われわれ人間も、自分の可能性を展開しているときに生きがいを感ずるのだし、自己実現は生きがいそのものであるといってよい。」と自己実現と生きがいとの密接な関係を主張している。また、二宮[79]（1994）も、自己実現とは、生きがいのある生活・やりがいのある人生であるとし、自己実現としての生きがい[80]を論じるなど、生きがいと自己実現が、同列で論じられたり生きがいを論じる文脈のなかで自己実現という言葉に出会うことは少なくない。

その多くは、以下に見るようにマズローのそれを念頭に置いているように思える[viii]。

---

viii　塹江（1981　8章、10章）は、生きがいと関連付けてユングの自己実現を論じている。

マズロー[81]（1943）の要求階層説は、要求の5段階説とも言われ、動機づけの理論としてよく知られている。そこには、人間の基本的な要求として、相互に関連し合う階層関係を持つ5つの目標、すなわち、生理的要求、安全・安定の要求、愛情（所属と愛）の要求、尊重要求、自己実現要求があるとされ、一般的には、尊重要求（の一部）と、自己実現要求を高次の要求とか成長要求ということが多い。このうちの自己実現要求とは、自分がなり得るものにならねばならないという要求とされ、自己・他者・自然に対する受容、民主的性格、超越性、自律性、神秘的経験、創造性、真・善・美などの崇高な価値などによって特徴づけられる。この理論の自己実現という概念は、D.マクレガー[82]（McGregor, D. 1960）のX理論・Y理論によって、非常に大きな影響を産業界にもたらした。とりわけ、後で見る働き甲斐などにおける働く人々の価値観には、この成長要求との重なりあいの多さが見出せる。

難波[83]（2005）は、生きがいが必要とされる背景について論じるなかで、心理学を基礎とした生きがいの構造の存在をあげ、マズローの要求階層が、高齢者の生きがいにフィットするとした。また、上田吉一[84]（1990）は、マズローの自己実現の考え方のなかから、生きがいの成立する条件として、1）将来の希望、2）自己の存在感と役割の自覚、3）価値観の合致（自己の存在と価値観の一致 → 生きるに値するもの）、4）アイデンティティの確立、5）障害の克服をあげ、3と4が特に大事で、生きがいとは、まさに価値を含んだアイデンティティに他ならない、と指摘している。さらに、小林司[85]（1989）は、生きがいとは「生きるかい」であり、「自分の可能性を伸ばしていく自己実現の過程」であるとし、「（生きがいの構成要素として、）自己実現が大きな部分を占めるが、それ以外にも出会い、生きる価値、存在、仕事、愛、遊びなどがある。」と位置づけている[86]。このように、自己実現と生きがいは大きく重なりあって捉えられることが多い。

また、後でも触れるように渡辺聰子[87]（1994）は、仕事のなかで生きがいを感じることとは自己実現を充足することである、と主張しているように思える。

さらに、安立[88]（2003）は、「自己実現の結果が、社会につながることは、

自己実現と社会との間に往還関係（フィードバック）が形成され、自己のための作業が同時に社会への関わりにもなってくるからである。」として、他者との関係における自己実現を論じている。

その一方で、石川基[89]（2004）は、自己実現観は、生きがいの要素であるとしているが、同時に、自己実現は個別的な生きがいであり、職業集団の有する価値と家族の有する価値への帰属という普遍性に立ち戻った際には、むしろ生きにくくしている構造が見てとれる、と主張している。

3．幸福感

主観的幸福感と主観的 well-being は、ほぼ同義に使われていることは先に見た通りである。生きがいを論じるもののなかには、そのような主観的幸福感とは別に、単に「幸福感」や「幸せ」という言葉を用いている場合もある。飯田[90]（2000）は、ただ「幸せだ」と感じることと「生きがいを持って生きている」と感じることの間にはニュアンスの違いがあるとし、直井[91]（2004）は、一般論として生きがい感は幸福感の一部と言えるとしている。

神谷[92]（1996）は、生きがい感と幸福感の違いについて、生きがい感は幸福感の一部であるが、幸福感よりもより一層はっきりと未来に向かう心の姿勢があり、自我の中心に迫っており、価値の意識が含まれていることが多い点をあげている。和田[93]（2001）は、神谷の生きがいという言葉についての記述を引用した後、「すなわちそれは「生きている幸せ」であり、そして、その幸せをもたらす事物である。」とし、生きがいと幸せ・幸福の関連を示している。

後で詳しく見る熊野道子と木下富雄[94]（2003）の研究は、9つの生きがいに類似する概念の測定尺度（177項目）を用いて因子分析を行ない14因子を抽出したが、その第Ⅰ因子は、「満足・幸福感」でそこには「私は生きがいを感じている」という単一尺度も含まれている。その意味で、「満足・幸福感」は生きがいの最も中心的な要素と考えられる。なお、熊野[95]（2003）は、主観的幸福感は現在の状態に焦点があり、生きがいは未来への気持ちがあることが異なっているとしている。

このように、幸福感・幸せは、必ずしも生きがいそのものではなく、また主観的幸福感ほどには詳細に論じられているものではないにしろ、生きがいと関連づけて検討されることが多い用語と言えよう。逆に言えば、その抽象性こそが生きがいという言葉の使い方にフィットする言葉と言うこともできる。

4．その他の関連概念

（1） QOL（Quality of Life）：生活の質

QOLは、「生活の質」と訳される。QOL自体は、生活の質を表す概念であり、そこには物理的なものと心理的なものがある。しかし、それは、「ものから、心、精神」というスローガンの下で論議されることも多い[96]（三重野卓 1990）とされ、現在の「生活の質は」、非物財的な側面を一層、必要としている[97]（三重野 1990）とされている。また、それは、今まで見てきたような生きがいに関連する満足度だけでなく幸福度や不安度、充足度も大いに関わってくるとされている[98]（三重野 1990）。柴田博[99]（1998）は、生きがいは高齢者のQOLを考えるうえで重要な概念であるとしている。

QOLという点では、物理的な側面は生活そのものの質を規定し、また福祉の指標としても測定可能であるだけに不可欠なものではあるとしても、生きがいに関連して見ていけば、後者にウエイトが置かれると考えるのは妥当である。遠藤忠[100]（2007）はこれを主観的QOLとし、現在の満足感、生活の張り、心理的安定感より構成され、それらは高齢者の生きがいを主観的に捉える規定要因として重要であると述べている。

長嶋紀一[101]（2002）も、主観的なQOL指標として現在の満足感、心理的安定、生活の張りの3尺度をあげ、生きがいのある老年期のライフスタイルのあり方を実証的に研究している。これらの主張を見る時、QOLが少なからず生きがいと関わる、と言うことができよう。

（2） モラール

高齢者の生きがい尺度に関しては、古谷野亘[102]（1981）は、モラール尺度を用いて生きがいを測定し、結論として、改訂PGCモラール・スケールは、「日

本人の老人のモラール、あるいは生きがい」を測定するための尺度として有効ということができる、としている。安立[103]（2003）も、「実証研究においては操作的に「主観的幸福感（subjective well-being）」が高い状態を「生きがい」の近似値としてとらえることが多いようだ。」と述べ、それは、PCG モラール・スケールで測定されるとしている。安立によれば、PCG モラール・スケールは、社会的孤立感をはかるアノミー尺度や主観的な健康度その他を組み込んだものであり、そこから導かれる主観的幸福感は、「ある個人が、個人次元で社会とうまく調和し、身体的健康も持った場合の心理的に調和ある状態」と説明されている。

このモラール Morale については、杉山ら[104]（1981）は、生活意欲と訳し、それをもって、生きがいを測定している。

（3）充足感　Fulfillment

生きがいに関する文献には、充足感や自己充足という言葉が出てくることも少なくない。A. ゲワース[105]（Gewirth, A. 1998）の主張をまとめると、以下のようになる。

　　自己充足はしばしば、良好で幸福な人間の人生の基本的な構成物、もしくはありていにいえば、包括的な内容として高く価値付けられてきた。自己充足は、ある人のもっとも深い欲望の成就や最も価値のある能力の実現をもたらすことにある。自己充足は、到達点の成功や、個人の最も強くそして最もよいものを開花させることに人を導く。その結果、自己充足は、ある人の志望（大志）の達成や潜在能力を活用している最高点を表す。このようにして自己充足は、深く満足し、豊かで、価値に満ちたよい生活・人生を示す。

また彼は、「自己充足は2つの方法で考えられる。ひとつは選択、もしくは、より一般的には欲望の要素に由来する、すなわち、それは人格の発展に寄与する。自己充足の持つ最高性のゆえにそれは、大志の充足として関係付けられるであろう。その大志は、ある人のもっとも深く卓越した欲望の表れである。第2のものは、潜在能力の実現の原則が向けられた潜在性や力（パワー）の要素に由来する。人格の発達に要求される選択性や慎重さに対して払われるべき認

識を伴って、自己充足は、ここでは能力の充足として考えられる。」[106]としている。

和田[107]（2001）は、「欲望 aspiration の充足 fulfillment」や「能力の発揮 fulfillment」という2つの面を持つ自己充足 fulfillment と関連して生きがいが論じられるのは、アメリカ社会の価値観に起因するとしている。ただし、後者の能力の発揮は、今日のわが国の働き甲斐の問題とも大きな関わりを持ち、生きがい検討の重要な側面であると言うことができよう。

第4節　生きがいの構成要素と尺度

生きがいに関する研究・調査の中では、生きがい（感）の有無や何を生きがいの対象とするのかということを調べ論じているものが少なくない。その一方で、生きがいの構成要素と考えられるものを個別に評価させ、その構造を探ろうとするものも少なくない。後者に立つものとしては、「生きがい」意識を「仕事」、「家庭」、その総和としての「人生」に対する生きがい[108]（塹江 1981）から成立つものと捉えるような視点や、構造の分析に因子分析を用いるものも多く、さらには、塹江・岡[109]（1987）のように、仕事・家庭・余暇を、生きがい（従属変数）に対する独立変数とした方程式の妥当性を検討している研究もある。

その一方で、西村[110]（2005）は、生きがいの概念に関する議論は盛んに行われてきたが、日常的な生きがいの程度を測定する尺度の研究はほとんど行われていない、としている。佐藤[111]（1998）も「生きがい」については、「これまでにも精神医学、社会科学、人文科学など諸分野からの検討が加えられている。しかしながら、生きがいの意味や諸外国の関連する概念などとの関連性についてはある程度の考察が加えられてはきたものの、「生きがい」概念を実証的に測定する方法や尺度として確立したものは今のところ存在しないと思われる。はたして、生きがいは心理学的実証研究に用いることの可能な概念なのであろうか。」と述べ、測定の困難さを暗示している。

さらに、金子勇[112]（2004）は、「私はこの20年間、生きがいの概念をめぐる

細かな議論には加わらず、「生きる喜び」として生きがいを定義して、「高齢者の生きがい」について質問紙調査票を利用した計量調査とインタビューに依存した事例研究法の両者を用いて、多方面から具体的に理解しようとしてきた。なぜなら、ミルズが言うように、実証的な研究においては概念をめぐった議論よりも概念を使った議論が建設的であり、学問としても生産的だと考えるからである」と述べ、生きがいに関する概念を明確にした上での研究の困難さを指摘している。

この節では、これまでの調査研究において、どのような視点・尺度で生きがいが測られ論じられてきたかを概観する。

1．生きがいの測定尺度

生きがいの測定尺度としては、さまざまなものがあるが、ここでは比較的よく用いられているPILと大学生の生きがい測定尺度という2つの尺度を紹介しておく。これら以外にも、前述のQOLに関する尺度やモラールという概念を用いたPGCモラール・スケール、高齢者の生きがいを測るK-1、K-2式の尺度などがある[113]（近藤 2007）。

（1） PIL

生きがいに関して、それを科学的に測定する試みとしてよく用いられるものに、生きがい論に大きな影響を与えたフランクルの「意味感」の考えにもとづくPIL（Purpose in Life）がある。この尺度は、PIL-A, PIL-B, PIL-Cの3部からなり、Aは20項目の7点尺度の質問であり、Bは13問の文章完成法、Cは自由記入方式をとり、はじめは米国で開発され、わが国では、わが国の文化に合わせた改訂版が作られ[114]（岡堂 1993）、用いられている。このうちのPart Aは、表2-1でその1部を紹介するような20の質問項目からなり、それらは、神谷の言う7種類の要求にほぼ近い形での尺度が構成されている[115]（熊野 2005）とされている。なお、近藤・鎌田[116]（1998）は、「それに何よりもこの人生の目的意識が生きがい感であるとの検証が調査によって明らかにされていない。そうである以上、生きがい感概念についてのその定義は恣意的であり、

表2−1 PIL-Aのテストの一部

左右のどちらに近いかを7段階で答える方式
4が「どちらでもない」

私はふだん： 退屈し切っている	1	7	非常に元気いっぱいで張り切っている
私にとって生きることは： いつも面白くてわくわくする	7	1	まったくつまらない
生きて上で私には： 何の目標も計画もない	1	7	非常にはっきりした目標や計画がある
私の人生には： 虚しさと絶望しかない	1	7	わくわくするようなことが一杯ある
もし今日死ぬとしたら、私の人生は： 非常に価値ある人生だったと思う	7	1	まったく価値のないものだったと思う
毎日の生活に私は： 大きな喜びを見出し、また満足している	7	1	非常に苦痛を感じまた退屈している

資料出所：岡堂1993、35頁の一部を抜粋加工。

そのスケールもまた恣意的なものとならないのであろうか。」として、PIL＝生きがいとすること自体に疑問を投げかけている。熊野[117]（2003）も同様に、「PILは、（中略）実存主義の立場を色濃く反映して作られた尺度であり、生きがいという多面的・多義的な概念を網羅しているとは限らない」としている。

（2） 近藤・鎌田による大学生の生きがい感測定尺度

大学生の生きがい感を調べるために近藤・鎌田[118]（1998）によって開発された「生きがい感スケール」も、オーソライズされたものと言えよう。

この尺度は、「どんなときに生きがいを感じるか」に関する自由記述式調査（第1次予備調査）から始まり、第2次予備調査、信頼性と妥当性の検証を行う本調査というプロセスを経ている。本調査は31項目からなり、現状満足、人生享楽、存在価値、意欲という4つの下位尺度で構成され、各因子は、表2−2で示されるような質問項目を含んでいる。なお、第Ⅱ因子「人生享楽」に含まれる6項目のいずれも、因子負荷量は.5に達していないが、それについて近藤[119]（2007）は、従来にない説明概念であり、その因子を含んだスケールこそ、標準的スケールになり得るものと評価している。

なお、この尺度に関して、泊真児[120]（2001）は、一般成人にも適用可能な尺

表2－2　近藤・鎌田の尺度

〈現状満足　5項目〉
　私は今の生活に満足感があります
　毎日が平和で楽しいと感じています
　私は今幸せを感じています
　私の毎日は充実していると思います
　全ての物ごとが順調に進んでいると思っています

〈人生享楽　6項目〉
　暖かい日差しの中でよく昼寝を楽しみます
　私はフカフカの布団で寝ることをよく楽しんでいます
　私は好きな物を飲んだり食べたりする機会をよく持っています
　私は心ゆく迄買物をすることがあります
　世界がバラ色に輝いて見えることがあります
　今日は一日好きなことができると思う日がよくあります

〈存在価値　11項目〉
　私は他人から信頼され頼りにされています
　私の行為で人に喜んで貰えることがよくあります
　自分が必要とされ存在価値を感じることがあります
　皆で力を合わせ目的を達成することがよくあります
　人の為に役に立ったと感じることがあります
　自分は高く評価されたと思えることがよくあります

〈意欲　9項目〉
　私は将来に希望を持っています
　自分の人生に大きな期待を持っています
　私は物事にやる気を持っています
　私には目的があり、達成したいことがあります
　私は何事に対しても積極的に取り組んでいこうと思っています
　今やり甲斐のあることをしています

近藤・鎌田（199）の表2の31項目からの抜粋：各因子上位6項目

度であるとしている。また、藤木・井上[121]（2007）は、現在知り得る限りで最も実証性の高い手法で作成された尺度であると、高く評価している。しかしこれとても、生きがいが非常に個別的で、年代によっても異なることを多くの研究が指摘している[122]（シニアプラン開発機構 1992、佐藤 1998、2006、西村 2005）ことを考え合わせれば、絶対的な尺度にはなり得ないと考えられる。とりわけ、働く人々を対象としたとき、この項目群のワーディングを用いて調査を実施することには、働く人々の生活のなかで生起する心情というには抵抗

感が大きいので、躊躇せざるを得ない。

2．生きがいの構造

　先に見たように神谷は、生きがいを生きがいの源泉または対象となるものを指す場合と、生きがいを感じている精神状態を指す場合があるとしたが、その一方で、上記の測定尺度で見たように、いくつかの研究は生きがいを構成するものをより具体的に分析している。このような分析は、生きがいを測定する際に、有力な手がかりになると考えられ、筆者の実証研究も、それらに依存した部分も多い。そこで、それらを含めて、ここでは、代表的なものを紹介してみたい。

（1）鈴木広の研究

　鈴木広[123]（1986）は、昭和55年に福岡県民男女2,000名を対象に実施した態度調査を基に分析して、生きがいには表2－3で説明されるような7領域があり、生活に変化、未来展望、自由、人生の意味というグループと、自分を生かす、私生活の安定、人間関係維持という3項目に生きがい感が加わったグループに分けられる、としている。さらに、後者は、家族、仕事、ふれあいといった心の支えとして上位を占めるものに関係しており、平均的庶民の生きがいと強く結合することを示している。

表2－3　生きがいの7領域

（1）	経済的・精神的に安定し、健康で平和な家庭生活を求める心（私生活の安定）
（2）	新しい経験や冒険をしたり、新しいものをつくるなど生活に変化を求める心（生活に変化）
（3）	愛情、友情、信頼を重んじ、人間関係（交流）を大切にする心（人間関係維持）
（4）	夢や野心のある生活目標に向かって努力し、社会の進歩を望むなど、未来に期待する心（未来展望）
（5）	仕事（家事）で能力を発揮し、好きな趣味を楽しむなど、十分に自分を生かすことを求める心（自分を生かす）
（6）	美しいもの、真理、善など、人間の品格を高める価値や理想を求める心（人生の意味）
（7）	与えられた境遇や秩序にとらわれず、たとえ危険でも自分の運命を自分で選びとって生きていく、自由を求める心（自由）

鈴木広　1986『都市化の研究』恒星社厚生閣　508-513頁　をもとに作成。

（2）熊野道子・木下富雄の研究

　前述のように、熊野と木下[124]（2003）は、9つの生きがいに類似する概念の測定尺度（177項目）を用いた質問紙を作成し、2002年に大学生601名を対象に実施し、その因子分析によって14因子を抽出した。

　第Ⅰ因子は、「満足・幸福感」と名づけられ、「私は私の人生に満足している」に代表される29項目からなり、そこには「私は生きがいを感じている」という単一尺度も含まれている。

　第Ⅱ因子は、「将来に夢を持っている」などに代表される21項目で、「目標・夢」と名づけられた

　第Ⅲ因子は、「存在価値」と名づけられ、「私は他人から信頼され頼りにされている」という項目に代表される24項目からなる。

　第Ⅳ因子は、「生きる自信を失うことが多い」（反転項目）に代表される17項目からなり「人生の意味」と名づけられた。

　以下、「環境対応力」、「他者との親密性」、「自己決定力」、「コミットメント」、「ネガティブ感情」、「自己成長」、「ポジティブ感情」、「身体の健康」、「人生享楽」、「生活の充実感」という14因子があげられている。

　そして彼らは、生きがいの中心的な要素として、「満足・幸福感」、「目標・夢」、「存在価値」、「人生の意味」、「コミットメント」、「生活の充実感」という6因子をあげている。

（3）シニアプラン開発機構の継続調査

　シニアプラン開発機構[125]は、1991年の第1回（1992年に2次調査）、1996年の第2回、2001年の第3回、そして、2006年の第4回まで、厚生年金基金加入者および受給者（サラリーマンシニア前期（35～44歳）、定年準備期（45～54歳）、定年期（55～64歳）、年金生活期（65～74歳））とその配偶者に対する質問紙法を中心にした調査を実施している。この調査は、「生きがいとは何か、またどういうことに人々は生きがいを感じているかなど、理論的にも、具体的にも明確になっていないのが現状です」（第1回報告書 1992）という段階でスタートし、年金受給者も対象に含まれているが、中高年の現役サラリーマンも対

表2-4 生きがいの意味

生きがいの意味	第1回	第2回	第3回	第4回
生活の活力やはりあい	37.4	27.2	26.1	30.2
生活のリズム	7.3	8.4	10.2	8.1
心の安らぎや気晴らし	21.5	23.6	26.7	23.6
生きる喜びや満足感	49.3	44.2	40.5	42.8
人生観や価値観の形成	10.1	6.1	8.7	8.6
生活の目標や目的	22.2	23.1	17.5	24.0
自分自身の向上	22.8	15.0	18.3	12.3
自己実現や達成感	―	25.5	28.2	22.6
他人や社会への有用感	22.0	17.6	17.1	13.6
その他	―	―	―	1.5
無回答	―	―	―	2.6

（2項目選択　現役サラリーマンの値　第3回のデータのみ退職者も含む全体の値）　　（単位%）
シニアプラン開発機構の継続調査をもとに筆者が作成

象になっており、働く人々の生きがいに関する優れたデータの蓄積と言えよう。

　この調査では、「生きがいの意味」を「生活の活力やはりあい」、「生活のリズム」、「心の安らぎや気晴らし」、「生きる喜びや満足感」、「人生観や価値観の形成」、「生活の目標や目的」、「自分自身の向上」、「自己実現や達成感」（2回目以降採用）、「他人や社会への有用感」、「その他」の10項目の選択肢から2つ選ばせる方式で聞いている。

　このデータの中で現役サラリーマンの結果をまとめたものが表2-4である（なお、第3回のデータのみ全体の値である）。対象者全体を見ると、毎回40%以上の人が「生きる喜びや満足感」をあげている。しかし、その割合は漸減傾向にある。ついで多いのは、「生活の活力やはりあい」であり、「心の安らぎや気晴らし」、「生活の目標や目的」、「自己実現や達成感」なども20%を超えている。その一方で、「自分自身の向上」や「他人や社会への有用感」は、減少傾向にある。「自己実現や達成感」という項目が増えたにせよ、この2項目の大幅な減少傾向は、仕事中心の生活のなかで働く人々がどのように生きがいを持ちうるのかを検討する上で、注目に値する。

第5節　働くことと生きがい：生きがいと働き甲斐

　先に述べたように、多くの働く人々は、生活の多くの部分を仕事に費やしており、また、前節で見たシニアプラン開発機構の調査でも、生きがいの生じる場所として「仕事・会社」が多く挙げられていた[ix]。そのため、働く人々の生き甲斐を論じることは、仕事の中での"かひ＝かい"、つまり仕事のしがい・働き甲斐と同列に論じることも可能ではないかと考えられる。たとえば、前述（29頁の脚注4）のように、働く人々を論議の対象にしている『生きがいの組織論』[126]（川喜多二郎・小林茂・野田和夫　1968）では、「生きがいのある組織」の具体策・例を見ると、職務満足感を通した働き甲斐としても一向に差支えがないように思える。また、久保敏治・名東孝二編[127]（1971）の『生きがいの経営学』の前半は、久保とJ.バジール（Basile,J.）との対談およびバジールの「未来社会の経営学」で構成されるが、バジール[128]（1965）の『人間回復の経営学』と同じ視点が基調になっており、Y理論もしくはハーズバーグの動機づけ要因を中心とした、権限の委譲や能力発揮に力点が置かれた従業員管理の必要性が説かれている。これらの存在は、働く人々が働き甲斐を感じる要因を増すものとして捉えることもできよう。

　1974年の日本心理学会第38回大会[129]のシンポジウム13「職場の生きがいと職務設計」でも、5000万人の労働者が人生の黄金期の1日の大部分を職務をなかで過ごし、人間的エネルギーを傾注している以上、生きがいを職場外に求める傾向があるとはいえ、職場での過ごし方に無関心ではあり得ないであろうとし、職務設計の人間化（いわゆる職務再設計）や働く人々の1面しか見ない評価から人として評価するという視点について論じており、そこでは、まさに働き甲

[ix]　シニアプラン開発機構（1992　9頁）の調査は、生きがいの構成要素ごとに、その取得の場を調べており、サラリーマン現役は「仕事・会社」から得るものが圧倒的に多い。サラリーマンにとって「仕事・会社」は、生きがいに関わるさまざまな要素を獲得する、重要な場となっている。現役ばかりでなくOB・OGでも、「自己実現や達成感」「有用感や評価」などは、主として「仕事・会社」から得ている。

斐という言葉で置き換え可能なテーマが論議されている。

そこで、ここでは、仕事（仕事をすること）が、働く人々の生きがいとどのように関係するのか、すなわち、産業・組織心理学、もしくは、より経営に沿って人事・労務管理の視点から生きがいについて見てみる。また、それを通して、生きがいが企業経営にもたらす意味を探ってみたい。

杉村芳美[130]（1990）は、労働は単にコストとしての手段行為ではなく、それ自体として人間的意味を吸収しまた生み出す活動であるとし、さらに、「働くということが生きがいになるということは、労働に単なる生活維持の手段以上の意味が見出されているということである。労働には、それによって生活を支えるという経済的側面のほかに生きがいというような観念的側面が存在するのである。労働は固有の意味世界を持つということである。」[131]として、仕事が働く人々にとって経済的側面以外の意味を持つことを示している。さらに、それが、生きがいという言葉で語られる側面を持っていることを示している。

渡部昇一[132]（1977）は、「人間は仕事を通じて自己を実現したがる」とし、さらに、「仕事のプロセスにおいて楽しむ人は小恍惚[x]をよく体験する人であり、また仕事のほかの趣味においても小恍惚を得やすい。このように生きがい形成と仕事は不可分にとらえられていることがわかる。」と述べ、より積極的に、自己実現に代表されるような精神的な満足や達成と生きがいの関わりを仕事生活に求めている。

その一方で、同じ時期に元日銀理事でエコノミストとしてだけでなく森鷗外の研究家としても高名だった吉野俊彦[133]（1977）によって書かれた『サラリーマンの生きがい』の中では、サラリーマンとしての生きがいとして、「その一つは勤め先の仕事自体について生きがいを見出せる可能性があるということと、第二は勤め先の仕事と並んで、それ以外の分野にも生命の燃焼を求めうる道がある」という2点が挙げられ、仕事＝生きがいではなく、仕事以外にも生きが

---

[x] 渡部は小恍惚にピーク・エクスピアリアンスというルビを振っているが、おそらくマズローの至高体験 peak experience を指しているものと思われる。

いを見出すことの必要性がその著の全体を通して明確に論じられている点が、注目に値する。高度成長＝働き蜂世代のわが国を牽引した日銀のエリートサラリーマンでも、いや、そこまで上り詰めるほどのエリートだったからというべきか、仕事以外の領域の生きがいをもしっかり見据えて人生（広義のキャリア）を捉えていたことを示している。

　塹江[134]（1981）は、1980年代の初頭に、「職場において「生きがい」論が盛んである。「生きがい」管理、「生きがい」ある職場作りなどと「生きがい」という言葉をよく職場で聞く。」とし、その背景には、その当時の社会一般の生きがい論の流行という面もあるが、それ以外に労務管理的な意味でも生きがいを考える必要があったことを指摘している。そして、労働者における意欲の構造の変化によって、仕事・職場に対する「生きがい」こそ労働意欲の源泉であるという認識が、職場における「生きがい」論の背景にあるとしている。そして彼は、その10年後の日本的経営の終焉がまさに訪れようとした時に、「労務管理の主要な課題である労働意欲の維持・向上のための方策は、現代の職場での作業者の欲求構造における中心的欲求が「自己表現」欲求（古賀［1］）であることと、現代の職場での作業が「技術革新」の進行によって作業者に「仕事」からの「疎外感」（「複合疎外感」（庄司［2］）を生起せしめるものであることとを併せて考えるとき、「仕事・職場」の「生きがい」維持・向上策にあるべきであると考える。それゆえ、企業従業員における「仕事」の「生きがい」について、その実態、彼の人生に対するその意味・意義、その構造、そして、その規定要因などについて明らかにすることは、労務管理における現代的な重要な課題であると考える。」[135]（塹江 1990）と述べている。

　このような、仕事の場から発する生きがい＝働き甲斐については、1）職務価値；自分が「価値ある仕事に従事している」という生きがい感、2）対人価値；自分が人々から「価値ある存在として感謝されている」という生きがい感という2面があるとされている[136]（飯田 2000）。

　2006年の日本労働社会学会年報（第16号）は「仕事と生きがい」を特集のテーマに3論文を集載している。そのなかには、生きがいをタイトルにしたもの

や、論文中で生きがいを明示的に定義したものはなく、このようなものがあれば生きがいを感じられる、というような含意で書かれているのであろうかと感得せざるを得ない。そのなかでタイトルに「働きがい」という言葉を用いた桜井純理[137]（2006）の論文では、働き甲斐とは何かを明示していないが、キャリア発達との関係の中でキャリア・アンカーにマッチした働き方こそが働き甲斐のある仕事の仕方であるという主張をしているように思え、キャリアやそれを支える価値観が働き甲斐や生きがいに関連を持つことを明示した研究であると言えよう。

　また、渡辺[138]（1994）の『生きがい創造への組織変革』はサブタイトルを「自己実現至上主義と企業経営」とし、人間にとっての仕事の意味あるいは職業倫理といったものが変化してきており、自己実現至上主義、すなわち、仕事は何よりもまず生きがいを与え、自己発展のプロセスとなるものでなければならない、というような仕事意識が組織を変えていると指摘している。そして、自己実現を中心とした動機づけという観点から、仕事意識の分析を通して、組織管理の方向性を論じている。この視点から見れば、仕事のなかで自己実現する（目指す）ことが生きがいを感じることになる。逆に言えば、仕事を通して生きがいを感じるためには、働く人々各々の価値観・要求の達成・実現（すなわち自己実現）が求められるということになるであろう。

　しかし、その一方で、西村[139]（2005）のサラリーマンを対象にした実証的研究における等質性分析の結果に見るように、日本のサラリーマンが生きがいを感じる時には、社会的責任のある生活だけでなく責任のない気楽な生活が背景にあったり、内面的充実を志向するだけではなく心身の健康づくりを志向することも背景にあるというような、アンビバレントな関係（それは、主観的幸福感のスケールや、欧米のそれと生きがいは異なることを示唆しているとしている）があることも、考慮に入れておく必要があるであろう。

第Ⅱ部　実証研究

第 3 章

実証研究の枠組み

この章では、前著までの4つの質問紙法による調査と主として看護師を対象にした面接調査を踏まえたうえで、キャリア発達やそれがもたらすもの、とりわけ、生きがいとの関係についての検証を行うために、その後に実施された質問紙調査で用いた尺度や、調査の概要について見ていく。

第1節　先行研究とその要約

2003年に出版された前著『キャリア発達におけるメンターの役割』[1]は、1995年に会社員を対象に始めたメンターやメンタリングに関する研究から出発して、小売業の女性や営業職を中心にした商社で働く人々、専門性を要求される職種の人々、そして、資格専門職である看護師を対象とした第4研究まで、さまざまな職種の人々を対象に、メンターやメンタリングとキャリア発達や職務満足感との関係を探る実証研究のまとめである。なかでも、比較的まとまりがあり明瞭な業務が想定される看護師のデータ（質問紙法だけではなく60名近い看護師を対象にした面接調査の結果も含む）を中心としている。各研究の概要は表3－1のとおりである。

表3－1　先行研究の概要

	第1研究	第2研究	第3研究	第4研究
実施年	1995	1998	1998	1998-9年
対象 有効回答数	従業員30人以上の企業で3年以上の職業経験者377（男性194名、女性172名）。	大規模小売業販売職女子と中堅商社男性営業職を中心に563名（男性196、女性366）名。	専門性が高いソフトウエアー開発、テストの開発・販売、市場・世論調査の大手3社を中心に423（男性256、女性167）	比較的大規模な大学病院、公立病院の10病院に勤務する仕事経験3年以上の看護婦（当時）585名。
平均年齢	平均年齢32.9歳（男性35.9歳、女性29.5歳）	平均年齢33.1歳（男性39.1歳、女性29.9歳）	平均年齢33.0歳（男性34.7歳、女性30.5歳）	平均年齢31.9歳
平均勤続年数	平均勤続年数11.4年（男性13.8年、女性8.7年）	平均勤続年数13.1年（男性17.4年、女性10.9年）	通算勤続年数11.2年（男性12.5年、女性9.1年）	平均勤務年数10.3年 現病院での平均勤続年数8.0年。

出所：小野（2003）53-54頁を基に作成。

それらを通して分かったことは、前著第7章第1節でまとめたが、そのうちのメンタリングの分類やそのカテゴリーごとの分析を除いて、本研究との関連が深いものを中心に要約すると、以下のようになる。

・メンターの存在やメンタリングは、直接的にキャリア発達に働きかけ、キャリア満足感を促進する。
・キャリア満足感が高いほど職務満足感も高く、さらに、自己の成長への満足感が高いほど職務満足感は高い。
・上記の変数は、年代や地位などのキャリア・ステージによって異なった関係を示す。
・面接調査の結果は、ソーシャル・サポート的な「居場所」や「居心地のよさ」を提供する支援は、個人のキャリア発達やその結果としての職務

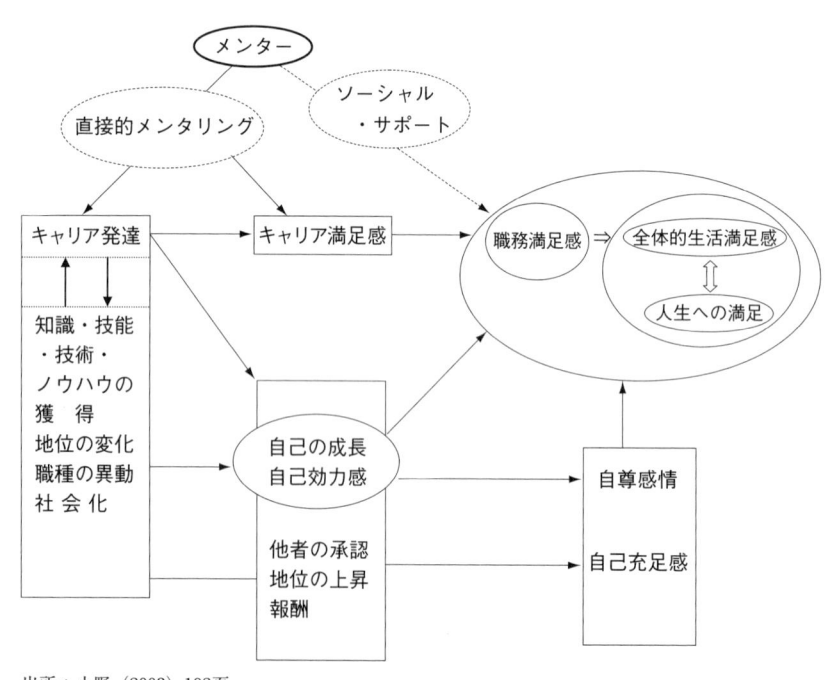

出所：小野（2003）192頁

図3-1 キャリア発達と心理的 well-being に及ぼすメンターの影響

満感に影響を与え、それを通して、人生への満足感に大きな影響を与えていることを示す。
・ソーシャル・サポートに関連するものとしては、質問紙調査でも、対人交流に肯定的な人の方が、情緒的機能や管理者的行動機能などキャリアの初期に重要な役割を演じるメンタリングの受領が多いことを示している。

以上の検討を通して、図3−1のようなモデルを描くことができ、「このモデルが妥当であるとすれば、メンターやメンタリングの存在とそれを通したキャリア発達は働く人々自身の人生の肯定感に深く関わり、それに対して大きな影響力を持つと言えよう」とその後の研究課題を提示した。

第2節　本研究の概要

1．目的

第1章では、キャリアの概念やキャリア発達について、前著で見たキャリア発達の段階などについてのレビューとは別に、さまざまな主張を見てきた。

そこでは、キャリアはその概念の幅を、職業から生活全般や人生・生涯にまで広げたものとして理解される傾向がより強くなったように思われる。また、その前提にキャリアの自立も含め、自己の人生を自分で律しようとする働く人々の価値観や成長要求の影響を見ることができた。そうであるとすれば、キャリアの発達がもたらすものとして、客観的に目に見える地位の上昇や所得の上昇、雇用の確保などの仕事生活の成功だけでなく、職務満足感や自己の成長感など主観的な仕事に関係する成功感や充足感、さらには、非仕事生活における様々な満足感や自己の充実など、人生そのものに関わるさまざまなものをも想定することは、きわめて自然なことである。そこでは、他者との関わりの充足など、より広い視点でそれを眺める必要がある。筆者はこれまでも職務満足感と生活満足感の関係を重要なものとしてきており、キャリアについても必ずしも仕事生活に限定されない幅広い視点に立つことには、大いに賛成である。そのよう

な幅広い視点に立つとき、本研究の第2章で見た"生きがい"という概念で、働くことの意味を探ることは、大いに意味があると言えよう。

それらを前提として、**図3－1**の右側の部分に生きがいという概念を持ち込んだとき、主観的 well-being といわれるようなさまざまな感情とキャリア発達がどのように結びつくのかということの検証を試みることにする。すなわち、**図3－1**に示された一連の関係が成り立つか否かの検証が、本研究の目的である。あわせて、メンタリングに大きな影響を受けるキャリア発達が、職務満足感に関連する諸要因だけでなく健康や、仕事以外の関係者（家族や友人知人、地域社会）、老後も含めた長期的な経済的な安心感、余暇の充実などで表される生活満足感との関連を持っているか、という点についても検討を加えてみたい。

そのなかでは、地位や、年代、性との関わりについても検討し、さらに、ある企業の役員からパートタイマ・派遣社員などに至るまでの従業員の悉皆調査である第9研究では、部分的にせよ、非正社員のデータについても正社員との比較分析を試みることにする。

また、全体を通して、国家試験を通してオーソライズされた専門職の集団である看護師と一般企業の働く人々（大学院修了者の職場もあるがかなり限られており、その意味での専門職はほとんどいない）の間で、それらの関係にどのような差異があるのか、またはないのかという比較も試みたい。

2．方法と尺度

本研究の方法は、前著までの第4研究以前と同様に質問紙法を用いたものであり、副次的に、面接調査を実施しているという意味では、大きな違いはない。第4研究までと本研究で取り上げる第5研究以降の研究の間にある大きな差異は、前項の「目的」で見たように、それまでのメンターやメンタリングが及ぼすキャリア発達や職務満足感への影響から、キャリアがどのような広がりを持ち、その発達にメンターやメンタリングが、他のキャリア発達促進要因（企業の能力開発や働く人々のパーソナリティ的な側面など）と並んで、どのように

関わるのか、また、キャリア発達が何をもたらすのか、具体的には自己充足や人生への満足などに代表される生きがいとどのような関係を持つのか、そして、キャリア発達に影響を受ける生きがいとは具体的にどのようなものなのかを探ることにシフトしていることである。そして、それを受けて、質問紙の構成も大きく変化している。このような質問紙の変化は、第5研究以降の成果や面接調査、文献研究の量的拡大などに対応して生じている。

　ほぼ、質問内容が確定した第7研究で用いた質問紙のうち、特に本書の記述に関連のある項目を本章の末に掲載する。看護師の場合と会社員の場合では職制上の地位や仕事で用いる用語が異なる場合があり、それらは、若干変更しているので必ずしもまったく同じ質問文ではない。

　次に、各研究で用いられた主要な尺度について見ていく。

（1）職務満足感・生活満足感・全体的生活満足感

小野[2]（1993）の『職務満足感と生活満足感』による文献レビューと質問紙法による実証的研究は、職務満足感と生活満足感の spill-over モデルを支持している。そこで、この一連の研究も、単に職務満足感を測るだけでなく、それと関連する生活満足感や、全体的生活満足感についても測定している。この3つの満足感の関係は図3－2の通りである。

全体的生活満足感
overall Life Satisfaction

職務満足感　　　　　　　**生活満足感**
Job Satisfaction　　　　　　Life Satisfaction

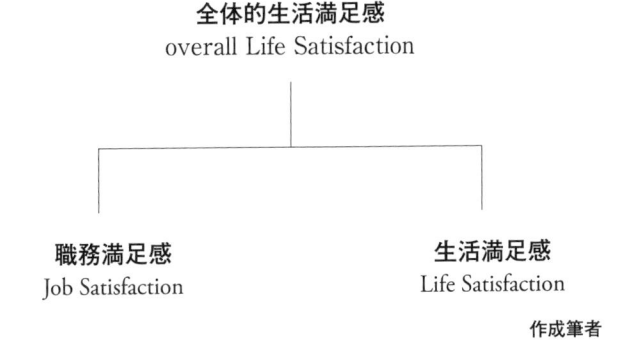

作成筆者

図3－2　満足感の関係

職務満足感の尺度に関しては、上記の拙著を参考にしているが、具体的には、F. ハーズバーグ[3]（Hertzberg, F. 1966）を主に参考にして、仕事そのものから得られるもの、仕事の周辺にある労働条件、人間関係（上司・同僚）に関する項目で構成し、とりわけ評価やそれに関係する処遇、そして、労働時間の問題に重点を置いた個別局面的な職務満足感 facet job satisfaction と職務満足感全体についての総合的な評価を質問する項目構成になっている。

生活満足感に関しては、非仕事生活の中心であると思われる家族や家庭の問題と、仕事に関係しない人間関係や地域社会との関係、老後も含めた経済的な安心感や自分自身の精神的な生活の充実に関わる余暇の過し方などに注目し、職務満足感同様に個別局面ごとに質問する項目と全体の評価を一括して質問する項目を用いている。また、仕事ストレスとの関連で注目される健康の問題も、研究の最後のほうでは尺度に加えている。

職務満足感と生活満足感および全体的生活満足感は、大いに感じる（当てはまる）を5、まったく感じない（当てはまらない）を1とする5点尺度で測定した。

（2） キャリア満足感・キャリア発達に影響を与えるもの

キャリア満足感については、前著では、田中美由紀[4]（1998）の指標（「昇進の速さ」、「職制上の地位」、「所得の増加」）に加えて「自己の成長」を指標として職務満足感や生活満足感の一部として測定した。

本研究では、前章のキャリアでも見たようにキャリアが非常に幅広い視点で考えられるようになってきたことを反映して、まったく独立した項目群として測定している。特に、成長要求の側面への注目を強め「知識技術の習得」や「専門性の深化」という尺度を加え、また、地位に関しても職場における地位とそれ以外の社会における地位というようにより幅の広い視点で捉えようと試みている。さらに、spill-over モデルが支配的であることを前提に、家庭との両立もキャリア満足感の要因として捉えることにした。

キャリア発達に関しては、平野光俊[5]（1999）の尺度を援用し、若干ワーディングを変えるだけで枠組みに関しては、そのまま用いた。

キャリア発達に影響を与えるものに関しては、当初企業内の能力開発を念頭に置き、それに看護師のヒアリングなどで得られた結果を基に、基礎（学校）教育、OJT、off-JT、自己啓発活動、メンタリングなどに関して測定したが、本研究の後半では、追加のヒアリング調査などから得られた、仕事経験としての新たな職務や課題、昇進やその他の異動、社外（院外）での活動なども加えることにした。

　これらキャリアに関する尺度は、その尺度に対して大いに肯定的（感じる・満足・ある・役立つ）を5、まったく否定的（感じない・不満・ない・役立たない）を1とするとする5点尺度で測定した。

（3）　メンタリング

　メンターやメンタリングに関する選択肢や5点尺度の項目については、前著[6]（2003）で見た通りであり、尺度は、筆者[7]（小野 1994）の実証研究で用いたソーシャル・サポートの尺度と、メンターやキャリア発達とその支援に関するK.E.クラム[8]（Kram, K.E. 1985）やG.F.ドレアーとR.A.アッシュ[9]（Dreher, G.F, and Ash, R.A. 1990）、R.A.ノエ[10]（Noe, R.A. 1988）、B.R.レイジンズとD.B.マクファーリン[11]（Ragins, B.R., and McFarin, D.B. 1990）、S.ライリーとD.レンチ[12]（Riley, S., and Wrench, D. 1985）などを参考にして、質問項目を約80項目を第1段階で作成した。次に、それを用いて、約10名について質問紙および面接法による予備調査を実施し、第3段階として、それらを基に、第5章の**表5－1**にある60項目の尺度を作成した。

　本研究は、前著で用いた60項目を、その後の実証研究において得られた結果に基づき、同一のカテゴリーに同じような内容の尺度が多すぎるものや多義的な項目、どこにも属さない項目などを削除し、面接調査でその重要性が浮かび上がったモデルに関する項目を追加するなどの操作を行い、最終的に48項目の尺度にしている（詳細は79頁の問6を参照）。

（4）　自己効力感

　自己効力感について角山剛[13]（1995）は「特定の課題を遂行するための能力について本人が持つ信念である」としており、遂行するのに必要な能力（知識

や技術、ノウハウ）と実際に遂行できるという確信という2つの面からなるとされている。自己効力感をもたらすものについては、代理経験、言語的説得、遂行行動の達成、情動喚起がある[14]（Bandura, A. 1977）とされ、遂行行動の達成経験が、最も効果的である[15]（山崎章江、百瀬由美子、坂口しげ子 1998、山崎章江、百瀬由美子、坂口しげ子　2000）との指摘に見るように、キャリア発達との関連が非常に強い要因と考えられる。

本研究では、目の前の具体的な仕事ができるか否かについての有能感や自信等の自己効力感（仕事自己効力感と言う）と、多くのことにそのような有能感や自信・確信が持てるか否かというより広範な自己効力感（特性的自己効力感：general self-efficacy）の両面から捉えようと試みた。

仕事自己効力感に関しては、技能や能力の自己評価は自己効力の感情の基礎と見なされている[16]（Dawis, R.V. 1994）という主張に基づいて、自分の仕事を、どの程度自分ででき自己管理できるのかについて、6～7段階で自己評価してもらう尺度を用いた。しかしながら、仕事自己効力感に関しては、選択肢が必ずしも順序尺度として妥当かどうかの疑問が付きまとうため、本研究では後述するように、段階を圧縮して順序性を明確にして用いることにとどめ、分析には、特性的自己効力感を用いることが多い。

特性的自己効力感は、A. バンデューラ[17]（Bandura,A 1977）、東條光彦と坂野雄二[18]（2001）、浦上昌則[19]（1993）、鎌原雅彦[20]（2002）などを参考に作成し、一対の文章のどちらに近いかを5点尺度で評価する6項目を用いた。

（5）　パーソナリティ：自己啓発意欲、対人関係志向

キャリアと関連するパーソナリティとしては、先に見た自己効力感もそのひとつである[21]（Arnold, J. 1997）。それ以外にも、キャリア選択に関して言えばJ.L.ホランド（Holland, J.L）の6つのタイプの職業的パーソナリティ[22]が非常に著名であり、またビッグ5とキャリアの成果の視点からパーソナリティとキャリアを論じるものもある[23]（Bradley, J.C., Brief, A.P. and George, J.M., 2002）など、パーソナリティとキャリアは、非常に大きな関係を持っていると言える。それと同時に、キャリア発達に関しても、キャリア発達の機会や環境

だけでなく、キャリア発達そのものとどのように向き合うかという、個人のパーソナリティ特性の視点からの研究も必要のように思われる。

　働く人々のキャリア発達を促す要因として、第１章ではさまざまなものを取りあげたが、とりわけ自己啓発意欲は、キャリア発達の機会をいかに生かすかというだけでなく、積極的にキャリアを伸ばす意欲を持てるかどうかという意味でも重要である[24]（小野 1997）。本研究では、そのような意欲を持っているかどうかを、資格取得への前向きさ、研修などへの積極的姿勢、費用負担などについて、一対の文章のどちらに近いかを５点尺度で評価する方法で、最終的には３項目を用いて測っている。

　同様に仕事をめぐる人間関係に関しても、より積極的にキャリア発達に関連する人間関係を受け入れる構えがあるか否かという志向を質問しているが、このような対人関係に関する態度は well-being にも影響を持つとされており（大坊郁夫 2009）[25]、重要な視点である。

　これについても、一対の文章のどちらに近いかを５点尺度で評価する方法で、最終的には３項目を用いて測っている。

（６）　生きがい

　生きがいに関しては、前章で見たように、多様な理解がある。本研究では、これら生きがいやその類似概念として論じられるものを基にして、"生きがい"をその対象としてではなく、それを感じられるかどうかのレベルで捉えることにし、前述の心理的 well-being に近いものと考えることにする。そこでは、自己の現在に至るまでの成長―すなわち広義のキャリア発達[26]（小野 2003）―や、現状を肯定的に評価することで自己のアイデンティティを守り、また、満足感や安寧を得ることが生きがいの中心概念であると考えることにする。

　そして、そのようなことに貢献する要因として、能力の獲得やその発揮を通した成長感や自己効力感、他者から能力や他者への貢献を評価されること、全体的生活満足感・職務満足感・生活満足感などの満足感、働き甲斐などの働くことの意味、他者との関わりである家族関係やその他のソーシャル・サポートなどを、想定している。

本研究でも用いた尺度は、具体的には近藤勉・鎌田次郎[27]（1998）、松井健二・佐藤優子[28]（2000）、神戸勤労福祉振興財団[29]（1995）、山本真理子・松井豊・山成由紀子[30]（1982）、熊野道子・木下富雄[31]（2003）などを参考に作成し、「大いに感じる」を5、「まったく感じない」を1とする5点尺度を用いた。

　なお、生きがいに関しては、前章で見たように生きる目的・目標という言葉を中心概念のひとつにおく論議が盛んである。しかしながら、本研究では尺度の「生きる目的・目標」や「目的・目標」があること、「目的や目標の達成」という言葉は用いていない。これは、1990年代以降、わが国の産業において目標管理が見直され成果主義との絡みで盛んに導入されるようになり、仕事の場で（当期の）目標が大きな意味を持つようになったことや、看護師の世界でも、同じようなニュアンスで目標管理が導入され始めたことにより、たとえ「人生の目標」という言葉で問いかけたとしても、そのような短期的な目標という言葉と、人生という長期で広範なパースペクティブを持つはずの目標が混同されて評価される可能性を恐れたためである。また快楽志向に関しては、前述のように、必ずしも働く人々の生活の中で、それにフィットするものがあるようには思えないので、それも除外して、質問紙の設計を行った。

　ただし、本研究の後半では、個別の生きがい要因の評価だけでなく、生きがいの対象についても選択するという形で捉えようと試みた。そのなかでは、目標を持つことやそれへの挑戦を選択肢の一つにあげ、それを選択した人には、具体的にどのようなものかを質問している。また、わが国の生きがいに関しては"人並み"という言葉が見え隠れし、第5研究では、生きがいの尺度のひとつとしても用いたが、その結果に対して充分な説明ができず、選択肢のひとつとしてどのように評価されるのかを探る方法で処理している。

（7）　その他（ソーシャル・サポートなど）

　キャリア発達に関するその他の要因としては、ソーシャル・サポートが挙げられる。ソーシャル・サポートはメンタリングとの関連で語られることが少なくなく[32]（藤井博・金井壽宏・関本浩矢 1995、小野公一・西村康一 1999）、実際にメンタリングに関する看護師の面接調査でも、さまざまな情緒的メンタ

リングが、職場への定着を助け、それが看護師としての職業的キャリアの節目で、プラスの方向に作用している。

このソーシャル・サポートをキャリアに関する要因として取りあげる論者はほとんどいないが、二村英幸[33]（2009）がキャリアに関する近著でキャリアストレスの項で取り上げている。本研究では、単純に仕事生活や非仕事生活で困難に出会ったとき、サポートがあるかどうかの程度を5点尺度で質問している。

そのほかには、その時々の関心などにより、プロトジーとの関係やメンターとの関係なども取りあげる。

3．第5研究以降の調査

ここでは、前著以降の第5研究から最後の第9研究までの実施時期と対象のプロフィール、および調査の位置づけや、特徴的な質問事項などについて簡単に要約する。

（1） 第5研究

2004年12月から2005年1月にかけて実施したもので、対象は、大きな病院組織に属する5つの病院に勤務し、看護師として満3年以上の経験を有するものである。846名を対象にし、有効回答は686（有効回答率81.1％）であった。平均年齢は36.8歳で、平均勤続年数は13.4年である（男性は、全体の2％にすぎず、女性の値に埋没している）。

この研究は、次の大規模な調査に向けての予備調査として位置づけられ、第4研究で用いたメンタリングの質問項目の大幅な修正（第5章参照）と、職務満足感とキャリア満足感の尺度の充実を行っただけでなく、新たに、キャリア選択の理由、キャリア目標、仕事自己効力感・特性的自己効力感、生活上の困難とソーシャル・サポート、生きがい、メンターとの関係（期間、形態とその変化）、クリニカルラダーについて項目を設けた。

メンターとの関係（期間、形態とその変化）、クリニカルラダーについてはこの研究でのみ取り上げたもので、前者は他の研究者による先行研究の確認を試みたもので、メンター-プロトジー関係の長期性、多様性、可変性などを確

(2) 第6研究

2005年5月から7月にかけて看護師を対象にした本調査として位置づけられる。対象は、満3年以上の勤務経験を有する看護師である。

大きく3つの対象者集団があり、第1は、第5研究と同じ大規模な病院組織に属する18病院（第5研究の病院とは重ならない）に所属する満3年以上の勤務経験を有する2,860名の看護師を対象にし、有効回答は2,376（有効回答率82.8％）である。第2グループは、日本看護協会の研修コースに参加した534名を対象にしたもので、有効回答114（有効回答率21.3％）で、対象の所属期間のばらつきが大きく地位も師長を中心としたものに偏っていたため補助的な値として使用した。第3グループは、地方国立大学附属病院240名を対象にした群で、経験満3年以上の者に対する悉皆調査であり、有効回答171（有効答率71.3％）を分析に用い、第1グループとの比較を行った。

第1グループの対象属性は、**表3-2**の通りである。

ほとんどのサンプルが、看護専門学校出身者で21・22歳から看護師のキャリアをスタートしており、勤続年数もそれに並行している。看護師として働いた

表3-2　年齢別　職制上の地位（第6研究第1グループ）

	合計	1.スタッフ	2.主任	3.係長	4.師長	5.看護副部長	6.看護部長	7.その他	不明
合計	2376 100.0	1823 76.7	49 2.1	293 12.3	173 7.3	19 0.8	5 0.2	11 0.5	3 0.1
20歳代	680 100.0	679 99.9	— —	— —	— —	— —	— —	— —	1 0.2
30歳代	919 100.0	796 86.6	24 2.6	84 9.1	11 1.2	— —	— —	4 0.4	— —
40歳代	550 100.0	257 46.7	20 3.6	155 28.2	104 18.9	5 0.9	1 0.2	6 1.1	2 0.4
50歳以上	212 100.0	79 37.3	5 2.4	53 25.0	57 26.9	14 6.6	4 1.9	— —	— —
不明	15 100.0	12 80.0	— —	1 6.7	1 6.7	— —	— —	1 6.7	— —

通算の勤続年数は、第1グループ14.0年、第2グループ19.9年、第3グループ14.5年であり、現在の病院での勤続年数は、それぞれ12.6年、13.9年、12.2年である。

この研究では、特にキャリア発達に影響を与えた要因6項目を新たに付け加えた。

同時に、第1グループに属する8病院と第3グループの病院に関しては面接調査も実施した。そこからは、第1グループに関しては、地理的条件や病院規模により人材育成の課題の差異が大きいことが判り、それに注目した質問紙調査の分析も行ったが、若年入職者が大きい病院と、20歳台から50歳台までバランスよく看護師が分布している病院で、大きな差異は見られなかった。

次章以降で、第1グループと第3グループの比較や、規模間格差などについても若干触れることにするが、主たる分析は、監督職や管理職の数も多く、地位間の比較分析がしやすい第1グループのデータを用いる。

（3）第7研究

2007年に実施した、満3年以上の勤務経験を持つ看護師を対象にした調査である。対象は、社会保険関係3病院と国立病院機構に属する6病院および、大きな病院組織（第5・6調査の対象ではない）に属する1病院に勤務する看護師1,453名で、有効回答は1,086（有効回答率74.7％）である。平均年齢は、35.2歳（男33.9歳、女35.3歳）で、看護師としての勤続年数は12.6年、現在の病院での勤続年数は8.3年である。

第8研究とまったく同じ質問項目（ワーディングは看護師向けに変えたところがある）を用いた調査で、会社員との比較を試みるために実施した。なお、第6研究の主体が第1グループの大規模な病院組織であり、この第7研究の対象の3つの病院集団も規模が大きくその意味では、本研究では積極的に意図はしていないが、今後、組織風土の違いを見ることも可能なデータである。

（4）第8研究

社会人として働いた経験を満3年以上有する一般企業の会社員（正社員）を対象に2007年に実施した調査である。主たる対象は、百貨店（従業員数約3000

名、以下同じ）有効回答193、建設業（1万名弱）有効回答135、大手製造業の総合研究所（500名弱）有効回答51、その他の企業の有効回答65からなり、対象者の総数は817名で、有効回答数は444（有効回答率54.3％）であった。

　平均年齢は、39.4歳（男性40.9歳、女性36.4歳）である。通算の勤続年数は男性18.0年、女性15.1年である。配偶者の有無は、男性で80.3％（以下％略）、女性で33.8が有配偶者である。子供の有無は、男性で66.8、女性で21.1があると答えている。

　地位に関しては、男性は、スタッフ16.6、監督37.5、課長職36.1で、部長職以上も、1割弱に達する。女性は、各々66.9、29.6、2.8であり、部長は1％に満たない。

　この研究の目的は、従来の研究の主対象が看護師であったことから、一般の会社員ではキャリア発達とメンタリングの関係はどのようになっているのかを確認し、また、キャリア発達は何をもたらすのかについても看護師と会社員の異同を分析することを意図している。特に、この研究では、第7研究同様、生きがいの対象を選択させ、それがキャリア発達とどのような関係にあるのかを探ることを意図した。

（5）　第9研究

　2008年10月に実施した首都圏の金融機関で働く正社員・非正社員合わせて1,269名が対象である。他の研究と異なるのは、正社員・非正社員が対象で、勤続年数による制限がないので、通算の勤続年数（仕事経験）が3年未満の対象もいるということである。

　有効回答は1,005（有効回答率79.2％）で、身分別では、正社員784（男性526、女性258）、非正社員212（男性56、女性156）、不明9、平均年齢は概算[34]で、正社員男性42.6歳、同女性31.0歳、非正社員男性57.8歳、同女性42.1歳、平均勤務年数は、男性20.1年、女性9.9年、当該企業での勤続年数平均勤続年数は、男性19.5年、女性9.1年である。

　正社員のうち配偶者の有無を見ると、男性の70.7、女性の26.4が有配偶者で、子供ありは男性の64.4、女性の17.1である。

また正社員男性は、他の企業に比して課長ランクが多く、ほぼ半数が課長と支店長で占められる。

　この研究の特色は、同一の企業内で正社員と非正社員を悉皆調査で捉えていることであり、定年後（若年者は10年後）の就労意図や勤務継続意思やハラスメントなどに関しても調査項目を設けている。

　なお第６章以降の［メンタリング―キャリア発達―生きがい］モデルの検討に関しては、他の研究と合わせるために満３年以上の勤務経験を持つ正社員のみを分析対象者とした。

付表：質問紙　看護師対象の質問紙（第7研究）

お仕事とキャリアについてのお尋ね

　　あいさつ文　略
I．D．（7と9は省略）

1．年齢（　　　　　　　）歳　　　2．性別（1．男　　2．女）

3．配偶者（1．有　　2．無）

4．子供（1．無　　2．有　→　[　　　]人　　末子の年齢　[　　　]歳）

5．学歴：（1．看護専門学校　　2．短大（2年制：進学コース）
　　　　　3．短大（3年制）　　4．大学
　　　　　5．その他（　　　　　　　））：　基礎教育以後の最終学歴

6．看護師としての通算勤務年数（　　）年　　現在の病院での勤続年数（　　）年

8．職制上の地位　　当てはまるものがないときは、一般的に相当する職位でお答えください
　　（1．スタッフ　　2．主任　　3．係長・副師長　　4．師長
　　　5．看護部長・看護副部長　　6．理事
　　　7．その他〈　　　　　　　　　　　　　　　　　　　　〉）

10．勤務先の看護師のおおよその人数
　　（1．100人未満　　2．100-299人　　3．300-499人　　4．500-699人
　　　5．700人以上）

11．職場（1．病棟　　2．外来　　3．救急　　4．ICU　　5．手術室
　　　　　6．看護部　　7．その他）

お仕事やキャリアで感じられていることについてのお尋ね

問1　あなたは、現在の仕事と仕事以外の生活に関する以下のことについて、どの程度満足されていますか。「満足」している時は5、「やや満足」している時は4、「どちらともいえない」時は3、「やや不満」の時は2、「不満」の時は1、に○を付けて下さい。（選択肢・略。以下、順序尺度の問は同じ）

1．仕事の中での成長の機会　　　2．昇進の速さと地位
3．仕事の内容　　　　　　　　　4．残業も含めた労働時間
5．能力発揮の機会 ……　　　　 6．賃金や賞与の額とその増え方
7．休日の多さ　　　　　　　　　8．休暇・有給休暇の取得
9．その他の労働条件や福利厚生　10．上司との関係
11．同僚との関係 ……　　　　　12．評価のされ方や評価結果 ……
13．責任や権限の大きさ　　　　　14．達成感を得ること
15．1～14を含む仕事生活全体　　16．地域社会での生活や活動
17．余暇活動や余暇時間 ……　　 18．老後も含めた経済的な安心感
19．家庭・家族生活　　　　　　　20．16～18を含む私生活全体
21．心身の健康　　　　　　　　　22．上記の全てを含む生活全体

問2　あなたは、今の職場で、どのようなお気持ちでお仕事をされていますか。次の項目のうち、あてはまるものに○を付けて下さい。

7．知識・技術は十分持っているので、部下や後輩に対して自信を持って指導できる
6．知識・技術は十分持っているので、一人でできる自信がある
5．大抵のことは、ほぼ一人でできる自信がある
4．大抵のことは、ほぼ一人でできる自信があるが、何か突発的なことが起こった時は誰かに聞きたい
3．大抵のことは、マニュアルを見れば、一人でできる自信がある
2．なんとなく不安で、他人に自分の考えや行動の確認を求めたくなる時がある
1．先輩や上司に指示や指導を仰がないと不安なことが多い
0．異動してきたばかりなので、なんともいえない

問3　看護師として入職された頃の目標と、現在の目標について　（選択肢　略）

問4　今までのお仕事を中心にした生活や出来事、また、そのほかの生活や出来事を振り返って、以下のようなキャリアのさまざまな面について満足されていますか。「満足」の時は5、「やや満足」の時は4、「どちらともいえない」時は3、「やや不満」の時は2、「不満」の時は1、に○を付けて下さい。

1．知識や技術の習得　　　　2．収入・所得
3．専門性の深化　　　　　　4．自己の成長
5．職場での地位　　　　　　6．社会への貢献
7．社会的な地位　　　　　　8．家庭との両立
9．上の全てを含めて考えた全体的なキャリア（全体的キャリア満足感）

問5　あなたがお仕事についてからの生活の中で、様々な困難に出会ったり、誰かに助けてもらいたいと思ったことなどがあると思います。そのような時、あなたを精神的にも、物理的にも支援してくれる（くれた）人は、いらっしゃいますか。なお、その様な助けが必要がない時は、×を○で囲んでください。

仕事生活　1．いない　2．少ししかいない　3．やや少ないがいる
　　　　　4．いる　　5．十分いる　　　　×
私 生 活　1．いない　2．少ししかいない　3．やや少ないがいる
　　　　　4．いる　　5．十分いる　　　　×

このアンケートでは、メンターという言葉が使われています。メンターとは、あなたが、今日まで成長されてきた過程やお仕事をされてきた中で、あなたに対して
① 社会人や職業人としての心構えや態度などを教えたり身をもって示す
② 仕事のコツやノウハウを伝授する
③ 仕事の中でのさまざまな指導を行う
④ 能力を伸ばし発揮できるような仕事を割振る
⑤ さまざまな情報を提供する
⑥ 仕事キャリアに有利になるような配慮や機会を提供する
⑦ あなたのことを認め精神的に支える
など、あなたが職業を選択し、仕事を続け、キャリアを伸ばすのを、直接的にも間接的にも、個人的に援助してくれた人を指します。

問6　次にあげる各項目について、あなたがメンターとして思い浮かべた方々の内のどなたかが、そのようなことをしてくれたり、あなたがそのように感じたりしたことが、頻繁にあった（と感じた）時は4、かなり多くあった時は3、時々あった時は2、ごくまれにあった時は1、なかったり該当する人がいなかった時は0、に○を付けて下さい。［項目毎に異なった方を連想されてもかまいません］

メンターは、（あなたに、あなたの）
01.　同じ仕事でも、その中身や意味についてレベルを次第に上げて、指示や説明をしてくれた
02.　仕事の上でトラブルにあった時、あなたの考えたことや行動したことに、賛成したり共感してくれた
03.　あなたが看護師を続けていく上での手本になった
04.　新しい知識や技術を身につける必要がある仕事をさせてくれた
05.　仕事に関係ない家族や友人のことについて、相談できた
06.　あなたをその仕事のエキスパートとして認めてくれた
07.　あなたの考えや行動を尊重してくれた
08.　病院内の人が、あなたに注目するように仕事を割り当ててくれた
09.　仕事上の上下関係よりも、対等の個人として尊重してくれた
10.　何でも相談できるような態度で、いつも接してくれた
11.　あなたは、その人の看護の技術や知識の習得の仕方を見習った
12.　昇進や昇格に役立ちそうな人と、接触できる機会を作ってくれた
13.　あなたが、他の人や他の部署の仕事の進め方や好みを充分理解できるようになるまでは、間に立って調整してくれた
14.　部門やチームの代表として、会議や委員会・研究会等の場で発表の機会を与えてくれた
15.　あなたの悩み事を自分のことのように思って心配してくれた
16.　その人の影響力を使って、異動や昇進を有利にしてくれた
17.　仕事や私生活でトラブルにあった時、気分転換に誘ってくれた
18.　今の仕事のために必要な知識・技能を身につける機会を与えてくれた
19.　昇進や昇格のために必要な知識・技能を身につける機会を与えてくれた
20.　あなたが自分では気がつかない能力を、あなた自身が発見できるように、様々

な配慮をしてくれた
21. 廊下や休憩室で、一緒に話をすることが多かった
22. 仕事の結果について、よかった点や足りなかった点を指摘してくれた
23. 仕事の後、2人だけで一緒にすごすことが多かった
24. 上の地位の人や他部門の長に、あなたがあなたのアイディアや計画を説明する機会を与えてくれた
25. 仕事の進め方について、よく教えてくれた
26. 食事や酒・趣味の活動などに誘ってくれた
27. 上司や先輩が不在の時、あなたにその仕事を部分的にせよ任せてくれた
28. 昇進や昇格に必要なことについての情報をくれた
29. 仕事上のトラブルについて的確なアドバイスをしてくれた
30. 病院内での人間関係がうまくいくように人に紹介してくれた
31. 仕事キャリアを高めるための特別な方法について教えてくれた
32. いつもあなたを励ましてくれた
33. どのようにしたら病院の中で認められるかということを教えてくれた
34. 人生観や社会人としての生き方に大きな影響を与えてくれた
35. あなたのことを仕事ができる人として、周りの人に知らせてくれた
36. 希望する仕事を、積極的に割り振ってくれた
37. あなたのことを、自分の子供や弟か妹のように、気にかけてくれた
38. 仕事ぶりや行動を、いつもよいほうに解釈し認めてくれた
39. あなたの仕事の結果を、正当に評価してくれた
40. 院内の新しい計画や方針などを個人的に教えてくれた
41. あなたの能力を高く評価してくれた
42. その人のとおりにやれば専門性を高めることができると思えた
43. あなたが仕事で困っている時、黙っていても、声をかけてくれた
44. 別な職場に異動したり、より高度な仕事をする時に必要となる知識・技能を身につける機会を与えてくれた
45. いつも挨拶や微笑などを交わしてくれるので、その人がいるだけで精神的な支えを感じた
46. 心から信頼できた（その人に心酔していた）
47. 昇給やボーナスのために有利な評価をしてくれた
48. あなたの仕事に関係する情報を積極的に集めて教えてくれた

問7　あなたが自分のメンターとして思い浮べた方を枠内から選び、該当する人の番号全てに〇を付けて下さい。また、キャリアの成功や満足に一番役に立つことをしてくれた方を一人だけ選びその番号に◎を付けて下さい。

```
1. 現在の直属の上司    2. かつての直属の上司    3. 入職時の上司
4. 直属よりも上の上司    5. 院内の先輩
6. 入職時の指導担当・プリセプター
7. 同僚    8. 同期入職の仲間    9. 取引先の人
10. 学生時代の友人や先輩    11. 仕事に関係した知人
12. 配偶者    13. 両親    14. 兄弟・姉妹    15. 子供
16. 学生時代の恩師    17. 趣味やサークル活動の友人・知人
18. TVや小説の登場人物    19. その他（                    ）
99. そのような人はいない
```

問8　あなたは、以下のようなことを感じることがありますか。「しばしばある」時は5、「たまにある」時は4、「ごくまれにある」時は3、「ほとんどない」時は2、「全くない時」は1に、〇を付けて下さい。

1. 自分の能力が高まった
2. 専門性が深まった
3. 仕事の幅が広まった
4. 望んでいた地位についた
5. 病棟や職場で中心的な役割を担えるようになった
6. 意味のある仕事ができると実感できるようになった
7. 自分の能力を十分に発揮できるようになった
8. メンターとして、後輩や部下などをはじめ他人に、経験・知識・技術等を伝え、彼らの面倒を見ることができるようになった
9. 仕事を通じて自分が成長したと実感できるようになった
10. 後輩や部下などを公式にも非公式にも指導できるようになった
11. 責任を持って仕事ができるようになった

問8-1 今までのお仕事の生活を振返られた時、問8で見たようなさまざまな事柄について、次のような機会や出来事は、どれくらい役立っていますか。全体的に見て、大いに役立ったことがある時は5、やや役立ったことがある時は4、どちらともいえない時は3、あまり役立ったことがない時は2、役立ったことがない時は1、に○を付けて下さい。

1．学校などの教育　　　2．院内の研修　　　3．上司や先輩によるOJT
4．メンターの支援　　　5．院外の研修や講習会
6．大学（院）などへの再入学　　　7．転職や病棟・部署間の異動
8．自己学習（読書などの独学）　　　9．院外の委員会・協会の活動
10．新しい仕事や課題の付与　　　11．患者の一言
12．昇進や指導者等への任命

問9 あなたは、次の各項目について、どのように感じられたり、お考えになりますか。左右の意見に対して「どちらともいえない状態」を3として、あなたのお考えに近い方の番号に○を付けて下さい。

1．他人から、仕事や仕事に関係することについて助言されたり指図されたりする時、あなたは；
　　抵抗なく受入れることができる　1-2-3-4-5　不愉快に思う
2．仕事に関連した人間関係は；
　　　　積極的に広げたい　1-2-3-4-5　必要最低限でよい
3．新しい友人や人間関係を作ることは；
　　　　苦にならない　1-2-3-4-5　苦手である
4．生活の中心は；
　　　　仕事である　1-2-3-4-5　仕事以外の私生活である
5．精神的には、仕事と私生活は；
　　　　切り離されている　1-2-3-4-5　重なり合っている
6．今の病院や会社で；
　　　　ずっと働き続けたい　1-2-3-4-5　別の会社や病院へ移りたい

7．資格取得や技能検定には；
　　　　積極的に取り組んでいる　1-2-3-4-5　無関心である
8．院内の研修や訓練へは；
　　　　積極的に参加を希望する　1-2-3-4-5　指名されれば参加する
9．興味のある外部のセミナーや研究会などへは；
　　　　自費でも参加したい　1-2-3-4-5　自費なら参加しない
10．働く女性がキャリアを伸ばすには；
　　　　家族の協力は不可欠である　1-2-3-4-5　自己の努力が第1である
11．仕事をするときは；
　　　　自信を持って取り組んでいる　1-2-3-4-5　不安なことが多い
12．仕事をした後、失敗したと；
　　　　感じることは少ない　1-2-3-4-5　感じることの方が多い
13．友人よりも優れた能力や、特に優れた知識のある分野を；
　　　　持っていると思う　1-2-3-4-5　持っていないと思う
14．将来、人の役に立つ有能な人間に；
　　　　なれると思う　1-2-3-4-5　なれそうもない
15．積極的に活動するのは；
　　　　苦にならないほうである　1-2-3-4-5　苦手なほうである
16．過去の仕事の失敗やその経験の思い出は；
　　　　あまり気にならない　1-2-3-4-5　しばしば、落込む原因になる

問10　今までの人生や生活全般を振り返って、次のようなことを感じることがありますか。「しばしば感じる」時は5、「時々感じる」時は4、「めったに感じない」時は3、「まったく感じない時」は2、「逆のことを感じる」時は1に、〇を付けて下さい。

1．働き甲斐のある仕事をしてきた
2．家族や家庭に恵まれている
3．能力にも恵まれその発揮もできた
4．人の役に立つことができた
5．充実した生活をしている
6．意味のある人生だったと思う

7. 他人から能力ある人・立派な人・良い人などと認められている
8. 様々なことに挑戦でき困難を克服できた
9. 人生に満足している
10. 生きがいがある

問11 あなたが"生きがい"と聞いて最初にイメージするものやことはどのようなものですか。下に上げたものの中から、最も重要なものとお考えのものをひとつえらびその番号に○を付けて下さい。また、お差し支えなければ、○をつけられた項目の後ろにある（　　　）の中に、具体的にお答えください。

1. 人並みの生活をすること・あまり目立たないように平穏に暮らすこと
2. 趣味の充実　→　どのような趣味ですか
3. 家族・家庭生活　　4. 友人・知人・恋人などと仲良くすること
5. 社会的な地位の向上・出世や他者に対する優越
6. 金銭的な豊かさの確保・増進
7. 仕事（具体的にお答えください：　　　　　　　　　　　　　　）
8. 目標を持ち、挑戦・達成すること
　　　→　どのような目標ですか（　　　　　　　　　　　　　　）
9. キャリアの向上や精神的な成長と充実（　　　　　　　　　　）
10. 自分らしく生きること
　　（具体的にお答えください：　　　　　　　　　　　　　　　）
11. その他（具体的にお答えください：　　　　　　　　　　　　）

第 4 章

働く人々の心理的 well-being とキャリア

この章では、本研究の主要なテーマである働く人々の生きがいに関係する心理的健康、すなわち、心理的 well-being を構成するさまざまな満足について、最初に検討する。次いで、キャリアに関する評価、キャリア満足感やキャリア発達（感）について見たあと、それらにまつわるさまざまな要因について見ていくことにする。

看護師のデータに関しては、基本的にもっとも大きなサンプル集団である第6研究の第1グループ（以下、第1グループという）を中心に、第6研究の第3グループ（以下、第3グループ）や第7研究の全体のデータを用いる。また会社員に関しては、第8・9研究の正社員を中心に第9研究の非正社員との比較も織り交ぜて見ていくことにする。

なお、生きがいに関する評価やその構造についての検討は、第7章で行う。

また、以下の分析で、5点尺度で質問しているものに関しては、3を中心に上下0.19以内は「中立」、3.20〜3.49は「満足（肯定）傾向にある」、3.50〜3.99を「満足（肯定）傾向が強い」、4.00以上は「満足（肯定）している」、逆に2.80〜2.51は「不満足（否定）傾向にある」、2.50〜2.01を「不満足（否定）傾向が強い」、2.00以下は「不満足（否定）している」と表記する。

第1節　職務満足感と生活満足感

最初に、対象となった働く人々がどのような心理的環境で働いているのかを見るために、QWL（Quality of Working Life）の規定要因[1]（Sheashore, S.E. 1975）として、ひいては本研究の主題のひとつである well-being や生きがいに大きな関係持つ[2]（Davis, L.E. and Cherns, A.B. 1975）と思われる職務満足感[3]（小野公一 1986、1993）を中心にさまざまな満足感について見ていくこ

1. 職務満足感

職務満足感について、第5から第9までの各研究について集計した。なお、第6研究は第1グループと第3グループ、第9研究は、正社員と非正社員は別々に集計した。ただし、個別局面の要因を13項目（第7研究以降は、休暇の多さと現実に取得可能かを分けて14項目）で質問しており、個別に見ると非常に煩瑣なので、ここでは、因子分析を行い各因子の合計で、全体の状況を判断することにした。

（1） 職務満足感の構成要因

各研究の因子分析の結果は、**表4－1**の第7研究の看護師の例で見るようにおおむね3つのグループに分けられることを示している。

第Ⅰ因子は、「成長の機会」、「仕事の内容」、「能力発揮機会」、「責任や権限の程度」、「達成感」で構成され、第Ⅱ因子は、「賃金や賞与」、「休日・休暇の多さ」、「休日休暇の取得」（第7研究以後）、「労働時間」、「その他の労働条件」

表4－1　第7調査　職務満足感　回転後の因子行列

	因子 1	因子 2	因子 3
1－5．能力発揮の機会	.775	.121	.220
1－1．成長の機会	.716	.069	.182
1－3．仕事の内容	.708	.257	.132
1－14．達成感	.638	.171	.372
1－13．責任や権限	.439	.249	.318
1－2．昇進の速さ	.389	.234	.231
1－8．休暇の取得	.075	.732	.204
1－9．労働条件等	.224	.711	.107
1－7．休日の多さ	.176	.697	.077
1－4．労働時間	.052	.600	.118
1－6．賃金や賞与	.224	.562	.166
1－12．評価方法と結果	.335	.226	.741
1－10．上司との関係	.243	.218	.665
1－11．同僚との関係	.285	.067	.315

因子抽出法：主因子法　回転法：Kaiserの正規化を伴うバリマックス法

で、第Ⅲ因子は、「上司との関係」、「評価方法と結果」で構成されている。「昇進の速さ」と「同僚との関係」は、どこにも属さないが、後者は、第Ⅲ因子に近いところにあることを示すことが多い（第6研究第3グループの分析では、第Ⅲ因子に属している）。また、「責任や権限の程度」は第Ⅰ因子に位置づけられるが、その関係が非常に弱いことを示す第7研究（看護師）や第9研究（正社員）のような例もある。

　この第Ⅰ因子に属するものは、内発的動機づけや成長要求の充足と密接に関わり、ハーズバーグの動機づけ要因として取り上げられるものとの関係も深く、ここでは成長要求因子と名づけることにする。ここに含まれるものはまた、「働き甲斐」というキーワードで語られることも多く、他者からの承認や社会的意味などと合わせて働き甲斐とされる場合が多い[4]（三隅二不二 1987、梅澤正 2004、斎藤智文 2008）。第Ⅱ因子は労働条件因子、第Ⅲ因子は上司・評価因子と名づけることができる。なお、「同僚との関係」は、人間関係という枠組で「上司との関係」と同じ因子を構成するものと想定されたが、上司＝評価者という認識のほうが強いことが分かった。

　なお、第9研究の非正社員について見ると、第Ⅰ因子は同じであるが、第Ⅲ因子は、「昇進の速さ」「賃金や賞与」で構成されるなど、かなり異なった枠組みを示しており、正社員と非正社員の働き方や働くことへの意識構造の違いが鮮明になっているように思える。逆に言えば、第Ⅰ因子は他と同じ傾向を示しており、働く人々全体にとって成長意欲や内発的動機づけがいかに重要かを示す結果であるとも言えよう。

（2）各研究ごとの因子別平均値の比較

　これらの因子ごとに各研究の値を示すと、表4−2のようになる。第5研究から第7研究までの対象者は看護師、第8・9研究のそれは会社員であり、仕事そのものに関する第Ⅰ因子（表ではJS1と表す。以下同じ）や、特に労働条件に関する第Ⅱ因子に関しては、会社員のほうが値が高く、看護師の値が低い。上司と評価に関する第Ⅲ因子も、第7研究の看護師が飛びぬけて高い以外は会社員のほうが高い。同じ地位だけを比べてみても、会社員の方が高いことが多

表4-2　各研究ごとの地位別の　職務満足感　平均値

第5研究　職務満足感（看護師）

新地位		JS1	JS2	JS3
スタッフ	531	3.11	2.15	3.09
主任・係長	85	3.43	2.31	3.37
師長	56	3.66	2.83	3.36
部長・副部長	8	4.25	3.19	4.00
合計	677 (686)	3.20	2.24	3.15

第7研究（看護師）

N 地位		JS1	JS2	JS3
スタッフ	788	3.07	2.30	3.42
監督職	163	3.17	2.21	3.42
師長	86	3.40	2.47	3.51
部長・副部長	13	3.98	3.00	3.96
合計	1049	3.13	2.31	3.43

第6研究　第1グループ（看護師）

n 地位		JS1	JS2	JS3
スタッフ	1823	3.18	2.38	3.16
監督職	342	3.33	2.50	3.38
師長	173	3.61	2.63	3.29
部長・副部長	24	3.86	3.09	3.90
合計	2362	3.24	2.42	3.21

第8研究　会社員（正社員）

N 地位		JS1	JS2	JS3
スタッフ	139	3.40	3.05	3.24
監督職	146	3.58	3.09	3.34
課長	104	3.69	3.27	3.30
部・次長	28	3.74	3.56	3.68
合計	417	3.56	3.15	3.32

第6研究　第3グループ（看護師）

n 地位		JS1	JS2	JS3
スタッフ	120	3.06	2.19	2.95
監督職	30	3.12	1.82	3.02
師長	17	3.32	2.25	3.12
部長・副部長	4	3.50	2.88	3.50
合計	172	3.10	2.15	2.99

第9研究　会社員（正社員）

N 地位		JS1	JS2	JS3
スタッフ	364	3.33	3.03	3.23
監督職	133	3.37	2.71	3.12
支店長・課長	264	3.55	2.68	3.31
部長	13	3.77	2.71	3.42
合計	774	3.42	2.85	3.24

＊　地位の後にある数字は集計対象の数である。因子によって無回答がある研究もあり、この値より1～3少ない数の集計値である場合もある。
＊＊　表頭のJS1は職務満足感の第Ⅰ因子、以下、JS2は第Ⅱ因子、JS3は第Ⅲ因子を表す。

い。

　先に見たように第5研究の5病院と第6研究第1グループの18病院は同一の医療法人に属するものであり所在地の特性も多様である[i]。また、第3グループは1病院であるが、第7研究の9病院は大都市圏に属する国立5病院と社会保険関連の3病院、および大規模な病院組織に属する1病院を対象としている。また、会社員については、第8研究は、わが国の大規模な3つの企業で働く人々を対象者の中心にすえ、それ以外にもさまざまな企業に属する働く人々の結果をまとめたものであり、第9研究は、首都圏の大規模な金融機関1社の悉皆調

---

i　これらの病院に関しては、所在地の特性（首都圏、地方中核都市）や病院の規模（ベッド数）、平均年齢の高低などの別に集計をし、それらによる特性による差異の検討を試みた。しかし、本文でも若干触れるが、際立った差異は見られないことが多かった。

査である。それらを勘案すると、この結果は、比較的大きな病院に所属する看護師と比較的大きな企業に属する一般の会社員の間では、職務満足感の知覚に差があることを示しているとしてよいであろう。

表4－2は、地位別に見ているが、年齢別で見たものと比べると、満足の知覚に関しては、年齢よりは地位による影響のほうが大きいことを分散分析は示している[ii]。

また、性差の存在も検討する必要があり、一般の会社員を対象にした第8研究で、各因子ごとに性と年代、性と地位、地位と年代を独立変数とする2元配置の分散分析を実行した。この分析は、上位の地位は若年者では現れないものがあり、また女性の部長層は少ないなど、さまざまな制約の下にあることに留意しておかなければならない。全体的には、交互作用は、どの因子でも現れなかった。主効果があったものを個別に見ていくと、第Ⅰ因子に関しては、地位

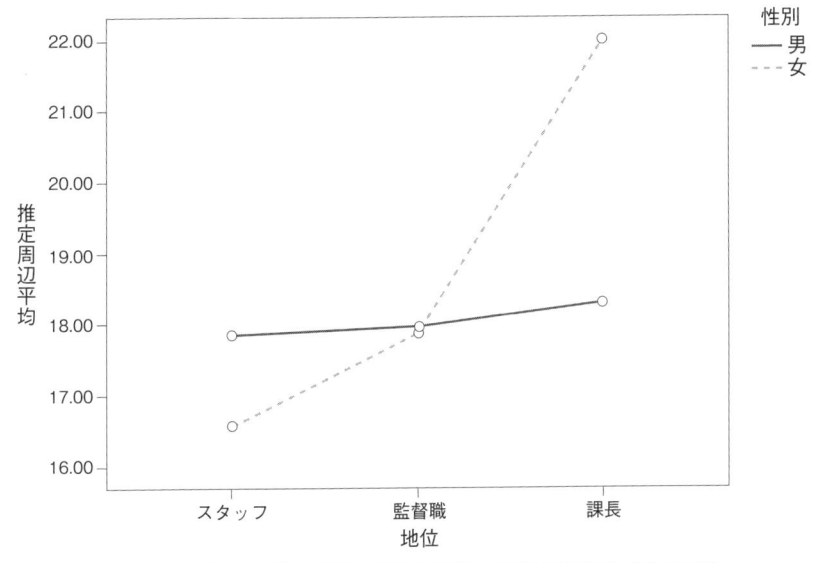

図4－1　職務満足感第Ⅰ因子（成長要求因子）の推定周辺平均（第8研究）

---

ii　SE・プログラマーを対象とした筆者の初期の研究（小野1993　173頁）では、職務満足感は、入職後一時的に下がるが、年齢と共に上昇する結果が得られ、ヴァイタルス（Vitels, M.A. 1953 *Motivation and Morale in Industry*, Norton, p.278）の主張を支持すると結論付けた。

と年代を独立変数とすると両者に、性と地位で地位に主効果が見られた。また第Ⅱ因子では、地位と年代を独立変数とすると地位に主効果が見られた。また、第Ⅲ因子では、地位と年代を独立変数とすると両者に、主効果が見られた。この結果は、おおむね、地位の変化が、職務満足感の上昇を助けることを示している。

なお、性の効果がうかがえる第Ⅰ因子に関しては、地位と性を独立変数とし対象の多い課長以下の層で分析すると、図4－1のように、性と地位の交互作用が見られた（主効果は地位で見られ、性では有意な差異は見られない）。

この図は、女性にとって第Ⅰ因子に属する「成長の機会」、「仕事の内容」、「能力発揮機会」、「責任や権限の程度」、「達成感」など内発的動機づけに関わるものが、地位と密接に関係して認知されており、それらが地位とともに入手されることを意識の面から示している。

なお、ほぼ全員が女性である看護師の場合、第8研究と同じ時期に、異なった3つの病院組織（9病院）を対象に実施した看護師の調査（第7研究）のデータを用いて、地位と年代を独立変数に職務満足感の各因子の平均値を2元配置の分散分析を実行した。各因子とも地位のみで主効果が表れ、これらの満足に関しては、地位の影響が大きいことを示している。交互作用は、表4－3で見るように、看護部長・副部長を除いたデータでは、労働条件に関する第Ⅱ因

表4－3　職務満足感第Ⅱ因子に関する地位と年代を独立変数とした分散分析（第7研究）
被験者間効果の検定

ソース	タイプⅢ　平方和	自由度	平均平方	F値	有意確率
修正モデル	336.489	10.000	33.649	2.355	0.009
切片	28885.367	1.000	28885.367	2021.385	0.000
n 地位	43.345	2.000	21.672	1.517	0.220
age	81.659	3.000	27.220	1.905	0.127
n 地位 *age	185.899	5.000	37.180	2.602	0.024
誤差	14332.759	1003.000	14.290		
総和	149139.000	1014.000			
修正総和	14669.248	1013.000			

a　　　$R^2 = .023$（調整済み $R^2 = .013$）

子でのみ生じる。これは50歳以上を除き監督職の満足度がスタッフのそれを下回るためである。

20歳代に関しては、監督職になると3因子とも極めて急激な満足感の低下を示しており、仕事の量や昇進の速さ、年上の部下など精神的なプレッシャーの多さがさまざまな面で、満足感の阻害要因になっているためと思われる。

試みに個別の項目を見ると、看護師を代表する第6研究第1グループでは、満足感が高いのは、「同僚との関係」3.77、「成長の機会」3.42、「上司との関係」3.35、「能力発揮機会」3.23の順であり、上位3位までは満足傾向にあることを示している。逆に、第Ⅱ因子を構成する「賃金や賞与」2.16、「労働時間」2.36、「その他の労働条件」2.46は不満傾向が強い。

同じく第1グループの年代別では、「休日・休暇の取得」、「上司との関係」、「評価方法と結果」に関しては有意な差異は見られないが、他の項目は全て年代間に有意な差異が見られる（第1グループは、調査の規模が大きいため、わずかな差異でも有意な差として現れることに留意しなければならない）。

第1グループの病院規模別にみると、人間関係の濃淡は組織の規模で差異があり、大規模な組織ほどその関係は疎になると予想されたが、「同僚との関係」、「上司との関係」に関しては、有意な差異はなく、また、「達成感」、「責任や権限の程度」に関しても、有意な差異はなかった。また、差異がある項目でも一貫した傾向は見られず、労働条件を除く項目では、500床、600床クラスの病院が相対的に高い値を示し、労働条件は、400床クラスの病院の不満が低いことが示されている。ただし、600床規模の第3グループは、きわめて値が低く、単に病院の規模に左右されているわけではなさそうである[iii]。

（3）職務満足感の総合評価

本研究では、個別の職務満足感以外に職務満足感の総合的評価を一項目で質問している。以下「職務満足感」と表記した場合はこの職務満足感の総合評価

[iii] 2008年秋に、グループ3の看護部長と看護部の教育担当師長に話を聞く機会があり、2005年の調査当時と現在の違いなどをうかがったが、現在は当時に比して、看護師数を増やし休みをとれるゆとりができてきたので、相対的に満足は高まっているようだとのことであった

表4-4　地位・年代別　職務満足感

〈地位別〉

	第5研究 度数	第5研究 平均値	第6研究第1G 度数	第6研究第1G 平均値	第6研究第3G 度数	第6研究第3G 平均値	第7研究 度数	第7研究 平均値
スタッフ	531	2.82	1823	2.92	120	2.71	771	2.85
監督職	84	3.00	342	3.12	30	2.80	163	2.94
師長	56	3.38	173	3.36	17	3.18	84	3.19
部長・副部長	8	3.75	24	3.58	4	3.50	13	3.77
合計	679	2.90	2362	2.98	171	2.79	1031	2.91
差の有意水準	p＜.001		p＜.001		ns		p＜.001	

	第8研究 男性 度数	第8研究 男性 平均値	第8研究 女性 度数	第8研究 女性 平均値	第9研究 男性 度数	第9研究 男性 平均値	第9研究 女性 度数	第9研究 女性 平均値
スタッフ	46	3.46	94	3.26	138	3.13	222	3.30
監督職	104	3.45	42	3.36	107	3.08	23	3.26
師長	98	3.51	4	4.25	257	3.37	9	3.22
部長・副部長	27	3.78	1	4.00	12	3.42	1	4.00
合計	275	3.51	141	3.32	514	3.25	255	3.30
差の有意水準	ns		ns		p＜.001		ns	

〈年代別〉

	第5研究 度数	第5研究 平均値	第6研究第1G 度数	第6研究第1G 平均値	第6研究第3G 度数	第6研究第3G 平均値	第7研究 度数	第7研究 平均値
20歳代	180	2.77	680	2.91	48	2.79	339	2.84
30歳代	258	2.81	919	2.93	54	2.74	417	2.85
40歳代	160	2.99	550	3.09	56	2.79	185	2.99
50歳以上	84	3.24	212	3.17	12	3.25	99	3.11
合計	682	2.89	2361	2.99	170	2.81	1040	2.90
差の有意水準	p＜.001		p＜.001		ns		p＜.01	

	第8研究 男性 度数	第8研究 男性 平均値	第8研究 女性 度数	第8研究 女性 平均値	第9研究 男性 度数	第9研究 男性 平均値	第9研究 女性 度数	第9研究 女性 平均値
20歳代	20	3.50	28	3.32	83	3.10	134	3.28
30歳代	120	3.61	76	3.30	88	3.26	74	3.31
40歳代	103	3.41	28	3.25	187	3.26	42	3.38
50歳以上	48	3.48	13	3.38	162	3.33	5	2.80
合計	291	3.51	145	3.30	520	3.26	255	3.30
差の有意水準	ns		ns		ns		ns	

を示す。

　職務満足感の知覚も、個別の職務満足感要因の知覚同様、看護師の値が低い。看護師はほとんどが女性であるので性による差の影響が考えられるので、正社員の女性と比較してみたが、看護師の値は低いことが歴然としている。

逆に、男性に比して低いことが想定されていた正社員の女性は、第9研究では、全体でもわずかながら高く、年代別では50歳以上を除き、地位別では、スタッフ・監督職という非管理職で、その値が高い。第8研究では、サンプル数が少ない管理職の女性を除き、各年代別でも男性の値が高く、企業組織による差異の存在をうかがわせた。

2．生活満足感と全体的生活満足感

仕事を含めた生活をめぐるさまざまな満足感については、「家庭・家族生活」、「地域社会活動」、「余暇活動・時間」、「経済的安心感」、「心身の健康」、そして、「生活満足感」（総合評価）と「全体的生活満足感」について質問している。ここでは、それらに「職務満足感」も含めて見ていくことにする。

全体的には、「家庭・家族生活」の値が高く、「心身の健康」と「全体的生活満足感」も、相対的には満足傾向にあると言えよう。逆に、「経済的安心感」は、不満足傾向がかなり強いとしてよい。

（1） 看護師と会社員の比較

看護師と会社員の差異を見ると、第1節で見た個別の職務満足感同様、看護師それも第3グループの値が「地域社会活動」、「経済的安心感」を除くほとんどの項目で、際立って低い。看護師と会社員で差異がほとんどないものは、「地域社会活動」、「経済的安心感」の2項目に過ぎず、逆に、「職務満足感」や「余暇活動・時間」に関しては、満足と不満足に分かれている。

会社員の正社員と非正社員の差異を第9研究で見ると、「家庭・家族生活」、「余暇活動・時間」、「心身の健康」、そして、「全体的生活満足感」で、非正社員のほうが.20前後もしくはそれ以上の高い値を示しており、時間外労働のなさや短時間勤務などによる時間的ゆとりが非仕事生活の充実をもたらしているという側面をうかがえる。（表4－5）

（2） 家族構成との関係

上記の仕事生活だけでなく非仕事生活をも含んだ生活の質の評価は、家族構成の影響も考えられる。そこで、試みに、対象者が異なった病院組織に属する

表4-5　各研究別に見た、さまざまな満足感

	第5研究	第6研究 第1グループ	第6研究 第3グループ	第7研究	第8研究	第8研究 男性	第8研究 女性
職務満足感	2.89	2.99	2.80	2.90	3.43	3.50	3.29
家庭・家族生活	3.36	3.39	3.06	3.32	3.72	3.77	3.64
地域社会活動	2.95	2.97	2.84	2.85	3.01	3.04	2.94
余暇活動・時間	2.88	3.05	2.42	2.87	3.38	3.34	3.46
経済的安心感	2.50	2.47	2.41	2.46	2.45	2.51	2.33
心身の健康	2.99	3.14	2.85	3.06	3.49	3.49	3.49
生活満足感	3.02	2.89	2.64	3.06	3.44	3.48	3.37
全体的生活満足感	3.07	3.07	2.87	2.99	3.47	3.53	3.35
ケースの数	682	2376	172	1079	444	295	148

	第9研究 正社員	第9研究 男性	第9研究 女性	第9研究 非正社員	第9研究 非正社員男性	第9研究 非正社員女性
職務満足感	3.27	3.26	3.30	3.41	3.09	3.52
家庭・家族生活	3.72	3.66	3.84	3.93	3.89	3.95
地域社会活動	3.25	3.28	3.18	3.25	3.27	3.25
余暇活動・時間	3.19	3.08	3.40	3.62	3.41	3.70
経済的安心感	2.63	2.64	2.60	2.58	2.82	2.49
心身の健康	3.32	3.25	3.47	3.57	3.20	3.70
生活満足感	3.40	3.34	3.53	3.50	3.40	3.54
全体的生活満足感	3.28	3.23	3.36	3.47	3.33	3.52
ケースの数	782	525	258	162	45	118

ケースの数は、各項目で最も回答が多かった回答数であり、無回答がある項目は若干その数が減る。

　第7研究と大手企業3社を中心にする第8研究で、配偶者と子供の有無による差異の検討を、さらに第8研究では、男女別の比較を行うことにする。

　第7研究では、「職務満足感」に関しては、配偶者ありの場合も子供ありの場合も、それらがいない場合より満足感が高い傾向にある（配偶者の有無：あり2.96　なし2.86　p＜.05、　子供の有無：あり2.98　なし2.86　p＜.05）。「家庭・家族生活」に関しても同様の傾向であるが、配偶者の有無ではその差異はさらに大きい（配偶者の有無：あり3.43　なし3.25　p＜.001、　子供の有無：あり3.41　なし3.27　p＜.05）。また、「余暇活動・時間」は、配偶者の有無でのみ差があり、なしの方が満足が不満が小さい（あり2.76　なし2.93　p＜.05）。

　第8研究で、男女別に、配偶者の有無と子供の有無による平均値の差異を見ると、「地域社会活動」、「余暇活動・時間」、「心身の健康」などを除き、男性では有意な差を示すことが多く、配偶者や子供がいるほうが高い値を示してい

るが、女性ではどの項目でも有意な差異は示していない（**表4-6**参照）。

男性がこのような結果を示したことは、配偶者や子供を持つということがライフステージとの関わりが強いことを考えあわせれば、年齢や地位などとの関連から検討すべきであるとの指摘が生じる。しかしながら、男性に関して実施した分散分析の結果は、地位との関連では「経済的安心」で1％水準の、年代との関係では、「経済的安心」と「生活満足感」の間でそれぞれ1％と5％水準の有意な差を示すにすぎず、その意味では、男性は、配偶者や子供などの家族の存在が、これらの満足に影響より大きくしていることを示している。

確認のために第9研究の正社員男性のデータを用いて分散分析を行うと、地位別に見たとき「余暇活動・時間」で5％水準の有意差があり、監督職とスタッフが管理職よりも満足しているに過ぎず、年代別には差異を示さず、第8研究の結果をおおむね支持する結果となった。

表4-6で見るように、第8研究の女性の分析結果は、統計的に有意な差を

表4-6　配偶者・子供の有無別　満足感（第8研究）

	配偶者の有無							子供の有無						
	全体		男		女		全体		男		女	
	平均値	p	平均値	p	平均値	p	平均値	p	平均値	p	平均値	p
職務満足感	3.50		3.55		3.27		3.31		3.34		3.29	
	3.29	*	3.31	ns	3.27	ns	3.55	**	3.58	*	3.35	ns
地域社会活動	3.07		3.09		3.02		2.93		2.99		2.89	
	2.88	*	2.86	ns	2.89	ns	3.08	**	3.07	ns	3.13	ns
余暇時間・活動	3.38		3.39		3.29		3.39		3.22		3.54	
	3.40	ns	3.16	ns	3.54	ns	3.38	ns	3.41	ns	3.20	ns
経済的安心感	2.55		2.58		2.40		2.29		2.35		2.24	
	2.25	**	2.23	**	2.27	ns	2.61	***	2.59	*	2.70	ns
家庭・家族生活	3.90		3.90		3.86		3.55		3.43		3.65	
	3.40	***	3.21	***	3.52	ns	3.90	***	3.93	***	3.68	ns
心身の健康	3.53		3.54		3.47		3.41		3.37		3.44	
	3.42	ns	3.31	ns	3.49	ns	3.57	ns	3.56	ns	3.68	ns
生活満足感	3.58		3.59		3.56		3.29		3.25		3.32	
	3.17	***	3.02	***	3.26	ns	3.59	***	3.59	***	3.60	ns
全体的生活満足感	3.59		3.60		3.54		3.33		3.34		3.32	
	3.24	***	3.23	***	3.25	ns	3.62	***	3.62	***	3.57	ns

配偶者の有無：上段あり　下段なし　全体（あり287、なし154）男（237、58）女（49、96）
子供の有無：上段なし　下段あり　全体（あり227、なし215）男（196、98）女（31、116）
集計対象数は、無解答が若干あるので、上記の数より少ない場合がある
pの欄　* p＜.05　** p＜.01　*** p＜.001　　ns：有意差なし

示していないので、単純に平均値の差の大小だけで特徴的なものをピックアップして同じく働く女性である看護師の結果に比べると、1）子供や配偶者の有無は「職務満足感」の平均値の差にはほとんど影響していない、2）子供の有無は「家庭・家族生活」の差異にあまり関係しない、3）「余暇活動・時間」に関しては子供の有無のほうが満足感の差異を大きくしている、などの面で異なった傾向を示している。また、生活満足感や全体的生活満足感の満足は、それらがいる場合に相対的に大きい。

　仕事の場において働く女性の能力発揮を妨げるものとして、育児を中心とした家事と仕事の二重役割が挙げられることが多く、そのような状況は、働く女性のキャリア発達を阻害しメンタルヘルスを損なう[5]（小野公一 2008）ので、当然さまざまな面での満足感を引き下げる効果を持つと予測されたが、本研究で用いた会社員のデータでは、少なくとも正社員で働き続ける女性にとって、職務満足感や生活満足感、全体的生活満足感などに対する、家族のマイナスの影響は見られず、逆に言えばプラスの効果があることを示している。ある面で、仕事ストレスと職務満足感の関係の中で、仕事ストレスが、それらの満足を減じる際に、家族の存在がモデレーターや緩衝機能となることを示しているとも言えよう。

3．全体的生活満足感を中心とした職務満足感や生活満足感の関係

　上記のように、さまざまな満足の評価は看護師の方が低いことを示している。しかし、そのこととそれら要因間の関係の仕方（構造）が異なることとは別の問題である。筆者は、かつて、職務満足感と生活満足感の関係の研究において、職務満足感、生活満足感、全体的生活満足感、そして、疎外感の構造を重回帰分析で従属変数と独立変数を入れ替えながら解析し、全体的生活満足感を中心とした関係を見出した[6]（小野 1993）。本稿でもそれにしたがって、職務満足感、生活満足感、全体的生活満足感とそれらを構成する諸要因の関係を、各研究ごとに分析し、看護師と会社員でその意識構造に差異があるか否かを検討した。

表4−7　全体的生活満足感と他の要因の関係　重回帰分析

独立変数	従属変数	第6研究第1グループ	第7研究	第8研究全体	第8研究男性	第8研究女性	第9研究正社員	第9研究男性	第9研究女性	第9研究非正社員女性
全体的生活満足感	職務満足感	.311***	.315***	.432***	.462***	.372***	.387***	.395***	.376***	.309***
	生活満足感	.582***	.633***	.579***	.551***	.630***	.562***	.567***	.545***	.655***
	$R^2=$	.658***	.651***	.704***	.682***	.733***	.632***	.634***	.621***	.685***
職務満足感	第Ⅰ因子	.453***	.523***	.586***	.612***	.536***	.539***	.458***	.675***	.339***
	第Ⅱ因子	.224***	.229***	.268***	.274***	.255***	.288***	.297***	.263***	.221**
	第Ⅲ因子	.247***	.156***	.141***	.129***	.157*	.084*	.158***	-.049	.327***
	$R^2=$	.559***	.558***	.660***	.703***	.553***	.592***	.586***	.619***	.579***
生活満足感（全体）	地域社会	.059***	.148***	.107***	.087*	.146*	.037	.036	.067	.093
	余暇時間・活動	.360***	.165***	.117***	.146**	.060ns	.221***	.185***	.298***	.123ns
	経済的安心	.087***	.158***	.190***	.230***	.164**	.172***	.186***	.141**	.268**
	家族・家庭生活	.319***	.338***	.426***	.441***	.389***	.436***	.475***	.338***	.369***
	心身の健康	.174***	.215***	.167***	.126***	.246***	.124***	.112**	.133*	.049
	$R^2=$	.580***	.566***	.550***	.552***	.554***	.516***	.520***	.508***	.455***

*　$p<.05$　　**　$p<.01$　　***　$p<.001$

個別の職務満足感に関する3つの因子と職務満足感、生活満足感の各要因[iv]と生活満足感全体（以下、職務満足感と同じように生活満足感という）、そして、全体的生活満足感を取り上げて関係の強さを見た。

表4−7でみるように、全体的生活満足感への影響は、生活満足感のほうが職務満足感よりも強く、とりわけ女性はその傾向が強い。この傾向は、働く人々361名（男性191、女性170）を対象にした質問紙調査の分析結果[7]（小野 1993）とまったく同じ傾向である。

なお、以下の分析でも同じ傾向であるが第9研究で用いた非正社員の女性の反応傾向は、正社員とはまったく異なることに注目する必要があろう。そのため、以下では正社員のデータのみを用いる。

職務満足感に関しては従属変数を前述の3因子にまとめて、各因子を構成す

---

iv 「心身の健康」については、生活満足感の構成要因なのか「生活満足感とは独立した全体的生活満足感の構成要因なのか判断が難しく、質問紙の上でもその位置づけを第5研究までは生活満足感のひとつとしたが第6以降では、独立した変数としている。地位と年代を統制した偏相関係数による分析と、重回帰分析の独立変数として、全体的生活満足感と生活満足感のどちらに寄与が高いかという視点で検討し、多くの研究で生活満足感のひとつとしたほうが標準偏回帰係数が高いので、その視点で見ていくことにする。

る個別の項目の得点の合計値で関係を見た。どの集団でも圧倒的に第Ⅰ因子の仕事そのものに関する項目群の影響が大きく、第Ⅲ因子のそれはきわめて小さい。特に、3年未満の対象者を含む第9研究では、上司や評価の影響力は低い。

　生活満足感に関しては、ほとんどの場合、「家族・家庭生活」が最も影響が強く、とりわけ、既婚者の多い会社員の男性でその傾向が強い。ついで、会社員では、「経済的安心感」の影響が大きく、看護師では、「余暇時間・活動」、「心身の健康」の影響が鮮明である。この結果は、看護師では、労働時間の長さと夜勤が避けられない交代制勤務により実質的な余暇時間のないことが、影響しているように思える。

　「余暇時間・活動」については、会社員の女性でもその影響力が大きく、また、女性では「心身の健康」の影響も見逃せない。特に既婚者の影響がここに現れているとすれば、仕事生活のなかでも1個の組織のメンバーとしての役割を担い、家庭生活のなかでも主体とならざるを得ないという意味での二重役割の影響を検討する必要があろう。

　また、職務満足感と生活満足感の関係をみると、第5研究、第6研究の第3グループ、第8研究の女性と第9研究の女性で.40台の相関係数を示し、第6研究の第1グループ、第7研究、第8研究の男性と第9研究の男性も.30台の値を示しており、両者がspill-over関係にあることを示している。これも、筆者の先行研究の結果と同じ傾向である。

　この結果を概観すれば、個別的な部分での差異は存在し、性による差異があるように思える部分もあるが、看護師と会社員との間でのこれらの要因の知覚に関する大きな構造の差異があるようには思えない。

第2節　キャリア満足感

　第1章で見たように、キャリアにはさまざまな捉え方がある。そのひとつとして、職制上の地位の上昇という側面があり、看護師のヒアリングでそれを感じることは多い。しかしながら、キャリアを人生におけるさまざまな役割の経

験や自己の成長という側面で考えられるのならば、知識・技術の習得、専門性の深化という視点も必要であろうし、他者との関わり（社会貢献や対外的な承認指標としての地位）によるキャリア発達の確認、より身近な他者との関わりである家族との関わりとキャリア発達の関係、さらには、客観的なキャリア発達の指標としての収入（の額や上昇）なども検討の対象として考えられ、それらに対する満足の状況も多様であるはずである。本研究では、キャリア満足感については、第3章で見た8項目で捉え、全体的なキャリア満足感についても一つの項目で質問している（以下、キャリア満足感という場合は、この一項目の総合評価を指す）。

1. キャリア満足感

現在のキャリアに満足しているか否かについては、「知識・技術の習得」、「収入・所得」、「専門性の深化」、「自己の成長」、「職場での地位」、「社会への貢献」、「社会的な地位」、「家庭との両立」、「（全体的）キャリア満足感」への満足の9項目で測定している。

個別項目である1～8について第6研究の第1グループの平均値を見ると、**表4-8**で見るように「収入・所得」が不満傾向にある以外は、おおむね中立傾向で、「知識等の習得」「職場の地位」「社会的地位」は満足傾向にある。規模間の差異は見られないが、399床以下では満足感が低い。

地位別に見るとどの項目も、おおむね地位の上昇とともに値が高くなること

表4-8 病院規模別 キャリア満足感（第6研究 第1グループ）

	度数	1.知識・技術の習得	2.収入・所得	3.専門性の深化	4.自己の成長	5.職場での地位	6.社会への貢献	7.社会的な地位	8.家庭との両立	キャリア満足感
700床以上	764	3.32	2.69	3.03	3.13	3.32	3.13	3.23	3.00	3.18
600床台	432	3.35	2.94	3.07	3.13	3.43	3.14	3.28	2.99	3.18
500床台	517	3.36	2.74	3.13	3.18	3.26	3.14	3.21	2.93	3.16
400床台	358	3.31	2.91	3.05	3.16	3.30	3.12	3.21	2.99	3.14
399床以下	305	3.14	2.74	2.83	3.02	3.22	3.08	3.13	2.86	3.02
合計	2376	3.31	2.79	3.04	3.13	3.321	3.12	3.22	2.97	3.15

全て0.1％水準の有意差あり

表4−9 性別 キャリア満足感（第9研究 正社員 満3年以上）

	性別	平均値			性別	平均値			性別	平均値
1．知識・技術の習得	男	3.41	4．自己の成長		男	3.25	7．社会的な地位		男	3.34
	女	3.42			女	3.26			女	3.18
2．収入・所得	男	3.05	5．職場での地位		男	3.31	8．家庭との両立		男	3.18
	女	2.84			女	3.22			女	3.23
3．専門性の深化	男	3.31	6．社会への貢献		男	3.12	9．キャリア満足感		男	3.26
	女	3.19			女	3.11			女	3.21

各問の男性の回答数は、最大455で最少は442、同じく女性は、最大156、最小149である。

を示している（全てp＜.001）。年代別でも同じ傾向にあるが、「家庭との両立」だけは30歳代が明らかに低くなっている（全てp＜.001）。

次に、男女別の差異を見るために、同一の企業内での比較分析が可能な第9研究について**表4−9**でみる。

満足が高い順に見ると、「知識・技術の習得」は男女とも満足傾向にあり、男性では、「社会的な地位」、「専門性の深化」、「職場での地位」が続いている。女性は、「自己の成長」、「家庭との両立」の順であり、逆に満足が低いのは、男女とも「収入・所得」で、女性は不満傾向の中立である。全体的に満足の程度は、

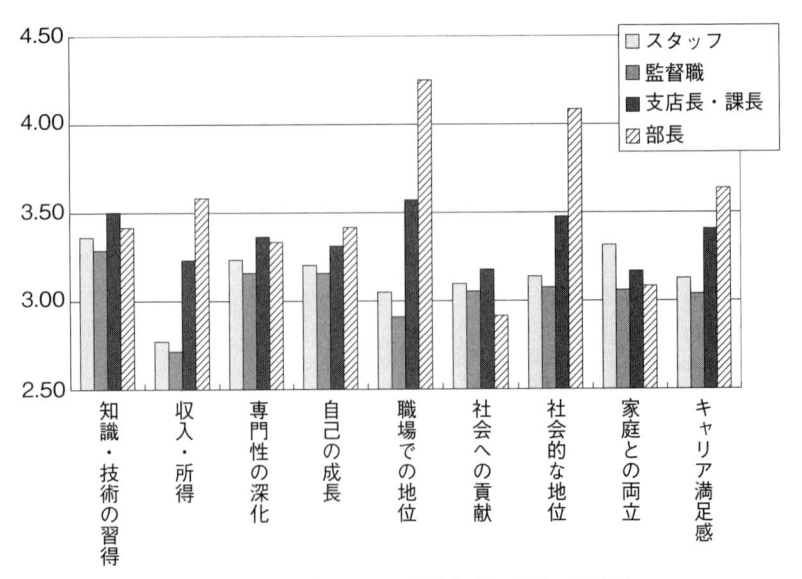

図4−2 地位別 キャリア満足感（第9研究 正社員）

男性に比して女性が低い。「収入・所得の増え方」と「社会的な地位」に関しては5％水準の有意差がある。なお、上記のように「家庭との両立」は正社員の女性で満足傾向にあるが、非正社員の女性の満足は、より高い値を示している。

また、図4－2で第9研究の正社員の地位別に見ると、おおむね、地位の上昇と満足の度合いの上昇は相関する傾向にある。特に、部長の満足の高さが際立っており、全体では中立の「収入・所得」でも満足（4.0以上）に達しており、「職場での地位」や「社会的な地位」など客観的に把握できるものへの満足感が極めて高い。逆に、地位間の差異が小さいのは、「自己の成長」や「社会への貢献」である。この2つは、統計的に有意な差異は見出せない。

個々のキャリア満足に関しては、年代間の差異は見出しにくく、男性の「社会的地位」にのみ5％水準で有意な差異が見られる。

2．全体的キャリア満足感と個別のキャリア満足感の関係

キャリア満足感にどの個別項目が大きな影響を与えているかを重回帰分析で見た。図4－3は、各研究の標準偏回帰係数を見たものである（各研究のR^2は、最小の第7研究でも .540（$p<.001$）である）。全体的に見れば、第8研究の「自己の成長」を除けば、折れ線は、同じようなパターンを示しているとしてよいであろう。また各研究の標準偏回帰係数の順位でも上位3位まではほぼ重なり、大きな差異があるようには思えない。

標準偏回帰係数は「自己の成長」、「職場での地位」、「社会的地位」、「家庭との両立」の4つが、大きな影響力を持つことを示しており、看護師の2つの研究の結果はよく似た傾向を示している。ただし、看護師の職務特性として挙げられることが多いと思われる「専門性の深化」と「社会への貢献」の影響力は、第6研究の第1グループでは小さく、第7研究で「社会への貢献」が有意であることを除けば、他の研究でも有意でないことが多い。

3．キャリア発達とキャリア満足感の関係

キャリア発達とキャリア満足感の関係を見るために、キャリア満足感とキャ

104 第Ⅱ部 実証研究

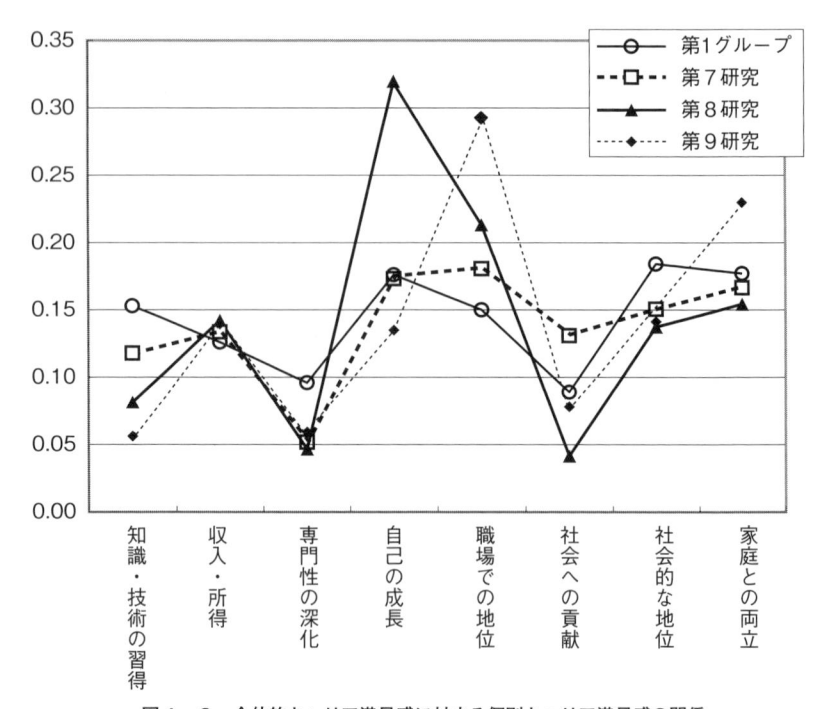

図4-3 全体的キャリア満足感に対する個別キャリア満足感の関係

リア発達計（11項目の合計値）で相関関係を見るために、地位や年代による影響を除くためにそれら2要因を統制した、偏相関係数を求めた。最も低い値の第9研究正社員女性でも .392（p < .001）で、最高は第8研究全体の .490（p < .001）であり、おおむね .40〜.50という著しい相関関係[v]を示し、各研究とも同じような関係の枠組みにあることを示している。

次に、他の研究の結果を比較するために、看護師のなかでは最も高い偏相関係数を示す（.475　p < .001）第6研究第3グループの結果を見ていく。

キャリア満足に関する個別項目とキャリア発達に関する個別項目の相関関係を、同じく地位と年代の2要因を統制した偏相関係数を**表4-10**で見ると、偏

---

[v] 相関係数の評価は、ガレットの4段階の基準を用いる（大村政男　1972　『経営心理統計の基礎』白桃書房、118頁）。

表4-10 キャリア満足感とキャリア発達の偏相関係数（第3グループ）

	4-1. 知識技術の習得	4-2. 収入・所得	4-3. 専門性の深化	4-4. 自己の成長	4-5. 職場での地位	4-6. 社会への貢献	4-7. 社会的な地位	4-8. 家庭との両立
7-1. 能力が向上	0.407	0.118	0.337	0.347	0.274	0.193	0.209	0.111
7-2. 専門性が深まった	0.470	0.222	0.493	0.358	0.267	0.255	0.264	0.163
7-3. 仕事幅の拡大	0.397	0.224	0.371	0.375	0.256	0.233	0.249	0.108
7-4. 望んでいた地位	0.216	0.130	0.270	0.217	0.200	0.222	0.098	0.057
7-5. 中心的な役割	0.213	0.126	0.257	0.302	0.223	0.205	0.177	0.103
7-6. 意味のある仕事	0.387	0.288	0.442	0.437	0.330	0.344	0.350	0.157
7-7. 能力を十分発揮	0.358	0.268	0.358	0.352	0.269	0.353	0.275	0.194
7-8. メンターになった	0.305	0.148	0.295	0.269	0.196	0.158	0.178	0.134
7-9. 自分の成長実感	0.374	0.221	0.346	0.393	0.268	0.305	0.317	0.210
7-10. 後輩などを指導	0.427	0.034	0.297	0.297	0.251	0.178	0.127	0.050
7-11. 責任を持って仕事	0.270	0.036	0.241	0.239	0.205	0.104	0.169	0.030

表頭の4-1〜4-8がキャリア満足に関する項目で、表側の7-1〜7-11が、キャリア発達に関する項目である。

相関係数が.40以上の組合せ（前者がキャリア満足、後者がキャリア発達）は、「専門性の深化」と「専門性の深化」.493（単純相関では.500を超えている）を最高に、「知識・技術の習得」と「能力の向上」・「専門性の深化」・「後輩などの指導」、「専門性の深化」と「意味のある仕事」、「自己の成長」と「意味のある仕事」である。.30以上のものでは、「知識・技術の習得」はキャリア発達の多くの要因と関連を持ち、キャリア満足の「専門性の深化」と「自己の成長」もそれに準じてキャリア発達要因と相関関係を持つことが多い。逆に、キャリア満足の「職場での地位」、「社会的な地位」、「家庭との両立」、「収入・所得」はキャリア発達との関連が強くなく、特に最後の2要因は関係を示さないものが多い。また、キャリア発達の「望んでいた地位」、「中心的な役割」、「責任を持って仕事」は、キャリア満足との相関関係を示すにせよその関係は弱い。看護師を対象にした第7研究の相関関係を見ていくと、著しい相関関係を示す組合せこそ少ないが、ほぼ同じような傾向を示している。異なるのは、キャリア

満足「家庭との両立」が、キャリア発達の半数以上の項目と低い値ではあるが関係を持つことである。

　この第6研究第3グループの個別項目間の関係を第8研究の男性と比較すると、.40やそれに準ずる高さの偏相関を示す項目を見るとほぼ同じようなパターンを取っている（会社員の値の方が全体的に高い）。両者の差異を見ると、女性が中心の看護師ではキャリア満足の「知識・技術の習得」と「専門性の深化」がキャリア発達の各項目と相関関係を示すのに対し、会社員はすべてではなく、とりわけ「専門性の深化」に関しては、看護師に比してかなり関係が弱いことを示している。逆に、会社員男性では、キャリア発達「望んでいた地位」が看護師に比して、「収入・所得」、「職場での地位」、「社会的な地位」という客観的なキャリア発達に関連する満足感と著しい相関を持つことが分った。（第7研究も含め看護師も相関関係自体はあるが、それほど高くはない）

　なお、「家庭との両立」に関しては、配偶者や子供の有無との影響も考えられるのでその割合を見たが、第3グループの有配偶は38.4％、子供ありは31.2％、第7研究は同様に、37.8％、31.2％であり、看護師2群の割合に大きな差異はないが、11項目のキャリア発達尺度のうち6項目とわずかながらも相関関係を示し、組織特性の影響をうかがわせている。

　これらを要約すれば、主観的なキャリア発達と知識技術の獲得や専門性の深化などの自己の成長に関する満足が、強い関係を示すとしてよいであろう。また、意味のある仕事が出来るようになったこととキャリア満足の関係が深いことが分かり、日常的な仕事の付与に際して、仕事に意味をどのように持たせるかが、キャリア発達やキャリア満足感に大きな影響を与えることが分かる。

第3節　キャリア発達

　キャリア発達については、第3章で見たように平野光俊[8]（1999）の11項目からなる尺度を援用し、若干ワーディングは変えて尺度として用いている。

第4章　働く人々の心理的 well-being とキャリア　107

表4-11　会社員のキャリア発達　因子分析（第8研究）

項目名	I	II
意味のある仕事	0.801	-0.068
自分の成長実感	0.798	-0.082
能力を十分発揮	0.787	-0.053
能力の向上	0.701	-0.409
後輩などの指導	0.679	0.409
中心的な役割	0.667	0.241
仕事の幅の拡大	0.656	-0.137
メンターになった	0.649	0.452
責任を持って仕事ができる	0.641	-0.052
専門性の深化	0.610	-0.402
望んでいた地位	0.544	0.157

主因子法　回転前

1．因子構造

　キャリア発達の11項目がどのような因子構造を持つのかを因子分析で見たが、予備的な第5研究も含め、圧倒的に第Ｉ因子の影響力が大きく、たとえば第6研究第1グループでは、「望んだ地位の獲得」の因子得点が.43である以外は全ての項目が.6以上の1因子構造（初期固有値　第Ｉ因子5.94　第Ⅱ因子1.13）であり、他の研究も同じような結果を示すので、1因子構造と見なして、述べていく（表4-11は、第8研究の会社員のデータを分析した結果である）。

　しいて2つの因子に分けようとするのならば、「専門性の深化」、「能力の向上」、「仕事の幅の拡大」など主観的にキャリア発達を自覚できたことに関する項目群（第9研究でのみ、ここに「自己の成長」が入る）と、それ以外の客観的な事実からキャリア発達を感じる項目群に分けることが可能とも言える。しかし、繰り返しになるが、無理に分ける必要はない様に思える。ちなみに1因子としてみたときの第6研究第1グループの信頼性係数（Cronbach の α ）は.910で十分に高い。他も同様である。

2．キャリア発達の認知

（1）　個別項目への評価

　個々の項目への評価を、第6研究第1グループの平均値を用いて見ていく。

肯定傾向が強いのは、「責任をもって仕事ができる」3.89であり、ついで、「能力の向上」3.41、「専門性の深化」3.39、「仕事幅の拡大」3.45などのキャリア発達の自覚に関する3項目が高く、次に、「自分の成長実感」の順となっており、第7研究や第8・9研究の男女別、また第9研究の非正社員の集計でも同じ傾向である（第9研究の男性のみ、「自分の成長実感」の順位は低い）。

肯定傾向にあるのは、「意味のある仕事」3.31、「メンターになった」3.23、「後輩などの指導」3.29などであり、これらも他の研究も同じような反応傾向となっている。

逆に、「望んでいた地位」2.49のみが否定傾向が強い。とりわけ第7研究や第8研究の女性の否定傾向が強く、第9研究の女性でも否定傾向にあるなど、女性で、地位に関してキャリア発達感が低いことを示す結果となっている（男性はおおむね中立傾向である）。なお、看護師に関して、第6研究第1グルー

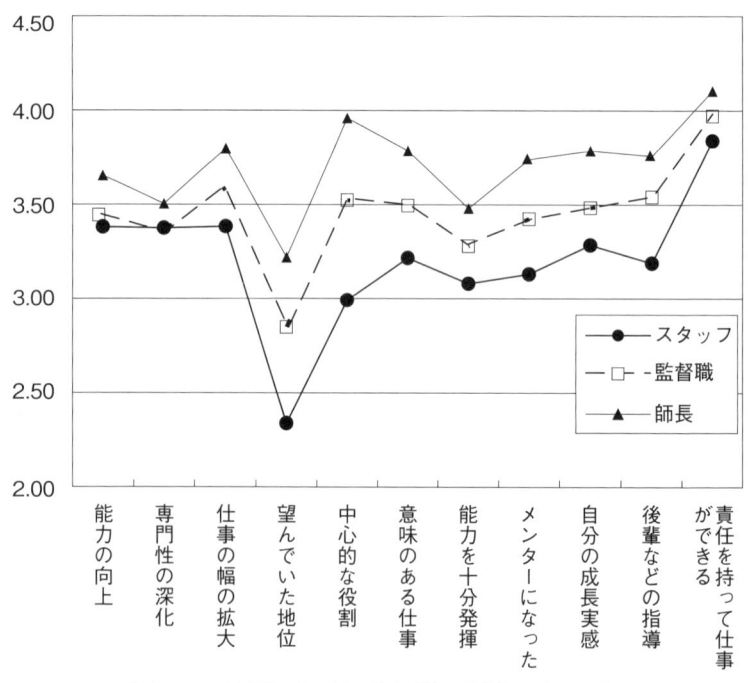

図4-4　地位別　キャリア発達（第6研究第1グループ）

プの対象病院の病院規模別の値を見ると、多くの場合、400床台および399床以下では、全体平均よりも低い値となっている。これは大規模病院が各地域の中核病院として専門性をより求められ、そのための能力の開発（取得）と発揮の機会が多いためとも考えられる。

　地位別に見ると、キャリア発達11項目の合計値（以下、キャリア発達計という）は、地位が上がるほど平均値が高くなり、スタッフ35.2と師長40.8では5.6（1項目平均0.51）、スタッフと看護部長・同副部長42.6との間では10.4（同0.95）という大きな差異がある（p＜.001）。図4－4は、サンプル数の多い、スタッフ、監督職（この組織では、主任という役職は正式にはなく、基本的には係長である）、師長を抜き出して、それらの値を示したものである。母数が圧倒的にスタッフが多いので、全体の平均は、スタッフより若干高い値を示す。地位によって大きな差異のある項目は、「望んでいた地位」、「中心的な役割」、「意味のある仕事」、「後輩などの指導」などであり、「責任を持って仕事ができる」は、地位との関連が大きいと予想したが、「能力の向上」や「専門性の深化」と並んで、最も差異の小さいもののひとつであった。

　年代間の差異は、キャリア発達計で見ると、20歳代35.4と50歳以上37.3の間に統計的には有意（p＜.001）な差異があるが、地位による差異ほど大きくはない。

（2）　研究間の比較

　第7研究、第8研究（全体、男女別）、第9研究（正社員全体、男女別、非正社員）についても同じように個別みた。第9研究は、全社員（正規・非正規も含め）を対象にしているが、仕事経験の長さの影響が大きいと思われるので、他の研究同様満3年以上の勤務を担保するためにここでは、職務経験3年以下のものは、集計対象から除外した。

　全体的な傾向としては、看護師について見ると、第7研究の3病院組織に属する9病院の平均は、同一病院組織18病院（第6研究第1グループ）と比べると、「望んでいた地位」がほぼ同じ値を示している以外は、各項目で0.1〜0.2程度低い値を示している。会社員については、大手企業3社を中心とした第8研

110　第Ⅱ部　実証研究

表4-12　各研究別　キャリア発達の平均値

	第6研究 第1グループ	第7研究	第8研究 全体	第8研究 男性	第8研究 女性	第9研究 全体	第9研究 男性	第9研究 女性	第9研究 非正社員
能力が向上	3.41	3.31	3.71	3.77	3.59	3.49	3.50	3.45	3.12
専門性の深化	3.39	3.32	3.61	3.66	3.49	3.44	3.47	3.35	3.06
仕事の幅の拡大	3.45	3.34	3.68	3.76	3.51	3.46	3.50	3.34	3.06
望んでいた地位	2.49	2.48	2.77	2.91	2.49	2.89	2.99	2.57	2.19
中心的な役割	3.15	3.03	3.21	3.32	2.97	3.13	3.22	2.87	2.26
意味のある仕事	3.31	3.14	3.43	3.50	3.28	3.29	3.35	3.11	2.80
能力を十分発揮	3.14	2.99	3.35	3.39	3.27	3.29	3.33	3.16	2.77
メンターになった	3.23	3.06	3.10	3.15	2.98	3.17	3.18	3.14	2.58
自分の成長実感	3.36	3.26	3.47	3.52	3.36	3.30	3.28	3.35	2.93
後輩などの指導	3.29	3.14	3.21	3.32	2.99	3.19	3.23	3.06	2.47
責任を持って仕事ができる	3.89	3.72	3.88	3.84	3.95	3.70	3.68	3.75	3.38
対象者数（最大）	2361	1066	440	293	146	611	455	156	163

究の値が第9研究の値よりも、「能力の向上」、「専門性の深化」、「仕事の幅の拡大」、「意味のある仕事」、「自己の成長実感」、「責任を持って仕事ができる」の各項目で0.15～0.30ほど高く、とりわけ主観的キャリア発達感に関する部分で、高い値を示している。第9研究が0.1以上高いのは「望んでいた地位」だけである。

　性・年代別に見たもので顕著な傾向を見ていくと、看護師の第6研究第1グループが、主観的なキャリア発達感に関する3つの項目を除いて、年代間で有意な差異を示すことが多い。

　地位の差異を見ると、年代間に比べて有意な差を示すものが多く、「専門性の深化」以外は、隣り合う地位間で差がほとんどなかったり、第7研究や第8研究で見るように「能力の向上」、「責任を持って仕事ができる」で監督職が師長・課長よりも高い値を示す場合もあるが、おおむねどの研究（全体・男女別）でも、有意な差異を示しつつ、地位の上昇とキャリア発達の上昇は一致する。そのため、キャリア発達の実感を支えるのは地位の上昇と言うことができよう。

　このことは、看護師のヒアリング調査で得た感触を支持する。逆に資格専門職である看護師においては、「専門性の深化」が有意でないにせよ、年代の上

昇と共に低くなる傾向を示し、また、地位別に見ても、第6研究第1グループでは、地位の上昇に伴いこの平均値も高まるが有意な差異は示さないことから、看護師の専門性の獲得（意識）がどのようになされるのかを調べるという課題が生じてくる。

なお、非正社員の平均値は正社員に比してかなり低く、年代間に有意な差異も見出し難い。このことは、非正社員のキャリア発達の機会が、仕事の性格や仕事の与えられ方、そして日常的なOJTも含めて、非常に限られていることを示している。また、非正社員の男性の年齢構成が極めて高いことも考慮しておく必要がある。

3．キャリア発達と生活満足感やソーシャル・サポートの関係

第1章で見たようにキャリアは、人生との関わりの中で形成発達するという捉え方が、今日強くなってきており、筆者もその立場についている。その視点

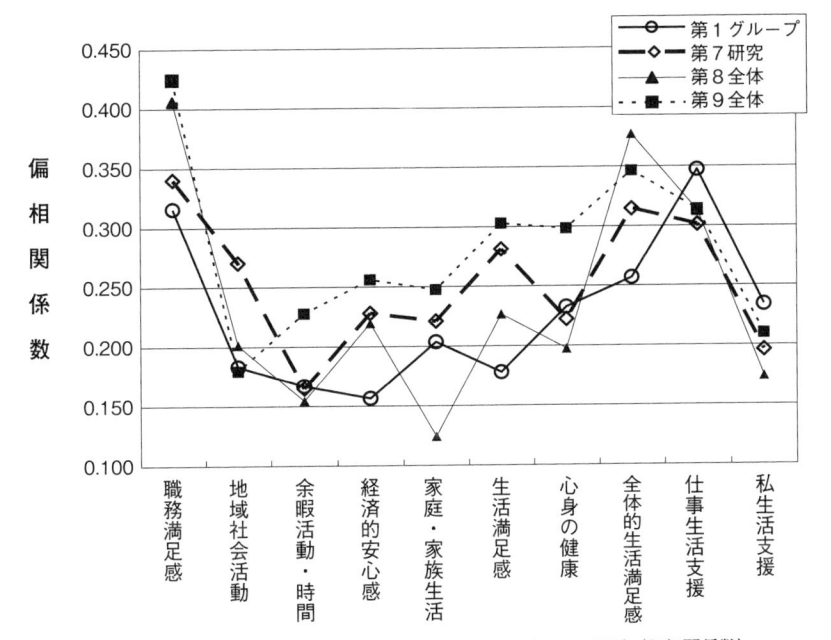

図4-5　キャリア発達とさまざまな生活満足感やサポートの関係（偏相関係数）

に立てば、キャリアやキャリア発達に影響するものとしては、非常に広範な物事がそこには含まれるとしてよいであろう。

そこで、それらの関係を確認するためにキャリア発達と生活満足感の諸要因、仕事生活や非仕事生活におけるサポート、パーソナリティ（特性的自己効力感・自己啓発意欲・対人関係志向）に関して年代や地位を統制した偏相関係分析を実施した（対比のために職務満足感も含めた）。どの研究の値も.20以上は統計的に有意である。

図4-5は、職務満足感だけでなく非仕事生活の局面である余暇や家族・家庭関係、地域社会での生活や活動の関係、老後も含めた経済的安心感や心身の健康など、幅広い要因が、キャリア発達と正の関係があることを示している。そして、仕事におけるサポートだけでなく、非仕事生活でのサポートもまたキャリア発達に影響を及ぼすことがうかがえる。このことは、キャリア発達が広範な人生に関わるとはいえ、現在働いている人々のキャリアの中心が仕事にあるとすれば、仕事生活と非仕事生活の spill-over 関係がここでも確認できたと言えよう。

職務満足感や全体的生活満足感を除いた、各要因について見ていくと、非仕事生活の満足の中心となると考えられる家族・家庭生活に関しては、大企業勤務者が中心の第8研究が関係を示さず、余暇活動やその時間は、第9研究の男女のみが関係があることを示している。地域社会での生活や活動は、大都市圏の病院を対象とした第7研究が最も関係が強く、第8研究もわずかながら関係の存在を示している。それ以外はおおむね、.20台の偏相関関係を示しているにすぎない。

また、仕事生活や非仕事生活の支援について見ると仕事生活の支援は.30以上の関係をすべての研究が示しているが、非仕事生活の支援は、第9研究の女性のみが.30以上で、他は.20を前後し、看護師対会社員、会社員（正社員）の男女間で一貫した傾向を示すことはない。

第4節　キャリア発達の促進に影響を与える要因

　第1章で見たように、働く人々のキャリア発達を促進する要因としては、公的なもの私的なもの、幼少時から始まるもの、企業生活を通して提供されるもの、そして自己努力や自己の価値観に支配される仕事観などさまざまなものがある。本研究は、私的な人間関係によるものとしてのメンターやその周辺にあるソーシャル・サポート、企業の提供するさまざまな能力開発やその機会、自己啓発意欲などを促進要因として想定している。

　ここではそれらについて見ていくが、メンターに関しては、本研究で検討するモデルの中心概念のひとつでもあるので、章を分けて、より詳しく述べていくことにする。

1．キャリア発達を促進したもの
（1）　個別要因

　キャリア発達に役立ったものに関しては第5・6研究までは、**表4－13**の上から5番目までと「大学・大学院への再入学」を含めた6項目で聞いていたが、その後の面接調査では、組織から直接的に能力開発として提供されるものだけでなく、患者からの一言や新しい仕事の付加や病院外の委員会などの役割が、キャリア発達のきっかけになり、それが、キャリア発達を促進したことが分か

表4－13　キャリア発達に役立ったもの

	第6研究 第1G	第7研究	第8全体	第8男性	第8女性	第9全体	第9男性	第9女性
学校教育・基礎教育	3.50	3.25	3.17	3.13	3.26	2.98	2.98	2.97
院内・社内の研修	3.45	3.33	3.13	3.03	3.32	3.22	3.22	3.22
OJT	3.77	3.56	3.76	3.83	3.62	3.64	3.66	3.58
メンター	3.74	3.54	3.70	3.68	3.75	3.47	3.43	3.56
院外・社外の研修	3.76	3.58	3.18	3.13	3.29	3.09	3.17	2.85
転職・異動		3.30	3.46	3.48	3.40	3.08	3.05	3.14
自己学習		3.30	3.64	3.68	3.56	3.32	3.42	3.02
院外・社外活動		2.84	2.51	2.59	2.37	2.47	2.58	2.15
新しい仕事・課題		3.16	3.71	3.70	3.73	3.21	3.30	2.95
患者・顧客		3.74	3.37	3.34	3.43	3.47	3.49	3.40
昇進など		2.73	3.18	3.28	2.98	3.00	3.18	2.49

った。そこで、以後の質問紙調査では、「転職・異動」などから「新しい仕事や課題」などのキャリア発達の機会に関わるもの、「患者・顧客からの一言」や「自己啓発」を含む6項目を加えて12項目で測定している。ただし、実際には「大学・大学院への再入学」には無記入や3の「どちらともいえない」という回答が多く、実質的に分析に値しないので、分析からは除外して見ていくことにする。

各研究ごとに見ていくと、看護師では「OJT」、「メンター」、「院外の研修」、そして、「患者・顧客からの一言」が高い値を示している。「OJT」と「メンター」は他の研究でも肯定傾向が強く、「患者・顧客からの一言」は、仕事の性格上対人的な要素が強い信用金庫でも、肯定傾向にある。大企業従業員が対象の主体である第8研究では、男女とも「自己啓発」と「新しい仕事・課題」で肯定傾向が強いのが特徴と言えよう。全体的な傾向を見る限り、看護師も会社員もそれほど違いのある反応傾向形を持っているようには思えない。

（2） キャリア発達への影響度

キャリア発達に対するこれら要因の影響の大きさをキャリア発達の合計値を従属変数とした重回帰分析で分析しようとしたが、第8研究と第9研究では、個々の標準偏回帰係数がほとんど統計的な有意な水準に達せず、意味のある結果が得られたとは言いがたい。

有意なものだけで見ていくと、看護師では、第6研究第3グループでは「メンター」が最も高い影響力を示し、ついで「院外の研修」が高い。第7研究では、「昇進や指導者への指名」がもっとも高く、次いで「メンター」、「院外の活動」の順で影響力が有意に高い。

会社員に関しては、上記のように有意な値を示す要因が少ないが、第8研究では、全体・男性・女性でも「昇進や指導者への指名」がもっとも高く、次いで、全体では「自己啓発」、「学校教育」の順で、男性では「自己啓発」が有意に高い影響力を持っている。第9研究では女性の「社外の活動」のみが有意な影響力を示している。有意水準に達しないものも含め、会社員の傾向を見ると第9研究の女性以外は「昇進や指導者への指名」の影響力が高い。

また女性では、「院外・社外の活動」(第7研究と第8研究の女性では3位)もある程度の影響力があるように思える。

2．ソーシャル・サポートとメンタリング
(1) ソーシャル・サポート

キャリア発達を考えるとき、他者からの支援は無視できないことは第1章で見た通りである。そのなかでも、キャリア発達に直接関わる支援にメンターがあり、それ以外にもさまざまな支援が結果的にキャリアの継続を促進し、キャリア発達につながるという面も見逃すことはできない。そのような支援には、相手を受け容れ社会的に良好な関係を持つことで居場所を作り、そのなかでキャリアの継続を促進するという側面と、直接仕事の遂行を助けキャリア発達を促進するという側面がある。前述のソーシャル・サポートの分類で言えば、前者を情緒的なサポート、後者を道具的なサポートと考えることができる。

本研究では、仕事生活と非仕事生活において困難に遭遇したとき精神的・物理的な支援を受けた程度について聞いている。同時期に実施した第7研究と第8研究では、どのような支援があるのかについても具体的に聞いた

仕事生活のサポートに関しては、第9研究男性が3.30弱であること以外はどの研究もほぼ3.50以上の値を示し、支援は少なくないことを示している。

非仕事生活に関するサポートは、働く女性(第6研究第1グループ、第7研究、第8・9研究の女性)でいずれも3.70を超え、とりわけ配偶者がいる女性では、第7研究の3.86以外は3.90を超え、多くの支援を得ていることを示している(第6研究第1グループと第7研究では、配遇者がいない回答者といる回答者の間に有意な差がある)。

これらのサポートがキャリア発達やそれに関連するさまざまな満足にどのように関係するのかを相関係数でみたのが表4－14である。

仕事生活への支援は、仕事に関連する満足やキャリア発達・キャリア満足と結びつくことが多く、非仕事生活への支援は、家族・家庭生活や生活満足感と結びつくことが分かる。その一方で、第6研究第1グループや第9研究女性の

表4-14　仕事生活と非仕事生活のサポートと満足感およびキャリア発達の相関関係

	第1グループ		第7研究		第8研究　男性	
	仕事生活支援	非仕事生活支援	仕事生活支援	非仕事生活支援	仕事生活支援	非仕事生活支援
職務満足感	.228***	.068***	.248***	.114***	.333***	.164***
家庭・家族生活	.119***	.258***	.197***	.283***	.193***	.294***
生活満足感	.138***	.229***	.185***	.248***	.202***	.218***
家庭との両立	.127***	.150***	.203***	.190***	.190***	.208***
キャリア満足感	.247***	.141***	.252***	.203***	.273***	.186***
キャリア発達計	.367***	.242***	.337***	.217***	.261***	.164***
仕事生活　支援	−	.522***	−	.643***	−	.613***
非仕事生活支援	.522***	−	.643***	−	.613***	−

	第8研究　女性		第9研究　男性		第9研究　女性	
	仕事生活支援	非仕事生活支援	仕事生活支援	非仕事生活支援	仕事生活支援	非仕事生活支援
職務満足感	.283***	.173*	.284***	.133***	.294***	.181*
家庭・家族生活	.052	.344***	.160***	.274***	.194*	.376***
生活満足感	.121	.319***	.184***	.240***	.293***	.321***
家庭との両立	.010	.208*	.164***	.150***	.409***	.357***
キャリア満足感	.251***	.058	.240***	.124*	.323***	.204*
キャリア発達計	.356***	.184*	.338***	.198***	.358***	.294***
仕事生活　支援	−	.502***	−	.561***	−	.510***
非仕事生活支援	.502***	−	.561***	−	.510***	−

*：p＜.05　　**：p＜.01　　***：p＜.001

ようにキャリア発達が両方の支援と結びついたり、第8研究男性や第9研究女性のように生活満足感が両方の支援が結びつくケースや、家庭との両立（キャリア満足項目）のように仕事生活への支援や非仕事生活への支援から一貫しない形で関係を示す項目もある。これらの値は、さまざまな支援が特定の領域とのみ関係するのではなく、支援があることが、さまざまな満足や成長感に影響を与えていることを示しているようにも思える。

　第7研究と第8研究では、具体的な支援についても質問してみた。仕事生活では、看護師が対象者である第7研究では、「状況を理解してくれる」32.4％が最も多く、以下「相談に乗る」27.9％、「助言する」27.5％の順であり、第8研究は男女とも「助言をする」が最も多く、男性では「相談に乗る」29.4％、「状況を理解してくれる」24.1％、女性では、「状況を理解してくれる」30.6％、「相談に乗る」21.1％の順である。「時間があれば手伝う」と「時間を割いてでも手伝う」という道具的なサポートは、両方合わせたものをみると、第7研究

と第8研究の男性では7％弱にとどまり、第8研究女性でも15％に満たない。「状況を理解してくれる」や「相談に乗る」に見るような情緒的なサポートをサポートとして認知していることが分かる。

　非仕事生活については、第7研究は、「状況を理解してくれる」35.2％が最も多く、以下「相談に乗る」30.5％で、他は10％を超えるものはない。第8研究の男女も同じような傾向であるが、「助言をする」も10.0％を超えており、女性では17.8％に達している。また、両方の研究とも「黙って見守る」が8％で、支援と受け止められるものの多様さを示している。

　また、さまざまな支援はそれを受け取る側の姿勢も関係してくるものと思われ、対人関係志向との相関関係も見たが、第8研究女性が仕事生活との間で無関係を示した以外は、ほぼ.25～.35の間で有意な相関関係をもち、他者との関係を築きやすい人がより多くの支援を受けていると感じていることを示している。

（2） メンタリング

　ソーシャル・サポートは社会的交換関係であり相方向性が重要視されるが、私的な人間関係の中で行われるキャリア発達支援であるメンタリングは、実際にはそのメリットの相方向性が内在するにもかかわらず、多くの場合、一方向の支援と理解されがちである。メンタリングの効果に関しては、前著（2003）[9]で検証したが、キャリア発達への影響は非常に大きい。ここでは、第5研究以降の研究の積重ねの中から、その影響度を確認してみる。

　表4－15で見るように、第5研究以降の研究でも、メンタリング（計）とキ

表4－15　メンタリングと他の要因との相関関係

研究	職務満足感	キャリア発達	キャリア満足感	ソーシャル・サポート（仕事生活・私生活）
第5研究	なし	.338***	.214***	測定なし
第6研究第1G	.262***	.419***	.271***	仕事 .398***　私生活 .211***
第7研究	.226***	.417***	.252***	仕事 .327***　私生活 .217***
第8研究	.351***	.480***	.340***	仕事 .428***　私生活 .296***
第9研究	.218***	.424***	.257***	仕事 .382***　私生活 .210***

＊：$p < .05$　　＊＊：$p < .01$　　＊＊＊：$p < .001$

ャリア発達の相関関係は高く、特に会社員を対象とした第8研究のそれは看護師に比して関係が強いことを示している。それ以外にも、職務満足感やキャリア満足感とも関係を持ち、ソーシャル・サポート、とりわけ、仕事生活におけるサポートとも関係が小さくないことを示唆している。

なお、第6研究以降は、メンタリングの測定尺度を48項目として測っており、因子分析を通して機能の分析等を試みた。それらの詳細に関しては、6章にゆだねるが、大枠で、キャリア機能、情緒的機能、管理者的行動機能、受容・承認機能の4つに大別でき、ここでいうメンタリング計は、それら4つの因子のいずれかに入る項目の合計値である。

次に、個別のメンタリング機能がキャリア発達に及ぼす影響力の強さを重回帰分析で見た。図4-6で見るように、受容・承認機能の影響力が看護師でも会社員でも、男性でも女性でも圧倒的に強いことがよく分かる（すべてβの値は有意である）。これは、前著と同じ結果であるが、その後の面接調査でも同じような反応を得ることが多く、認められること、評価されること、そして、

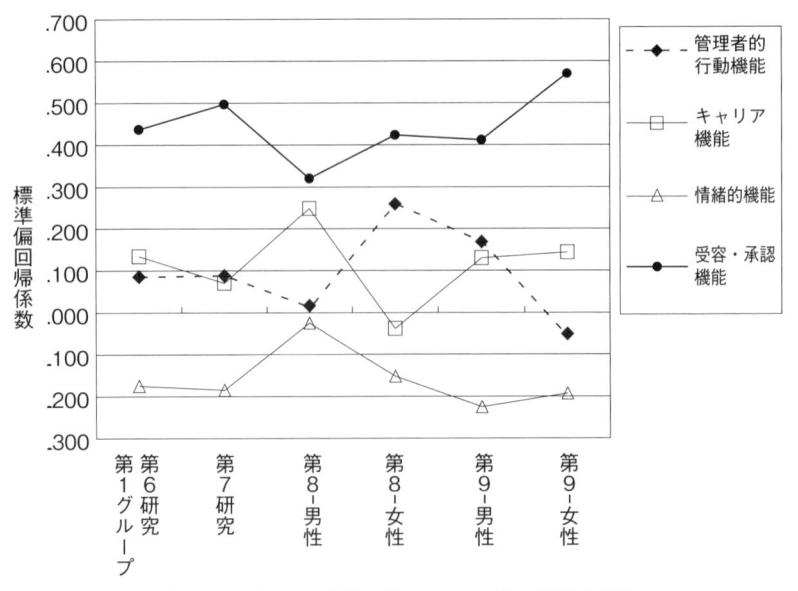

図4-6 キャリア発達に対するメンタリング機能の影響

一人前として受け容れられることの重要性をよく示している。

　逆に、第6研究以後の結果は、一貫して情緒的機能がマイナスの影響力を持つことを示しており、特に、第6研究第1グループ、第7研究、第9研究男性は有意にマイナスの影響力を持っている。

　また、両者の中間にあるキャリア機能と管理者的行動機能を見ると、看護師では、同じような値をとるものの、会社員の男女は、特定の傾向を示さず、あまり一致を見ない。なお、キャリア機能に関しては、第8研究女性と第9研究の男女の値が有意でなく、管理者的行動機能に関しては、第7研究と第8研究男性、第9研究女性が有意でない。

3．パーソナリティに関するもの

　キャリア発達に影響を与えるものとしては、パーソナリティの側面も無視することはできない。

　キャリア発達とパーソナリティに関しては、働く人々が抱く仕事観、とりわけとりわけ仕事に関する能力の向上を試みようとする自己啓発意欲や、「熟練の経験が個人の自己効力の認知発達に著しく良好に貢献する」[10] (Hackett, G. 1995) と言われるように仕事の達成を通して得たキャリア発達が自己効力感の源になり、その自己効力感が仕事の中での能力発揮を容易にし、更なるキャリア発達を促進する、という面での自己効力感が重要な意味を持つ。また、仕事は自分ひとりだけで社会的に孤立して行うことは極めて稀であるし、働く人々がキャリア発達を実感するためには、他者からの承認や肯定的評価、批判などのフィードバックが必要であり、そのためには仕事に関する対人関係に対する姿勢も看過できない。そこで本研究は、特性的自己効力感と、仕事キャリアの向上に関連した項目も含む対人関係、そして、キャリア発達の根底にある自己啓発意欲の3つを取り上げて検討することにする。

　表4-16で見るように、地位と年代を統制した偏相関分析によれば、キャリア発達と3つのパーソナリティ要因は1部を除いて各研究で有意に正の相関関係を持っており、とりわけ特性的自己効力感は、その結びつきが強い。なお、

表4－16　キャリア発達とパーソナリティの関係　地位・年代を統制した偏相関係数

	第6研究 第1G	第7研究	第8全体	第8男性	第8女性	第9全体	第9男性	第9女性
特性的自己効力感	0.471	0.483	0.454	0.439	0.471	0.511	0.489	0.598
対人関係志向	0.279	0.268	0.350	0.355	0.332	0.339	0.328	0.392
自己啓発意欲	0.281	0.224	0.246	0.110	0.474	0.217	0.286	0.150

　第8・9研究の女性は、部長が1名なので、この項の分析からは、そのデータは除いている。

　また、これら3要因は、本研究では、平均値が低いほうが、肯定的であることを示している。

(1) 自己効力感

　自己効力感については、今の仕事の遂行にどれだけ自信があるかという仕事自己効力感と一般的なパーソナリティとしての特性的自己効力感の2つで質問している。

　　1) 特性的自己効力感

　3つのパーソナリティの平均値を研究別に示す図4－7は、縦軸の値が少ないほど肯定度が高いことを示している。

　これを見ると、会社員男子は、相対的に肯定傾向にあり、女性は中立傾向であり、看護師よりは会社員が、女性よりは男性が肯定傾向が高い。

　地位と年代を用いた2元配置の分散分析で見ると、第8研究以外では、地位の主効果が見られ、地位が上がるほど肯定度は高まる傾向を示しているが、年代別では、第9研究（全体・男性・女性とも）のように50歳代で肯定度を下げるものもあり、第6研究第1グループのように一貫した傾向は見られないものもある。

　なお、第5研究も含め、キャリア発達と特性的自己効力感の間の偏相関係数（地位と年代を統制、以下同じ）は、.439～.569の間に分布し、次に見る仕事自己効力感とキャリア発達の関係より両者の関係は強く、いずれも1.5倍以上の高さにある。

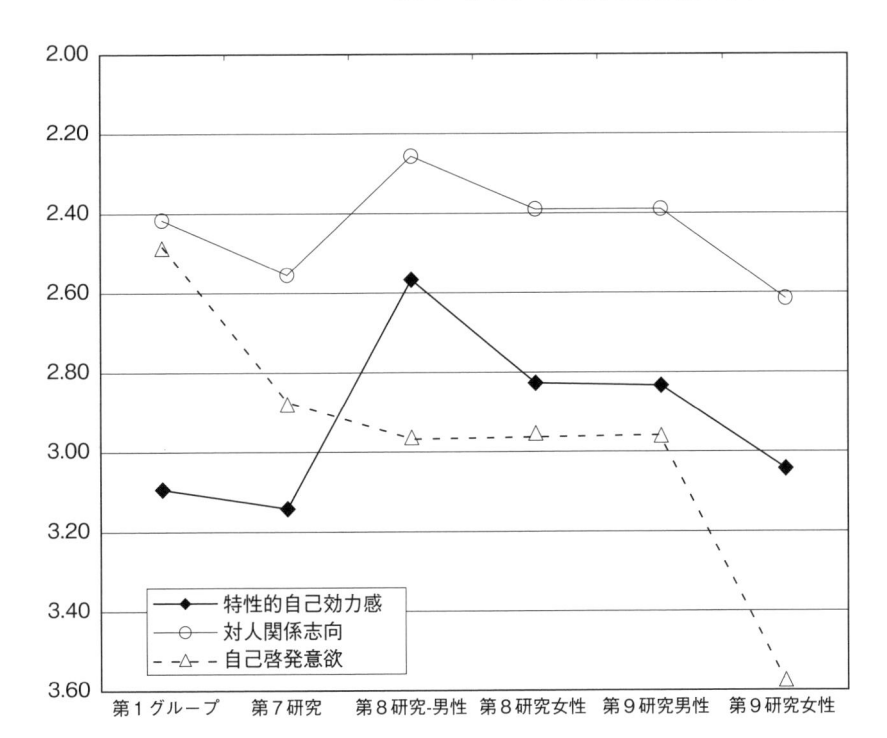

図4-7 研究別 3つのパーソナリティの平均値

　そこで、本研究では自己効力感という場合は、特に断りがない限りは、特性的自己効力感の値を用いる。

　2）仕事自己効力感

　仕事自己効力感に関しては、第5研究の時点では、適切な尺度が見当たらず、看護師に対する面接調査を基に、怖くてできない、不安が多い、不安な時もある、一人でやれる自信がある、という4段階を想定し、その間に位置する項目を設定して6段階の尺度を作った。それを基に、予備調査（第5研究）を実施し、回答がほとんどない「怖くてできない」を除き、間に入れる尺度を増やしたり、さらには、第7研究以降は、他者への指導まで含めた尺度とした（第3章　質問紙参照）。

　仕事自己効力感別にキャリア発達（合計）の平均値を見ると、「先輩や上司

表4-17 地位別の仕事自己効力感（4区分で見たもの）

	第7研究	第8研究男性	第8研究女性	第9研究男性	第9研究女性
スタッフ	2.23	2.12	2.20	2.32	2.02
監督職	2.71	2.73	2.40	2.31	2.17
師長・課長・支店長	2.54	2.80	3.50	2.67	2.56
看護部長・部長	3.08	3.04	2.80		
有意水準	***	***	*	***	ns
仕事自己効力感に影響を与える要因（重回帰分析：ステップワイズ）	昇進 院外活動	昇進 メンター	社外活動 メンター	昇進	自己学習

注：第8研究の女性はステップワイズ法では分析できず、強制投入法を用いた。
　　会社員の部長の女性は、各研究とも1名なので、平均値は標記していない。

に指示や指導を仰がないと不安なことが多い」は回答数が少なく、回答が1もしくは0の時はこれを除外した分散分析を実施したが、すべての研究で有意な水準にあり、おおむね仕事自己効力感が高いほどキャリア発達も高くなる傾向にあった。それらを一覧表にした時、「マニュアルを見れば、一人でできる自信がある」と「時々、他人に自分の考えや行動の確認を求めたくなる時がある」の間や、「大抵のことは、ほぼ一人でできる自信があるが突発的なことが起こった時は誰かに聞きたい」と「大抵のことは、ほぼ一人でできる自信がある」の間に平均値の差が相対的に大きい（統計的に有意であるか否かは別として）ことが多い。逆に、「マニュアルを見れば一人でできる自信がある」と「大抵のことは、ほぼ一人でできる自信があるが突発的なことが起こった時は誰かに聞きたい」の間ではキャリア発達の平均値に逆転があったりほとんど差がないことも多く、どちらが自己効力感として上位であるかを区別するものとは言いがたい。そのため、3段階（第7研究以降は4段階）にカテゴライズし直して分析した。

　第5研究も含め、仕事自己効力感と特性的自己効力感の間の偏相関係数（地位と年代を統制、以下同じ）は、.311～.417、仕事自己効力感とキャリアのそれは.236～.321の間に分布し、いずれの研究も前者の関係のほうが強い。

　地位と年代別に仕事自己効力感の程度のクロス集計を見ると、地位別では地位の上昇と仕事自己効力感の向上はおおむね正の関係にありχ^2検定も有意な結果となるが、会社員の女性では年代間に有意な差はなく、4区分にし直した

第7研究以後の研究ごとに見た地位別の仕事自己効力感の平均値は、**表4－17**の上部で見るように、仕事自己効力感と地位の関係の強さを示している。

また、4区分に設定し直した第7研究以後の研究ごとに仕事自己効力感に影響を与えたキャリア発達要因を重回帰分析で見た（**表4－17の下部**）が、ステップワイズ法では1ないし2要因が挙がり、男性と女性中心の職場である看護師では昇進の影響力が大きく、看護師と会社員の女性では社外・院外の活動が共通している。西山裕紀子[11]（2000）の研究では、社会参加活動という家庭外での役割は、就労とは異なった形で心理的なwell-beingの各次元と強く関係し、成人女性の発達を考える際に就労以外のさまざまな活動にも目を向ける必要があるとしているが、本研究もその結果を支持しているといえよう。

また、（業績の達成、代理学習、言葉による説得、心理的・情緒的反応などの）学習経験は、自己効力感のような構成概念と明確に結びつく[12]（Lent, R.W. and Hackett, G. 1994）と言う主張を検証するために、2項目ずつがあがった第7研究と第8研究の男女で、仕事自己効力感の程度ごとに各促進要因のキャリア発達への貢献度を見たのが**表4－18**である。

仕事自己効力感の程度間に有意な差異があるものを見ると、仕事自己効力感が最も高い層で、キャリア発達への貢献を認知する度合が高いことが明確に分かる。また昇進などは、おおむね、自己効力感認知の上昇と並行して高くなっている。

それに対してメンターは、有意な差異を示さず、各層で一定の貢献を示しているが、自己効力感が低い層で相対的に多くの貢献を示しており、知識・技能、

表4－18　仕事自己効力感の程度別　キャリア発達促進要因別の貢献度

	第7研究		第8研究男性		第8研究女性	
	院外活動	昇進など	メンター	昇進など	メンター	社外活動
仕事自己効力感低	2.79	2.62	3.74	3.10	4.25	2.70
仕事自己効力感中	2.76	2.68	3.79	3.03	3.67	2.35
仕事自己効力感高	2.82	2.73	3.59	3.30	3.50	2.06
仕事自己効力感　最高	3.25	3.21	3.62	3.71	3.93	2.94
有意水準	$p < .001$	$p < .001$	ns	$p < 0.1$	ns	ns

権力、経験などの上位者がメンターになりそれらを持たない人のキャリア発達を助けるという基本的なモデルを明確に肯定している。同時に、仕事自己効力感の各層に対するメンターのキャリア発達貢献の評価の高さは、仕事自己効力感におけるメンターの役割の重要さを示している。

（2） 対人関係志向

対人関係に対する態度に関しては、仕事の中でのキャリア発達に関するものを中心に、積極的に人間関係を構築したり他者からの指摘を受け入れようとするかなどについて、3項目で質問している。

各研究とも、キャリア発達に関する人間関係のあり方も含め肯定傾向は強く、会社員の中では、男性のほうがその傾向は強い。

各要因とも地位との関係が強く、地位の上昇と共にそれらの肯定度が強まる傾向を示している。看護師および（第9研究全体）に関しては、2元配置の分散分析で地位の主効果が見られる。しかし、年代別に見ると、**図4－8**で見る第8研究女性のように50代のスタッフで急激な低下を示し、逆に監督職や管理職では著しく肯定度を増す場合もあり一貫した傾向は見られない（交互作用のみ有り

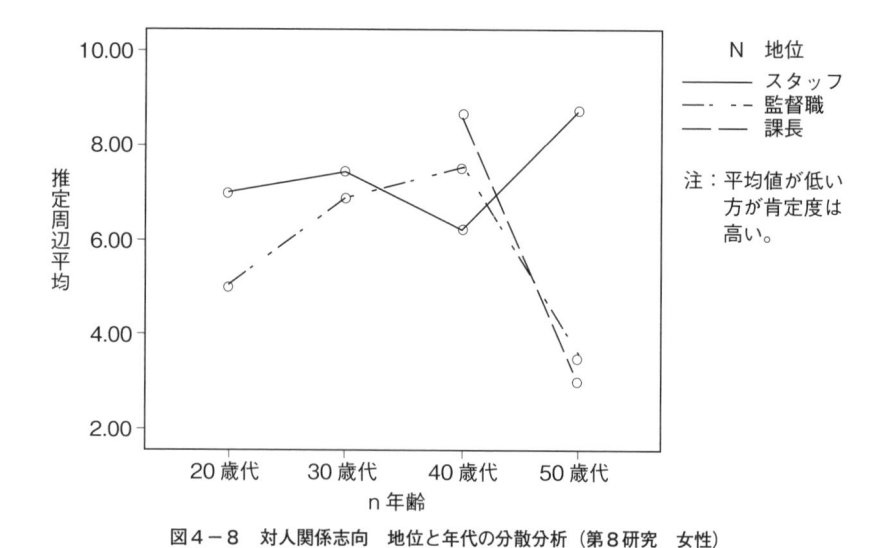

図4－8 対人関係志向 地位と年代の分散分析（第8研究 女性）

F = 3.120　p＜.05）[vi]。

（3）　自己啓発意欲

　自己啓発意欲は、キャリア発達に不可欠と考えられるが、本章第4節1で見たように、自己学習は、キャリア発達に役だったと感じるものとしては、肯定傾向は示すものの全体的には上位には入っていない。第6研究第1グループに見るように看護師で高く、第9研究女性で低い以外は中立傾向にある。このように単一の病院組織が対象の第6研究第1グループで高く、逆に、一つの企業が対象の第9研究女性で否定傾向にあることは、特定の組織の風土の差異をうかがわせる結果ともいえよう。

　また、**表4－16**で見るようにキャリア発達を遂げたと感じる程度との関係では、自己効力感のように強い関係でもなく、また看護師や第8研究女性のように正の関係を持つものもあれば、第8研究男性や第9研究女性のように関係を示さないものもあるなど、一貫して肯定的な関係を持つことを示してはいない。

　地位と年代を用いた2元配置の分散分析で見ると、第8研究女性を除けばすべて地位は主効果を示しており、年代も、第6研究第1グループや、第8研究と第9研究の男性では主効果を示している。また、第8研究の全体と第9研究の全体及び男性では交互作用も示している。第9研究の全体で見ると、年代と共にスタッフは肯定感を増すが、その他の地位は40歳代から50歳代で肯定感を低めていることが分かる。

---

vi　ただし、図4－8で見るように、課長職は40歳以上にならないと出現しないので、厳密に交互作用ありと言えるのかどうかは躊躇せざるを得ない。

第 5 章

メンタリング

この章では、前著『キャリア発達におけるメンターの役割』（2003 白桃書房）でキャリア発達への影響が大きいことが見出され、前章でもそのことが確認された、私的な人間関係を通して行われるキャリア発達支援であるメンタリングに関して分析する。とりわけ、筆者のほぼ15年に及ぶ研究テーマでもあるメンタリングの測定尺度についてのまとめに中心を置いている。

第1節　メンタリングの機能分類

1．質問項目と分類手順

　表5-1は、1995年の第1研究から第9研究までに用いられた質問項目を挙げたものである。項目番号1～48は、第6研究以後の研究で一貫して用いているもので、質問項目欄の質問文の番号のうち01～60は第5研究で用いたものであり、5-06、5-11、5-34、5-42、5-51は、第1研究から第4研究まで用い、第5研究では用いられなかったものである。この表は、メンタリングの尺度として共通して用いた第6研究以降の因子分析の結果に基づき分類したメンタリングの機能のカテゴリーも示している。このカテゴリーは、それまで個々の研究ごとに行っていた因子分析による分類を統一するために、SPSS-ver.16で再度処理を行っている。そのため、個別に論文や学会等で報告していた結果と一部異なる部分がある。

　統一的な因子分析の手続きとしては、

　① 48項目全部を主因子法、バリマックス回転で分析する。
　② ①で固有値が1.0に満たない因子に属するものや、1.0以上の因子に属するものの.45に満たない項目、もしくは.50前後で、複数の因子で同じような値をとるものなどを排除する。

130　第Ⅱ部　実証研究

表5－1　研究別　メンタリング因子分析

C：キャリア機能　　M：管理者的行動機能（Mo：モデリング）
E：情緒的機能　　　（Eが1～3に分かれている場合もある）
AC：受容・承認機能（AP：評価機能　ES：尊重機能）
4研究以上が同じ記号（群）ならば、その因子とする

項目番号	項目番号	質問項目	第6研究	第7研究	第8研究男性	第8研究女性	第9研究男性	第9研究女性	確定分野
1	51.	同じ仕事でも、その中身や意味についてレベルを次第に上げて指示や説明をしてくれた	M6	M3	M△	M△	M4	M1	M
2	02.	仕事の上でトラブルにあった時、あなたの考えたことや行動したことに、賛成し共感してくれた	M	ES5	E1-3		M△	M2	×
3	42.	社会人・職業人としてお手本になってくれた	M3	M4	M2	Mo2	ES4-M	M4	M
4	54.	新しい知識や技術を身につける必要がある仕事をさせてくれた	M2	M	M4	M4		M3	M
5	05.	仕事に関係ない家族や友人のことについて、相談できた	E△	E	E1-2	E1	E4	E1	E
6	10.	あなたをその仕事のエキスパートとして認めてくれた	ES2	ES2	AC2	AC5	ES2	AC2	AC
7	07.	あなたの考えや行動を尊重してくれた	ES1	ES1	AC3	AC2	ES1	AC3	AC
8	08.	社内の人が、あなたに注目するように仕事を割り当ててくれた	C	C	AC	M2	C	C	C
9	09.	仕事上の上下関係よりも、対等の個人として尊重してくれた	ES3	ES3	E1-4	AC	ES3	AC	AC
10	39.	何でも相談できるような態度で、いつも接してくれた	ES4	ES4	E1△	E	E△	E	E
11	5-11.	あなたは、その人の看護の技術や知識の習得の仕方を見習った	M1	M1	M1	Mo1	M2	M△	M
12	12.	昇進や昇格に役立ちそうな人と、接触できる機会を作ってくれた	C3	C4	C5	M5	C1	C7	C
13	43.	あなたが、他の人や他の部署の仕事の進め方や好みが充分理解できるようになるまでは、間に立って調整してくれた	C△	C	C	M3	C5	C4	C

第5章 メンタリング

No.	項目						
14	部門やチームの代表として、会議や委員会・大会などの場で発表の機会を与えてくれた	C△	C	C	M1	C	C3	C
15	あなたの悩み事を自分のことのように思って心配してくれた	E△	E	E1-1	E6	E	E6	E
16	その人の影響力を使って、異動や昇進を有利にしてくれた	C2	C7	C2	E5	C3	n	C
17	仕事やそれ以外の生活でトラブルにあった時、気分転換に誘ってくれた	E2	E2	E1△	E5	E2	E8	E
18	今の仕事のために必要な知識・技能を身につける機会を与えてくれた	M	M	M3	C△	M5		M
19	昇進や昇格のために必要な知識・技能を身につける機会を与えてくれた	C4	C6	C	C3	n	C2	C
20	あなたが自分では気がつかない能力を、あなた自身が発見できるように、さまざまな配慮をしてくれた	C△	n	C		C	C8	×
21	廊下や休憩室で、一緒に話をすることが多かった	E5	E	E3-3	E	E△	E	E
22	仕事の結果について、よかった点や足りなかった点を指摘してくれた	M5	M2	M		M1	M	M
23	仕事の後、2人だけで一緒にすごすことが多かった	E3	E3	E3-2	E	E	E9	E
24	上の地位の人や他部門の長に、あなたがあなたのアイデアや計画を説明する機会を与えてくれた	C6	C5	C		C2	C6	C
25	仕事の進め方について、よく教えてくれた	M4	M5	M	C5	M3	n	M
26	食事や酒・趣味の活動などに誘ってくれた	E1	E1	E3-1	E4	E5	E3	E
50	上司や先輩が不在の時、あなたにその仕事を部分的にせよ任せてくれた	n	C	n	n			×
28	昇進や昇格に必要なことについての情報をくれた	C1	C1	C4	C1		C9	C
49	仕事上のトラブルについて的確なアドバイスをしてくれた	M	M	M△	AC△	M		M
30	社内での人間関係がうまくいくように人に紹介してくれた	C8	C10	C	C	n	C	C
31	仕事キャリアを高めるための特別な方法について教えてくれた	C5	C3	C	C	C4	C1	C
32	いつもあなたを励ましてくれた	E△	E5	E1-5	AC	E	E5	E

132　第Ⅱ部　実証研究

#	No.	項目	C	C2	C3	C2	C	C5	C
33	33	どの様にしたら会社の中で認められるかということを教えてくれた	n	n	n	Mo△	E	E	C
34	5-34	人生観や社会人としての生き方に大きな影響を与えてくれた	AP4	AP4	AC5	AC	E	AC	×
35	35	あなたのことを仕事ができる人として、周りの人に知らせてくれた	AP2	C△		M△	AP3	AC	AC
36	36	希望する仕事を、積極的に割り振ってくれた	C	E	E2-4	E	C	C	C
37	37	あなたのことを、自分の子供や弟か妹のように、気にかけてくれた	E4	E		E	E1	E4	E
38	38	仕事ぶりや行動を、いつもよい方に解釈し認めてくれた	AP3	AP3	E2-2	AC4	AP4	E7	AC
39	52	あなたの仕事の結果を、正当に評価してくれた	AP2	AP1	AC4	AC3	AP2	AC4	AC
40	29	社内の新しい計画や方針などを個人的に教えてくれた	C	C9		C4		C△	×
41	41	あなたの能力を高く評価してくれた	AP1	AP2	AC1	AC1	AP1	AC1	AC
42	5-42	その人のとおりにやれば専門性を高めることができるのと思えたの	n	n	M5	Mo3	AP5	n	×
43	04	あなたが仕事で困っている時、黙っていても、声をかけてくれた	n	E	E3△	E	E	E10	E
44	44	別な職場に異動したり、より高度な仕事をする時に必要となる知識・技能を身につける機会を与えてくれた	C	C		C4	C	C	C
45	45	いつも挨拶や微笑などを交わしてくれるのでその人のいるだけで、精神的な支えを感じた	n	E4	E2-1	E3	E	E2	E
46	46	心から信頼できた（その人に心酔していた）	n	E	E2-3	E	E	E2	E
47	58	昇給やボーナスのために有利な評価をしてくれた	C7	C8	C1	C	AP△	C△	C
48	48	あなたの仕事に関係する情報を積極的に集めて教えてくれた	C	C	C	C	AP△	C	C
	59	あなたが望んでいる仕事への異動を助けてくれた							
	5-06	あなたは、メンターの患者への接し方をまねようと思った						*1	

第5章 メンタリング

27.	仕事生活における今後の進路などについて、アドバイスをしてくれた
01.	部門内の会議などで、アイディアを発表する機会を与えてくれた
5-51.	考え方や行動パターンが似ているので、一緒にいると安心できた
55.	その人の影響力を使って、昇給やボーナスを有利にしてくれた
06.	社内の人事や上層部の人間関係などを個人的に教えてくれた
11.	あなたに好ましくない影響を与えようとする人々や仕事から、あなたを守ってくれた
13.	失敗した時、弁護してくれた
34.	仕事の仕方や他部門・他者との関係について、改めた方がまずい点を指摘してくれた
40.	失敗した時、あなたに代って責任を取ってくれた
47.	新しい仕事のチャンスを与えてくれた
53.	社内の他の部門のことについて知ることができるようにしてくれた
56.	あなたと同じ様な考え方や行動をすることが多った
57.	あなたのアイディアを価値の高いものとして、あなたの発案であることを明らかにして、発表してくれた
60.	あなたの仕事に対する苦情について、あなたに代って対応してくれた
03.	期限までに仕事が終わりそうもない時は、あなたの責任にならないように他の人に仕事を割り振ったり、手伝ってくれた

*1 第9研究の女性ではことMが混乱

③　②で残った項目を再度①と同じ処理を行う。

なお、第9研究女性に関しては、①で回転を収束することができず、勤務経験満3年以上の正社員男女で因子分析を試みた結果をもとに項目27を除いたもので、①からのステップを実施した。

2．メンタリングの機能の分類

分析の結果は、表5-2で見るように、キャリア機能と情緒的機能はそれぞれひとつのまとまりとして確立し、管理者的行動機能も第8研究女性を除いてひとつのまとまりを形成しているが、受容・承認機能に関しては、それが評価と尊重の2つに分かれる場合も少なくないことを示している。ただし、受容・承認機能が分かれる場合は、固有値が小さい第Ⅳ因子、第Ⅴ因子に分かれる場合であり、第Ⅲ因子になる場合はひとつの固まりになることが分かった。また、面接調査では比較的独立して現われ、質問紙調査では管理者的行動機能の中に埋没しがちなモデル（キャリア・モデルや役割モデル）が、第8研究では独立して抽出されたことが注目に値する。また情緒的機能のなかで、特にメンターとプロテジーの親密度が高い、「食事やお酒・趣味の活動に誘う」、「仕事の後2人だけで過ごす」、「廊下や休憩室で一緒に話をすることが多い」という3項目は、第8研究男性に見るように、独立して現れる傾向もうかがえる。

この表は、看護師では、キャリア発達に役立つ支援としてのメンタリングとして、キャリア機能が強く意識されており、会社員もほぼ同じ傾向であること

表5-2　研究ごとの因子の順位

各機能の順位	第6研究 （第1グループ）	第7研究	第8研究 男性	第8研究 女性	第9研究 男性	第9研究 女性
キャリア機能	1	1	1	2	2	2
管理者的行動機能 　　モデル	2	3	2	4 5	3	4
情緒的機能	3	2	4, 5, 6	1	1	1
受容・承認機能 　　尊重 　　評価	5 4	5 4	3	3	4 5	3

を示し、また、会社員の女性では、情緒的機能が、大きな役割を示していることを示している。

なお、第6研究・第7研究が実施された2005年前後は、看護の領域では、成果主義やクリニカルラダーなどが人事管理上の課題として導入され始めた時期であり、目標管理なども盛んに論じられていたが、調査対象の大病院はいずれも先進的な取り組みが行われているところであり、また、そこに勤務する看護師も研究熱心で、それらの言葉に敏感であったのは疑うべくもない。そのため、受容・承認機能が、仕事の結果を評価されることと、自己の知識や技術が一人前、もしくは、専門家として評価されることは、別のものとして認識されたことを示していると推測できる。同様に、第9研究の対象企業は、成果主義を導入し、管理職からスタッフへの降格も特殊な人事ではないという処遇が行われており、看護師同様に、業績評価と人格的な敬意は、まったく別物との認識に立っていることを示しているとしてよいであろう。

これらを勘案して、本研究では、キャリア機能（15項目）、管理者的行動機能（8項目）、情緒的機能（12項目）、受容・承認機能（7項目）という4カテゴリーでメンタリングを把握し、分析を行うことにする。

筆者の第1研究から第4研究までのメンタリングに関する研究も、上記の4機能に分けることができ[1]（小野 2000）、その意味で、この機能分類は一貫している。

3．信頼性と機能間の相関関係
（1） 信頼性と妥当性

表5-3は、第6研究以降の各研究のメンタリングの尺度を、上記の4機能に分類し、共通の項目で集計しなおし、各研究ごとに、各機能の信頼性（クロンバッハの α 係数）を見たものである。最も低いものでも.88以上あり、この尺度が充分な信頼性を持ったものと考えることができよう。

また、前述の第1研究から第4研究までのメンタリング尺度の分析を通して、先行研究で上げられたメンタリングの機能と充分に一致することから因子的な

表5−3 信頼性分析（α係数）

	第6研究 第1グループ	第7研究	第8研究 男性	第8研究 女性	第9研究 男性	第9研究 女性
キャリア機能	.932	.939	.953	.935	.938	.933
管理者的行動機能	.896	.896	.923	.887	.912	.888
情緒的機能	.904	.932	.939	.924	.935	.938
受容・承認機能	.932	.902	.915	.889	.902	.912

構成の妥当性が得られた[2]（小野 2000）と結論づけたが、本研究でもその部分は支持されたとしてよい。同時に、メンタリング機能が、職務満足感・キャリア発達など並存する変数との間で相関関係を示していることから構成概念妥当性が確保されたとしたが、本研究（第6研究以降）でも**表5−7**（143頁）で見るように、情緒的機能を除く3つの機能は、職務満足感やキャリア満足感との関係の存在を示しており、ほぼ妥当性も担保されていると言うことができよう（第8研究は、情緒的機能も2つの満足感と関係するが、第9研究はキャリア機能と職務満足感の関係がほとんどない）。

（2） 機能間の相関関係

これら4機能の相関関係を各研究の地位・性別に見ると、男性では母数が少なく参考値扱いとした第9研究男性部長以外は、もっとも高い相関係数はいずれも.80以上を示している。女性は、.80と.70の数がほぼ同じで、第9研究の女性監督職は.66であり、男性のもっとも高い相関係数に比して女性のそれは若干低いということができよう。また、最も低い相関係数を示す機能の組合せも、女性の相関係数のほうが低い。

最も高い相関係数を示す機能の組合せは、受容・承認機能と情緒的機能の組合せで全体の4割弱になる。特に、看護師と第9研究（会社員）の女性では受容・承認機能を中心とした組合せが軸になっている。会社員男性は、情緒的機能を軸に、情緒的機能―キャリア機能の組合せが中心になっている。この傾向は、各研究ごとに年代と地位を統制した偏相関係数による分析でも変らない。

K.E.クラム[3]（Kram, K.E. 1985）は、メンタリングの機能をキャリア機能と心理社会的機能の2つに大きく分けているが、受容・承認機能と情緒的機能の

組合せは後者の枠に入る組合せであり、クラムの2分類を支持しているかのように思える。しかし、クラムのキャリア機能と想定される管理者的行動機能とキャリア機能の組合せが最も高い相関係数となるケースは1割に満たず、ほぼ半数は、受容・承認機能と管理者的行動機能の組合せと、情緒的機能と管理者的行動機能・キャリア機能の組み合わせであり、クラムの2分類をわが国の働く人々に関する調査結果は必ずしも、支持していないと言うことができよう。

第2節 メンタリングの受領と属性

ここでは、年代や地位などの属性とメンタリングの受領頻度（以下、受領という）について、各機能ごとに1項目あたりに換算した平均値で見ていくことにする。

全体的な受領傾向を表5－4－1で見ると、管理者的行動機能、受容・承認機能、情緒的機能・キャリア機能の順になっており（第8研究男性のみ受容・承認機能・管理者的行動機能の順になっているが、両者にほとんど差はない）、看護師と会社員、女性の男性の差異はないと言ってよいものと思われる。また、因子分析で高い固有値を示したキャリア機能の受領頻度の少なさが際立っており、相対的に、女性でその傾向が強いように思われる。同時に、第8研究の受容・承認機能が、他の研究に比して高い受領を示しているのが特徴的な傾向と言うことができよう。

1. 地位別に見たメンタリングの受領

本研究で用いた研究の対象では、地位は非常に多様な区分けがなされており、現実には、回答者が混乱をきたして、その他に書いてあるものも少なくなかった。ここでは、スタッフ（一般の正社員）、監督職（主任、リーダー、係長に相当）、師長・課長（支店長や課長代理なども含む）、部長（課長相当以上）にわけたもので見ている。なお、会社員の女性に関しては、管理職はきわめて少数であり、特に部長は、第8研究・第9研究とも1名なので、その値を**表5－**

表5-4-1 地位別 メンタリング機能の受領頻度

		第6研究 第1グループ	第7研究	第8研究 男性	第8研究 女性	第9研究 男性	第9研究 女性
管理者的 行動機能	スタッフ	2.43	2.31	2.64	2.49	2.26	2.33
	監督職	2.37	2.46	2.50	2.43	2.47	2.28
	師長・課長	2.57	2.35	2.31	2.06	2.33	2.59
	部長	2.57	2.61	2.24		2.66	
	合計	2.43	2.37	2.43	2.47	2.36	2.34
キャリア 機能	スタッフ	1.38	1.52	1.90	1.62	1.70	1.36
	監督職	1.63	1.75	1.95	1.54	1.82	1.42
	師長・課長	1.94	1.82	1.83	1.55	1.79	1.81
	部長	1.97	1.98	1.86		2.13	
	合計	1.47	1.72	1.89	1.61	1.79	1.39
情緒的 機能	スタッフ	2.03	1.99	2.09	2.11	1.75	2.11
	監督職	2.00	2.00	2.04	1.80	2.01	1.84
	師長・課長	2.16	1.89	1.93	0.88	1.86	2.27
	部長	2.18	1.68	1.81		1.93	
	合計	2.03	1.94	1.99	1.99	1.88	2.06
受容・承認 機能	スタッフ	2.13	2.19	2.51	2.41	2.10	2.22
	監督職	2.28	2.15	2.50	2.47	2.15	2.09
	師長・課長	2.51	2.25	2.39	2.57	2.24	2.54
	部長	2.74	2.51	2.43		2.57	
	合計	2.19	2.22	2.45	2.44	2.20	2.22
メンタリング 計	スタッフ	1.89	1.92	2.20	2.05	1.88	1.89
	監督職	1.98	2.02	2.19	1.93	2.06	1.79
	師長・課長	2.22	2.01	2.05	1.63	2.00	2.21
	部長	2.27	2.10	2.01		2.20	
	合計	1.93	1.99	2.12	2.02	2.00	1.89

4-1、2から削除している。

　地位別に、メンタリングの受領に差異があるかを1元配置の分散分析で見ると、年代別に見るものほど、有意な差異を示す機能はない。第6研究第1グループで情緒的機能以外がすべて有意な差異を示す以外は、第7研究のキャリア機能と第8研究男性が情緒的機能で有意な差異を示している。このように有意な差異を示さない原因は、ひとつには、職位階層が上に行くに従って男性でも極端に対象者の数が少なくなることに起因すると推測される。

有意水準を別にしてみると、第6研究第1グループでは、職位が上がるに従って受領が増えていく傾向が顕著である。しかし、同じ看護師の集団を対象にした第7研究では、そのような傾向はキャリア機能と受容・承認機能にしか現れない。第9研究男性は、第7研究に似た傾向であるが、とりわけ部長で、その受領が多いことを示し、また、第9研究女性でも、管理職でその値が高い。

　逆に、第8研究男性では、低位者の回答のほうが高い受領を示す傾向が強い。第8研究は女性も受容・承認機能を除いては同じような傾向である。

表 5－4－2　年代別メンタリング機能の受領頻度

		第6研究第1グループ	第7研究	第8研究男性	第8研究女性	第9研究男性	第9研究女性
管理者的行動機能	29歳未満	2.62	2.70	2.43	2.60	2.81	2.63
	30歳代	2.43	2.45	2.65	2.56	2.67	2.38
	40歳代	2.29	2.23	2.28	2.13	2.32	2.10
	50歳以上	2.25	2.09	2.20	2.07	2.20	1.53
	合計	2.44	2.28	2.43	2.45	2.36	2.34
キャリア機能	29歳未満	1.42	1.72	1.80	1.70	2.07	1.54
	30歳代	1.48	1.63	2.02	1.62	2.01	1.41
	40歳代	1.52	1.56	1.80	1.40	1.79	1.34
	50歳以上	1.46	1.50	1.74	1.55	1.66	0.47
	合計	1.47	1.57	1.88	1.59	1.80	1.39
情緒的機能	29歳未満	2.15	2.33	2.24	2.21	2.24	2.30
	30歳代	2.06	2.11	2.15	2.06	2.22	2.21
	40歳代	1.90	1.77	1.86	1.60	1.85	1.77
	50歳以上	1.88	1.58	1.82	1.74	1.70	0.55
	合計	2.03	1.84	2.00	1.98	1.88	2.06
受容・承認機能	29歳未満	2.15	2.39	2.46	2.49	2.50	2.31
	30歳代	2.21	2.25	2.62	2.50	2.41	2.32
	40歳代	2.18	2.06	2.33	2.30	2.15	2.10
	50歳以上	2.20	2.00	2.34	2.43	2.14	1.06
	合計	2.19	2.12	2.46	2.45	2.21	2.22
メンタリング計	29歳未満	1.98	2.19	2.16	2.18	2.38	2.09
	30歳代	1.95	2.03	2.30	2.08	2.26	1.95
	40歳代	1.88	1.83	2.00	1.73	1.97	1.75
	50歳以上	1.86	1.72	1.93	1.67	1.86	0.79
	合計	1.93	1.88	2.12	2.00	2.01	1.89

2. 年代別に見たメンタリングの受領

　年代別に、メンタリングの受領に差異があるかを1元配置の分散分析を試みたが、表5－4－2で見るように、管理者的行動機能、情緒的機能、およびメンタリング計（4機能42項目の合計値、以下同じ）は、各研究とも統計的に有意な差異があり、若年者が多く高齢者が少ないことを示している。これらについては、30歳代と40歳代の間に大きな断層があることも多い。受容・承認機能もほぼ同じ傾向を示し、第6研究第1グループと第8研究女性を除いては有意な差異を示している。それに対して、キャリア機能は、第9研究の男女以外は有意な差異を示さない。

　このように、年齢が高いほどメンタリングの受領の認知が低いのは、若いうちに受けたメンタリングの受領に関してはあまり強く印象に残っていないことと、組織の中で置かれている立場上メンターとしてメンタリングの提供に回ることが多くなっているため、現実問題として受領が少ないことの反映とも考えられる。その一方で、さまざまなメンタリングの提供があったとしても、それをキャリア発達と結び付けられないという認知の変化の可能性もある。

3. メンタリングとサポート

　メンタリングをサポートという言葉で論じる研究は少なくないが、メンタリングと切り離したさまざまな支援を、仕事生活におけるものと非仕事生活におけるものに分けて、メンタリングの受領知覚との関係で見たものはほとんどないように思われる。

　本研究では、この2つの生活領域における支援の受領とメンタリングの受領の知覚についての関係を見た。

　表5－5で見るように、職務満足感やキャリア満足感という心理的な結果は、仕事生活における支援（以下、仕事生活支援という）と正の相関関係を示し、非仕事生活における支援（同、非仕事生活支援）はそれらと関係を示さない。例外は、第7研究のキャリア満足感と非仕事生活支援だけである。

　それに対して、メンタリング計は仕事生活支援との関係がより強いものの、

表5-5 メンタリングと仕事生活および非仕事生活支援の相関関係

	全体		第6研究第1G		第7研究		第8研究		第9研究	
	仕事生活	私生活	仕事生活	私生活	仕事生活	私生活	仕事生活	私生活	仕事生活	私生活
職務満足感	.246***	.078***	.228***	.068***	.248***	.114***	.356***	.172***	.297***	.149***
キャリア満足感	.255***	.142***	.247***	.141***	.252***	.203***	.303***	.122*	.245***	.117**
メンタリング計	.389***	.219***	.398***	.211***	.334***	.239***	.427***	.290***	.400***	.217***
管理者的行動機能	.377***	.219***	.380***	.203***	.307***	.199***	.450***	.299***	.391***	.217***
キャリア機能	.290***	.131***	.292***	.132***	.247***	.166***	.358***	.216***	.315***	.144***
情緒的機能	.380***	.247***	.386***	.224***	.331***	.261***	.410***	.314***	.390***	.245***
受容・承認機能	.357***	.203***	.387***	.220***	.327***	.236***	.324***	.221***	.351***	.175***
仕事生活支援	-	.545***	-	.522***	-	.643***	-	.551***	-	.545***
非仕事生活支援	.545***	-	.522***	-	.643***	-	.551***	-	.545***	-

* p＜.05　　** p＜.01　　*** p＜.001　　表頭の「仕事生活」は「仕事生活支援」、「私生活」は「非仕事支援」の略である。

非仕事生活支援とも相関関係を示す。また、第6研究第1グループや第7研究の看護師に比して会社員の第8研究・第9研究のほうが、メンタリングと仕事生活支援の関係が強い。とりわけ、大企業従業員がほとんどの第8研究では、その傾向が強い。このことは、大企業のほうがOJTに熱心である[i]ということと無関係ではないかとも考えられた。しかし、キャリア発達に役立ったものとしては、表4-13で見るように、第8研究男性が最もOJTの評価が高いが、そのほかにも、多くの研究がOJTを1位に挙げており、また、その値についても、大きな差異は見られない。そのため、一概にOJTの密度に起因するとばかりは言えなそうである。しかしながら、メンターとして挙げられる人の上位に入るのが、多くの場合、直属の上司、かつての上司や入職時の上司、先輩である以上、OJTの影響を無視はできないものと考えられる。

各機能別に見ると、キャリア発達に直接影響を与えるキャリア機能よりも管理者的行動機能のほうが、仕事生活支援との関係が大きい。このことも、OJTと仕事生活支援の関係を示唆しているように思える。また、この2つの機能は、

---

i 厚生労働省が平成20年6月9日に発表した『平成19年度　能力開発基本調査　結果概要』によれば、計画的OJTを実施している企業は企業規模が大きくなるほどその割合は高まり、その差はoff-JTよりも大きくなることを示している。(2008年8月19日　厚生労働省ホームページ検索)

他の2つに比して非仕事生活支援との関係が弱い。

　情緒的機能や受容・承認機能は、仕事生活支援との関係のほうが強いものの、非仕事生活支援との間でも正の相関関係を有する。心理的サポートがメンタリング関係の期間とメンターと過ごす時間（付き合う時間）に関係するという研究結果[4]（Lankau, M.J. and Scandura, T.A. 2002）を勘案すれば、仕事生活領域での幅広い人間関係がメンタリングとして機能することは首肯できる。

　この結果を見る限り、メンタリングはさまざまな生活の支援と関係付けて認知されており、そのようなサポートの中でキャリア発達支援も行われることを意味している。逆に、メンタリングがそのような多様なサポート、すなわちソーシャル・サポートとしても機能している可能性を示唆しているといえよう。

第3節　メンタリングとキャリア満足感の関係

　第4章では、メンタリング計とキャリア発達の関係に触れた。ここでは、各研究のデータを地位別（会社員はさらに男女別に）に細区分し、メンタリングの4機能と個別のキャリア満足感8項目の関係について、相関分析を用いて探っていく。研究に用いた区分は、第6研究第1グループと第7研究のスタッフ、監督職、師長、部長（看護部長・看護副部長）、第8研究と第9研究の男性のスタッフ、監督職、管理職、部長、および、第8研究・第9研究の女性のスタッフ、監督職である。なお、第7研究の部長と第9研究男性の部長は、分析対象が10以上20未満であり、1・2名の回答の異常値が与える影響が大きくなりそうなので参考程度にとどめ、それよりも母数が少ない、第8研究および第9研究の女性の管理職および部長は、分析の対象にしていない。

1．相関分析

（1）　相関関係の数

　最初に、メンタリング4機能と個別のキャリア満足感8項目および全体的キャリア満足感との相関を36の組合せの表にして、いわゆる相関関係があると言

われる r = .20 以上（以下、r = は省略し係数のみの表示とする）の相関関係の数や、相関係数の大小を見ることにする。

第 6 研究第 1 グループは、地位が上がるにつれ無相関の関係が減り、師長や部長では .30 以上の関係が増え、部長では .40 以上が 3 分の 1 に達するというような一貫した傾向を持つ。同じ看護師の第 7 研究でも、スタッフと監督職で大きな差があり、監督職のほうが相関関係を示すものが多い。逆に、会社員の女性（スタッフと監督職だけの比較）では、スタッフのほうが無相関の数が少なく、上位者である監督職では負の相関があるというような場合もある。また、第 8 研究男性のように、監督職と管理職で相関関係を示す組合せが多く、特に監督職では .40 以上が 8 組もあるというような場合もあり、一貫した傾向は見られない。

ただし、部長は、多くの場合 .40 以上の相関関係を示す組合せが多い。また、負の相関が主として女性の監督職で生じているのも特徴的な傾向である。

（2） キャリア満足感に最も強い関係を示す機能

表5-6は、各研究・地位ごとの相関表の中で、キャリア満足感との相関が高いメンタリングの機能を 1 つ、ほぼ同じような相関係数の数の場合は 2 つを取り出したものである。

この表から、メンタリング機能のなかでも受容・承認機能が、キャリア満足感との間に高い関係を持つことが多いことが一目瞭然である。特に看護師でその傾向が強く、同じ女性でも会社員（第 8・第 9 研究の女性）は、それ以外に

表5-6 キャリア満足感に最も強い関係を示すメンタリング機能

研究・対象	スタッフ	監督職	師長・課長	部長
第6研究第1グループ	AC	AC	M・AC	C
第7研究	AC	AC	AC	(AC)
第8研究　女性	AC	E・AC		
第9研究　女性	AC	M・AC＊		
第8研究　男性	C	M・AC	E	C・AC
第9研究　男性	C・AC	C	AC	(E)

M：管理者的行動機能　　C：キャリア機能　　E：情緒的機能　　AC：受容・承認機能
（　　）は分析対象者数が20未満の参考値　　＊は、負の関係である。

管理者的行動機能や情緒的機能も一定の関係を示している。また、会社員の男性では、受容・承認機能以外にキャリア機能が高い関係を持っていることが分かる。また、受容・承認機能は、監督職以下で強い関係を示し、部長ではキャリア機能も強いことが分かる。なお、第9研究女性の監督職では受容・承認機能は負の関係を強く示していることも注目に値する。

(3) 個別のキャリア満足項目とメンタリングの機能の関係

メンタリングの機能と個々のキャリア満足に関する項目が、どのような関係にあるのか、各研究ごとに、特徴的な傾向を見ていく。

管理者的行動機能に関しては、成長との関連が強く、特に第6研究第1グループ（以下、ここでは第1グループを略す）の師長以上および第8研究男性監督職では、.40以上の相関関係を示している。また、知識や技術の習得、専門性の深化、社会貢献との間でも、第7研究監督職と第8研究男性監督職で.40の関係を示しており、高位者の内部的（主観的）な成長感との関連が強いと言うことができよう。

キャリア機能に関しては、社会的地位と第6研究および第8研究男性部長で.60以上の相関関係を示し、第6研究の師長でも高い関係を示す。また、職場での地位との間でも、第6研究の部長と第8研究女性監督職、および、第9研究男性スタッフで相関関係を示している。

成長に関しては、キャリア機能との間で、第6研究の部長と第8研究男性スタッフ、および、第9研究男性スタッフが、相関関係を示す。なお、第9研究女性監督職では、負の相関を示しているのが特徴的な傾向と言えよう。

このように、キャリア機能は、客観的なキャリアの指標である地位と主観的なそれである成長との関連を強く示し、特に社会的な地位に関しては、高位にある人々でその関係が強いと言うことができよう。

情緒的機能に関しては、社会的地位との関連が強いことが多い。第6研究と第8研究男性部長で.50以上の相関関係を示し、第6研究の師長および第9研究男性管理職でも関係は相対的に高い。そのほかでは、成長との間でも、第6研究の師長および第9研究男性管理職、第8研究男性スタッフで関連を示す。

これら以外には、情緒的機能は、第9研究男性管理職と第8研究女性監督職で、収入や職場での地位との間で関係を持つ。このように、情緒的機能は、客観的な指標で見ることができる項目との関連が強い。その一方で、成長に代表される主観的なそれとの関係も、散見でき、管理者的行動機能に比して幅広い関係の仕方をしているのが特徴と言えよう。

受容・承認機能について見ると、成長（第6研究スタッフ・師長、第7研究部長、第9研究男性管理職）、知識・技術の習得（第7研究管理職・部長、第9研究男性管理職）など主観的なキャリア満足感との関連も多いが、情緒的機能同様、社会的地位との間で、第6研究と第8研究男性部長で.50以上の相関関係を示し、第6研究師長および第9研究男性管理職でも相対的に高い。

全体的に見て、成長に関しては、すべての機能で関連を持つことが多く、高位者が主であるがスタッフでもその傾向はある。また、高位者では、社会的地位が、管理者的行動機能以外で多くの相関関係を持っていることが分かる。

（4）まとめ

各研究別にメンタリングの機能とキャリア満足感の関係を要約する形でまとめたものが**表5-7**である。なお、この分析には、以下の章で用いるモデル検証に必要な回答を充足している（欠損値を有しない）サンプルのみを用いた。

この結果は、アレンら[5]（Allen, T.D., et al. 2004）のキャリア発達とメンタリングの関連に関するメタ分析の結果得られた、キャリアメンタリングか心理

表5-7　メンタリングの機能とキャリアの主観的結果の相関関係

	全体 職務満足感	全体 キャリア満足感	第6研究第1G* 職務満足感	第6研究第1G* キャリア満足感	第7研究 職務満足感	第7研究 キャリア満足感	第8研究 職務満足感	第8研究 キャリア満足感	第9研究 職務満足感	第9研究 キャリア満足感
職務満足感	-	.500***	-	.480***	-	.433***	-	.610***	-	.585***
キャリア満足感	.500***	-	.480***	-	.433***	-	.610***	-	.585***	-
メンタリング計	.280***	.278***	.261***	.270***	.241***	.252***	.384***	.356***	.223***	.261***
管理者的行動機能	.247***	.251***	.237***	.237***	.230***	.276***	.348***	.294***	.236***	.247***
キャリア機能	.273***	.266***	.252***	.257***	.227***	.220***	.333***	.345***	.192***	.253***
情緒的機能	.191***	.182***	.179***	.178***	.169***	.144***	.342***	.300***	.160***	.190***
受容・承認機能	.296***	.315***	.271***	.310***	.253***	.323***	.381***	.339***	.246***	.258***

***　p：<.001　　＊第6研究第1グループを示す

社会的メンタリングかというメンタリングのタイプによってキャリアの結果との関係は異なるが、どちらもキャリアの主観的な結果であるキャリア満足感とは.22〜.29の、職務満足感とは.22〜.30の相関平均を示す、という結果を強く支持している。なお、アレンらの研究は、客観的なキャリアの結果である報酬、賃金上昇、昇進に関してはキャリアメンタリングのみが弱い相関を示すこともあるとしているが、本研究では、心理・社会的メンタリングに近い情緒的機能や受容・承認機能が、特定の階層では、社会的地位や収入への満足とも結びつく例があることを示している。しかし、本研究はあくまでも、主観的にそれらに満足しているかどうかをとらえたものであり、客観的指標とはなりえないので、上記先行研究を支持しているか否かは判断ができない。

2．偏相関係数による確認

前項では相関係数を用いて、各研究の地位別にキャリア満足感との関係を見たが、地位との関係は、必ずしも地位の問題か年代の問題かが不明なところがあり、また、各研究の中で地位を区分しているので、分析対象の数が少なすぎるなどにより参考値にしたり、集計できなかったものもあり、全体像の把握が、逆に困難であることを感じさせられた。そこで、ここでは、研究ごとに、年代と地位を統制した偏相関分析を用いて両者の関係を見直してみる。

キャリア満足感とメンタリング4機能の偏相関係数を見ると、すべての機能が.30以上の値で関係する第8研究男性に代表されるように、多くの研究が、ほとんどの機能で関係を示しているが、例外的に、第9研究女性は、すべてが.20未満（最高は.13）の関係しか示さない。

各機能別に.30以上の値を示すものを見ると受容・承認機能が最も多く、特に女性（やほとんどの対象者が女性である看護師）では、成長、知識・技術の習得、専門性の深化など、主観的な要因との関連を強く示している。

また、管理者的行動機能は、受容・承認機能ほど関係の強さは示さないが、関連を示すことが多い。最も関連を示す数が多い個別のキャリア満足の項目は、知識・技術の習得であるが、それだけでなく、職場での地位、社会的地位、社

会貢献など客観的な指標で見ることができる要因との関連を示すことも多い。特に、職場での地位、社会的地位、社会貢献に関しては、男性はどの機能でも関連を示し、女性との違いが顕著である。

キャリア機能は、管理者的行動機能と同様の関連傾向を示すが、知識・技術の習得と関連するものがまったくなく、その分だけ、全体的な組み合わせのなかで、数が少なくなっている。

情緒的機能は、看護師はまったく関係を示さない。それに対して、第8研究女性では収入と、第9研究女性では家庭との関係を示す。

特筆すべき傾向は、第9研究女性が、どの機能でも家庭と関係を示すことである。とりわけ、受容・承認機能とキャリア機能は、.30以上の関係である。第9研究女性は、それ以外には、情緒的機能と受容・承認機能が知識・技術の習得と関係があることを示しているに過ぎないので、特に注目に値する。

その一方で、第8研究男性は、収入・所得がキャリア機能と、家庭がキャリア機能と情緒的機能の間で関係を示している。そして、それら以外は、すべてのキャリア満足の項目とメンタリング機能が関係を示し、とりわけ、社会貢献や社会的地位は関連が高いことも、注目できる点である。

第4節　メンタリングとキャリア発達

第4章第4節2（2）では、メンタリングとキャリア発達の関係を概観するために、各研究ごとにメンタリング尺度48項目を因子分析し、その結果によりメンタリングを4つの機能にカテゴライズしたものを用いて、キャリア発達とメンタリングの関係を見た。しかし、表5-1で見るように、研究ごとに若干の差異があり、各項目がすべて同じ機能に属するとは限らない。そこで、より詳しく分析するために、ここでは、各研究を本章の冒頭に行った項目の共通化を基にして、再度キャリア発達に対するメンタリング機能の関係を見ていく。

1. 全体の傾向

　機能分類の共通化を基にして、再度キャリア発達に対するメンタリング機能の影響を見たのが図5-1である。大枠の傾向では、第4章の図4-6と大きな差異はなく、受容・承認機能の影響力が大きい（性別の傾向を見るために第8と第9研究の女性を先にしているために、一見すると大きな違いがあるように見えるが値的には大きな違いはない）。とりわけ看護師や会社員の女性でその傾向が強い。各標準偏回帰係数の有意性は、受容・承認機能のみがすべての研究で有意である。また、情緒的機能は、マイナスの影響を示しており、看護師と第9研究男性は統計的に有意な結果となっている。キャリア機能と管理者的行動機能は、その両者の中間にいずれも位置しており、看護師や第9研究男性では同じような影響力を示している。

　見方を変えると、大企業の対象者を中心にした第8研究が、その他の研究と異なった傾向を示していることがうかがえる。

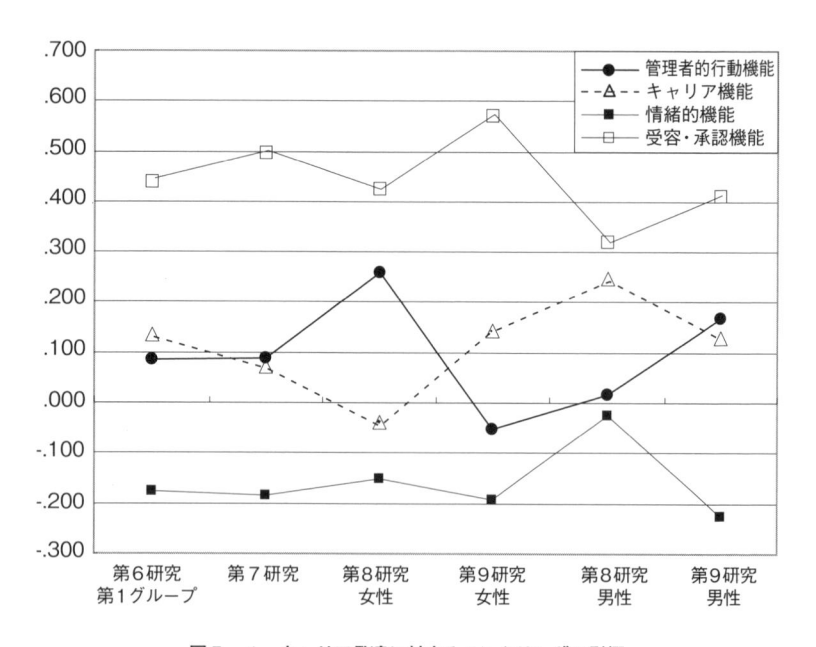

図5-1　キャリア発達に対するメンタリングの影響
重回帰分析　標準偏回帰係数

2．管理職とメンタリング機能

　看護師の面接調査でよく感じられるのは、キャリア発達＝昇進という視点でキャリアが捉えられているということである。地位別にメンタリングの機能の受領は先に見た通りで、各研究に共通する一貫した傾向は見られなかった。そこで、ここでは、一定の対象者がおり、重回帰分析の決定係数で有意水準が得られた管理職（師長・課長など）とその予備軍である監督職（主任・係長など）では、キャリア発達に対してどのようなメンタリングの機能の影響が大きいのかを探ってみる。なお、会社員の女性は管理職の数が少ないので、看護師と会社員男性おのおの２つの研究で見ていくことにする。

　表５－８で分かるように、ほとんどの場合、受容・承認機能の影響力が最も高い。しかしながら、第９研究男性について見ると、全体では受容・承認機能の影響力が他の機能に比べて非常に高かったのに比して、特に監督職では、第３位の影響力しか持たなかったり、第７研究師長では、情緒的機能以外の影響力がほぼ同じになるなど、必ずしも受容・承認機能が圧倒的に優位を保つわけではないことを示している。逆に、看護師の監督職では、男性のそれに比して受容・承認機能が、より大きな影響力を示している。

　また、看護師について見ると、情緒的機能に関しては、監督職のほうが、師長よりもより否定的な影響力を示し、相対的に否定傾向が弱い男性会社員とは逆の傾向を示している。

　管理者的行動機能に関しては、第６研究第１グループの監督職以外は、全体

表５－８　キャリア発達に対するメンタリング機能の重回帰分析　標準偏相関係数

		第６研究第１G	第７研究	第８研究男性	第９研究男性
師長・課長	管理者的行動機能	.221	.249	.132	.333
	キャリア機能	.009	.231	.283	-.009
	情緒的機能	-.229	-.256	-.148	-.216
	受容・承認機能	470.	261.	407.	367
主任・係長	管理者的行動機能	.090	.328	.247	.202
	キャリア機能	.177	.011	.104	.280
	情緒的機能	-.317	-.372	-.121	-.112
	受容・承認機能	.537	.541	.366	.164

に比して影響力を増しており、とりわけ第7研究と第9研究でその傾向が強い。

　このように一貫して共通な傾向は見られないものの、受容・承認機能の影響力は相対的に大きく、また、地位の上昇につれて、情緒的機能の否定傾向は拡大し、逆に、管理者的行動機能の肯定的傾向は強まると言うことができよう。

3．メンタリングの結果としてのリテンション

　キャリアの安定的継続的発達のためには、ひとつの組織にとどまることが有効である。このような主張は終身雇用を前提としており、企業特殊的なキャリアの形成でしかなく、現在のような流動的労働市場を前提としたエンプロイアビリティの視点からは、ナンセンスであるとの指摘を受けるであろう。

　しかしながら、とりわけ初期の職業的キャリアの形成には、じっくりとした育成が可能な環境で職業人としての基礎を鍛えることも必要であり、また、それ以後も、安定した環境の中でキャリアを形成していくほうが、より有効である面も少なくないと思われる。所属する企業を変えることにより、新しい人間関係や企業風土にさらされることは種々のストレスに直面することを意味するだけでなく、それまでに形成したものを放棄して新たに最初から学ばなければならないことも多く、それに対抗したり適応するのに大きなエネルギーを費やし、キャリア発達に注ぎ込める心理的なエネルギーを減じることのほうが多いという側面も看過できない。その意味で、その企業にとどまりたいとの意識を持ち、その中でキャリア形成を図ることは、働く人々にとって大きな意味があるように思える。同時に、そのような組織へのコミットメントが退職意図を減じるだけでなく職務遂行へも影響を与えることが先行研究で実証されており[6]（Vandenberghe, C., Bentein, K., and Stinglhamber, F. 2004）、単に募集・採用や新人の訓練のために割く時間から生じる人件費の増大の抑制という点だけでなく、組織にとっても非常に重要な意味を持つ。

　メンタリングとコミットメントを含む職務態度の関係は過去20年間非常に多く研究され、その肯定的関係は実証[7]（Lankau, M.J. Carlson, D.S. and Nielson, T.R. 2006）されてきた。

本研究では、「この企業で勤務し続けたいか」というリテンション（勤務継続；組織への残留）の意思や組織（企業）へのコミットメントを問う項目を設けた[ii]（以下、勤務継続意思という）。そこで、このような意図にメンタリングの受領がどのような関係を持つかを見ることにする。

（1） メンタリングと勤務継続意思

最初に、勤務継続意思[iii]とメンタリングおよびメンタリングの4つの機能の個別の関係を相関係数で見たが、相関関係の存在を示唆するものはなく、また、仕事生活支援、非仕事生活支援と勤務継続意思も相関関係を示さなかった。しかしながら、職務満足感と勤務継続意思の関係は強く、メンタリングと職務満足感の関係も本章第3節1（4）で見るように相関関係を有する。また、本章の第2節3でも見たようにメンタリングがソーシャル・サポートとしての機能も有するとするのならば、ソーシャル・サポートとしてのメンタリングはどのように、勤務継続意思と関連するのであろうか。また、ソーシャル・サポートが社会的交換関係であるとすれば、対人関係に対する心理的な構え（本研究では対人関係志向として3項目で質問している）の影響も無視できない。

最初にすでに分かっている、メンタリングとキャリア満足感、キャリア発達、職務満足感の関係をパス図にし、それらと勤務継続意思がどのような関係になるのかという、パス図を描いた。基本的な発想は、**図5−2**の通りである。その結果、第7研究を用いた分析では、最適な解としては、**図5−3**に示されるようなモデルが得られた。この関係は第6研究第1グループでも支持される。

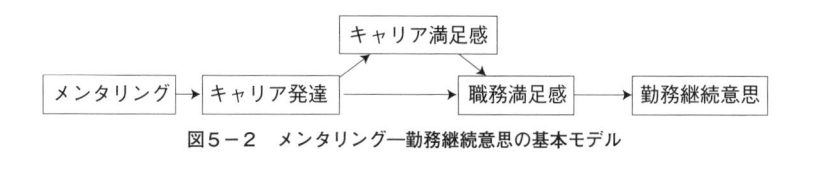

図5−2　メンタリング―勤務継続意思の基本モデル

---

ii　第9研究のみは、対象企業の要請もあり、その質問を外してある。
iii　本研究で用いた尺度では、値が低いほうが、その企業にとどまろうとする意思が強いことを示す逆転項目であり、さまざまな相関係数やパス係数はマイナスの場合、他の項目と肯定的関係にあることを示している。

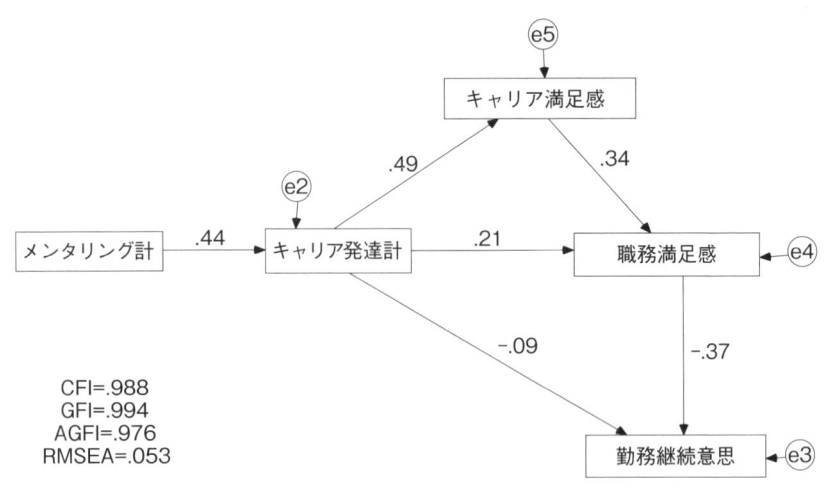

図5−3[iv]　メンタリングと勤務継続意思（第7研究）

しかし、第8研究では、［キャリア発達→勤務継続意思］のパスが有意でなくなり、勤務継続意思へのパスは職務満足感からのみ引かれるが、RMSEAは.115となり、当てはまりが悪い。また第8研究女性のみの解析では、有意なパスのみ取り出すと、［キャリア発達→職務満足感］のパスもなくなりまったくの直線的な関係が、非常に高い適合度を示して支持される。

これらの結果は、メンタリングが、キャリア発達やキャリア満足感、職務満足感を介して、勤務継続意思という働く人々のキャリア発達や組織にとって、肯定的な結果をもたらすことを示しているとしてよいであろう。

（2）　ソーシャル・サポートと勤務継続意思

次に、これらの関係にソーシャル・サポートや前述の対人関係志向がどのような形で影響を与えるかを見た。最初に、特定の企業の風土の問題を排除するために複数の企業のデータからなる第7研究と第8研究のデータを基に、それらの関係を分析した。

---

iv　図5−3, 4, 5の第7研究に関する変数の相関関係は、表5−9に一括してまとめてある。また、勤務継続意思は、値が低いほどその意思が高い逆転項目であり、パス図ではマイナスの値が高いほど、正の関連が高いことを示す。

第5章 メンタリング 153

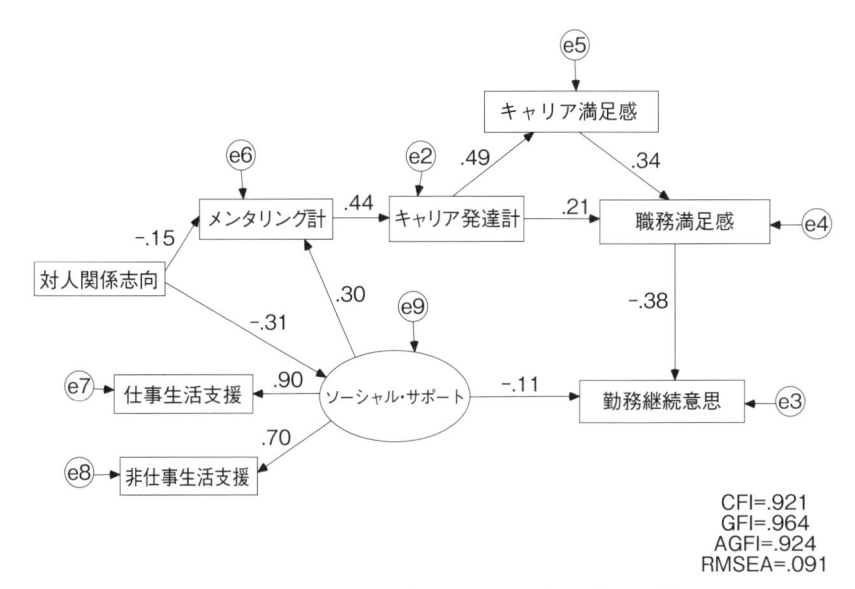

図5-4 ソーシャル・サポートと勤務継続意思（第7研究）

表5-9 ソーシャル・サポート、メンタリング、勤務継続意思関連要因の相関関係（第7研究）

	メンタリング計	キャリア発達計	キャリア満足感	職務満足感	勤務継続意思	仕事生活支援	非仕事生活支援	対人関係志向
メンタリング計	―							
キャリア発達計	.443***	―						
キャリア満足感	.257***	.488***	―					
職務満足感	.255***	.370***	.437***	―				
勤務継続意思	-.132***	-.233***	-.256***	-.410***	―			
仕事生活支援	.318***	.346***	.279***	.274***	-.204***	―		
非仕事生活支援	.231***	.225***	.222***	.139***	-.128***	.628***	―	
対人関係志向	-.245***	-.292***	-.194***	-.215***	.164***	-.273***	-.232***	―

* p：＜.05　　** p：＜.01　　*** p：＜.001

　第7研究の結果は、図5-4で見るように適合度指標もグレーゾーンを示すRMSEAを除き、満足すべき状況であり、ソーシャル・サポートが勤務継続意思に影響を与えることを示唆する結果となっている。しかし、第8研究のデータを男女別で見ると、女性ではまったくこれが成り立たないことを示しており、男性の適合度も、芳しくない（CFI .910、GFI .941、AGFI .882、RMSEA .108）。

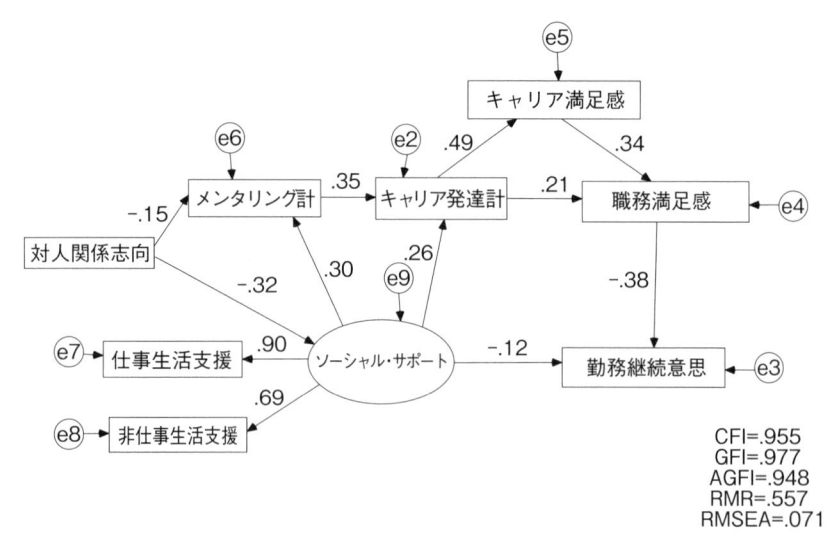

図5-5 ソーシャル・サポートと勤務継続意思改訂（第7研究）

単一企業である巨大な病院組織を対象にしている第6研究第1グループで見ると、やはり各種の適合度指標は芳しいものとは言えない。

そこで、ソーシャル・サポートが、対人関係の快適さによる人間関係の満足などから職務満足感が高まったり、OJTが対人関係の良好さによってより高い効果をあげ、それがキャリア発達をもたらすという視点から職務満足感とキャリア発達へのパスを引いてみた。その結果は、職務満足感へのパスはあまり有効でないことを示したが、ソーシャル・サポートからキャリア発達へのパスを付け加えたものでは、第6研究第1グループでは飛躍的に適合度が高まった。また、第7研究でも適合度指標も非常に高まり、ソーシャル・サポートから勤務継続意思へのパス係数も若干ではあるが、影響力を増した（図5-5）。その一方で第8研究のそれは、当てはまりの悪さを示したままである。

そこで、キャリア発達が勤務継続に直接働きかける力があるかどうかを試してみた。第7研究では、適合度はほぼ変わらず、付け加えられた［キャリア発達→勤務継続意思］のパスは有意でない。第8研究のデータも適合度指標は相対的に低く当てはまりが良いとは言えず、この直接的な関係は成り立つように

は思えない。

（3）まとめ

これまでの分析を通して、以下のことが言えよう。

1）メンタリングはキャリア発達やキャリア満足感、職務満足感を通して勤務継続意思に影響を与える。つまり働く人々のキャリア発達や組織にとって肯定的な影響を持つ。

2）キャリア発達を取り巻くソーシャル・サポートとしては、仕事生活支援が最も大きな影響力を持つが、非仕事生活支援、そして、メンタリングもその枠組みに入る。

3）それらのソーシャル・サポートは、キャリア発達や職務満足感を介在して勤務継続意思に影響を与えるが、必ずしも、直接的な影響が強くはない。

第Ⅲ部　モデルの検証とまとめ

第6章

[メンタリング―キャリア発達―生きがい] モデルの検証

第Ⅰ部で見たように、さまざまな先行研究をつなぎ合わせていけば、キャリア発達と生きがいの関連の存在を想像するのは難しくない。馬場らとの共同研究において筆者（小野 2002）[1]は、全体的生活満足感や人生への肯定感（今までの人生に満足している程度）に職務満足感やキャリア満足感が影響を与えることを見出した。また、筆者のそれまでの実証的研究等を通してメンタリング、キャリア発達、キャリア満足感、職務満足感、各種のサポート、自己効力感、そして、心理的well-beingに大きな影響を与える全体的生活満足感、自己肯定感、自尊感情、成長要求の充足などの諸側面についての断片的な関連は確認されており、それらを通して、第1章や第3章で見た図1－3、3－1のような大まかなモデルを構築するに至った[2]。
　しかしながら、そのような関連を同じ調査データを基にして明示した実証的研究の成果を目にすることは、寡聞にしてなかったので、本研究は、それらに関する質問項目をすべて盛り込んだ質問紙調査を基にした検証を試みる。

第1節　予備調査による分析

　前述の諸要因間の関連を調べるための予備調査である第5研究を2005年1～2月に看護師を対象に、質問紙法を用いて実施した。この予備調査を基にした分析の主たる目的は、従来断片的に支持されてきたキャリア発達と心理的well-beingに関する諸要因の関係をひとつの質問紙で一括して得られたデータを基に分析し、モデルの妥当性を検証することにあり、同時に、生きがいを構成し、それを取り巻く要因間の関係を探ることにある。
　分析は、先に見た図1－3に、データを段階的に当てはめることからはじめた。第1段階としては、メンタリングを基点としたキャリア発達と心理的

well-being の指標のひとつである全体的生活満足感の関係をパス解析によって検証した[3]（小野・鎌田 2005）。パス解析には、第6研究から第9研究に至るまで Amos17.0 を使用している。

　メンタリングから全体的生活満足感に至るまでの諸要因の関係を見ると、メンタリングは直接的にも、また、対人関係志向を介してもキャリア発達との強い関係を示し、キャリア発達は、キャリア満足感を介して職務満足感（直接的には弱い）と関係し、同時に、特性的自己効力感とも結びつくことを示した。さらに、職務満足感、自己効力感[i]とも全体的生活満足感と結びつくが、とりわけ、職務満足感は全体的生活満足感との関連が強いことを示している。このモデルでは、AGFI（.947）などの適合度指標は当てはまりの良さを示している。

　次に、生きがいを測定するために設定された尺度10項目を因子分析（主因子法、バリマックス回転）によって確認した。その結果、第Ⅰ因子「人生の充実・肯定」（「充実した生活」、「人並みの生活」、「人生に満足」、「生きがい」）と第Ⅱ因子「能力と承認」（「能力にも恵まれ発揮」、「人の役に立つ」、「他人から能力ある人と承認」、「様々なことに挑戦・克服」）が得られ、「家族や家庭に恵まれている」と「働き甲斐のある仕事」は、上記の枠組みには入らなかった。

　最後に、生きがいの因子分析が大きな2つのグループに分かれていることを示し、また、働き甲斐が、人生の満足や人生・自己肯定に関するものとは相対的に、独立したものであることが分かったため、それらを別の変数として、**図1－3**のモデルの妥当性の検証を試みた。その結果得られた最も当てはまりの良いものが**図6－1**である（小野 2005）[4][ii]。なお、生きがいを構成するもの

---

i　一連の研究においては、自己効力感を、前述のように仕事を遂行する上での有能感や自信等の程度を見る仕事自己効力感と、全般的に仕事人としての自己の有能感や自信、自己を肯定的に捉える特性的自己効力感 general self efficacy の両面から捉えようと試みた。しかし、仕事自己効力感は、異動などにより、それまでの知識や看護技術が生かされず、効力感が低下する場合もあり、また、選択肢が必ずしも順序尺度として妥当かどうかの疑問も払拭できないため、妥当性が疑われた。そのため、以下の図で示される自己効力感は、特性的自己効力感を用いた。
　なお、特性的自己効力感は、肯定的であればあるほど値が低い逆転項目であり、パス係数の前に－がついている時は、正の関係であることを示している。
ii　図6－1では変数間の関係をなるべく水平、垂直の線で表せるように、原図の位置関係を修正した。

第6章 ［メンタリング―キャリア発達―生きがい］モデルの検証　163

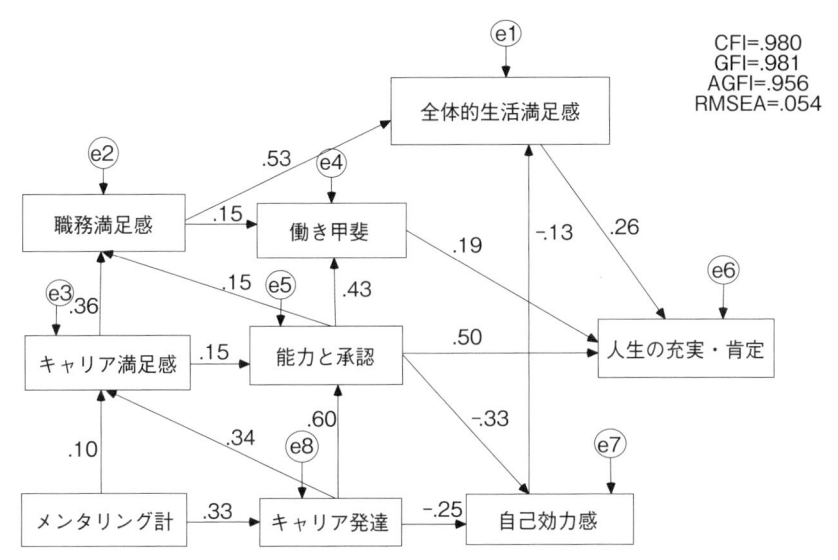

図6－1　第5研究キャリア発達と職務満足感、生きがいのパス図
小野（2005の変数要因間の位置を整理）

表6－1　第5研究　パス解析変数間の相関

	職務満足感	全体的生活満足感	キャリア満足感	キャリア発達	自己効力感	働き甲斐	メンタリング計	人生の充実	能力承認
職務満足感	―								
全体的生活満足感	.550***	―							
キャリア満足感	.416***	.346***	―						
キャリア発達	.221***	242***	333***	―					
自己効力感	-.177***	-.226***	-.267***	-.379***	―				
働き甲斐	.270***	.218***	.282***	.365***	-.264***	―			
メンタリング計	.127***	.082***	.214***	.293***	-.143***	.098***	―		
人生の充実	.373***	.409***	.328***	.411***	-.339***	.481***	.153***	―	
能力承認	.285***	.225***	.371***	.553***	-.490***	.476***	.289***	.644***	―

n=656

* $p < .05$　　** $p < .01$　　*** $p < .001$

として、「人生の充実・肯定」と「能力と承認」という2因子を抽出したが、この図では、キャリア発達からのパスは、後者についてしか記されていない。これは、「人生の充実・肯定」へのパスを引いたモデルでは、適合度指標は若干落ちるに過ぎないが、新たに引いたパスのパス係数は－.02ときわめて低く、この2要因間の関係を示すものはないと判断できるので、このモデルを採択したためである。

　この図は、生きがいの知覚や自己肯定感は、自己の成長や能力発揮ができたという認知を前提にしていることを示しており、また、キャリア発達が特性的自己効力感をもたらすことを示している。しかしながら、図1－3の右側の楕円やその下のボックスの関連に関しては、必ずしも明快な解に行き着いたとは言い難く、それらの構造を十分にシンプルなモデルとして提示するには至らなかった。

　そのため、生きがいを代表する変数を設定し、このモデルの検証を進めること、サンプル規模を大きくしより多面的な分析を行うこと、心理的well-beingに関連するさまざまな要因の構造を明らかにすること、などを意図した質問紙を用いた実証が必要となる。

　同時に、このモデルが、分析に用いた看護師のように女性が主体であり、専門職で、なおかつ、強い自己啓発意欲に支えられた働く人々にのみ当てはまるだけではなく、一般的な働く人々に当てはまるか否かということも検証されなければならない。

第2節　生きがいを変数としたパスモデルの検討
——第6研究を用いた検証

　前述のように、第5研究の分析は、必ずしも充分なものとは言えなかったので、第5研究の分析を基に、質問項目を修正し、モデル検証に必要な質問項目を追加し、あわせて、キャリア発達のひとつの指標である地位を分析の軸のひとつとし、職位間の比較可能性を増すために、サンプル数を大幅に増やして第6研究を実施した。

1．研究の方法

（1） 方法

　第6研究は、第3章で見た質問紙を用いて実施した。質問紙の修正と、周辺的な情報の収集のために、質問紙調査の対象となった病院をはじめ、関連病院の看護部や中堅以上の看護師への面接調査も、あわせて実施している。

　実施時期は、2005年5～7月である。

（2） 対象

　この第6研究の対象は、満3年以上の勤務経験を有する看護師（准看護師は除く）であり、大規模な医療機関の第1グループ（以下、第1グループという）、看護師専門の研修団体の研修コースに参加した看護師（同、第2グループ）、および、地方の1つの大学病院に勤務する看護師（同、第3グループ）を対象にした（詳細は第3章参照）。分析の対象となった有効回答は、総計、2,661である。

　表6-2から分かるように、第1グループのサンプルが圧倒的に大きく、分析対象の核になっており、本書では第6研究の分析は特に断りがない限り、このグループを分析対象としている。

　職位別に見ると4分の3がスタッフであり、師長以上の管理職は、10％にとどまっている。年齢分布を見ると病院を対象にした第1・第3グループでは30歳代が多いが、対象者を満3年以上の経験者としたため、20歳代は事実上20歳代後半となっているためで、面接調査などによる確認でも、対象病院の年齢構

表6-2　所属病院の年代別にみた回答者数

	合計	20歳代	30歳代	40歳代	50歳以上	不明
合計	2664 100.0	741 27.8	998 37.5	647 24.3	261 9.8	17 0.6
第1　グループ	2376 100.0	680 28.6	919 38.7	550 23.1	212 8.9	15 0.6
第2　グループ	116 100.0	13 11.2	25 21.6	41 35.3	37 31.9	— —
第3　グループ	172 100.0	48 27.9	54 31.4	56 32.6	12 7.0	2 1.2

成は、20歳代のほうが30歳代より多いことが一般的である。

2．結果

　ここでは、前項で課題に挙げた、生きがいを代表する変数を1つに絞り、生きがいに関する尺度以外の変数を生きがいに対する独立変数として、メンタリングから始まるキャリア発達—生きがいモデルの検証を試みた。そのため、何をもって生きがいとするかが重要な検討課題となるが、本研究の最初の段階では、「生きがいがある」程度を5段階で評価する項目で代表させることにした。これは、一般的に職務満足感の程度を調べる際に、個別の職務満足感への評価の合計が、必ずしも「職務満足感」を代表しているわけではなく、一項目の総合評価で見た方が良い、という考え方に準じたためである。なお、仕事自己効力感に関しては予備調査で用いた尺度に修正を加えたが、前述のようにいまだ順序尺度として、使用に耐える尺度ではないと判断したので、以下の図で言う自己効力感は、すべて特性的自己効力感である。また、それは逆転項目であり、図6-1同様、パス係数の前に-がついている時は、正の関係であることを示している。

（1）モデルとその評価のための適合度

　図6-1で見たように、本章および次章の分析の中心は、パス解析を用いたものである。そこでは、モデルがデータに適合するかどうかの評価をする必要があり、そのための適合度を判定する指標が必要になる。

　適合度の指標としてかつてよく言及されたχ^2値に関しては、本研究で用いたデータのサンプル数が大きいため、当てはまりの良さを検証するという意味では意味を成さないので、ここでは用いない。そのため本研究では、適合度指標として、豊田秀樹[5]（2005）や田部井明美[6]（2001）、小塩真司[7]（2004）を参考にCFI、GFI、AGFI、RMSEAを用いることにした。GFIに関しては、.90以上になることを適合の目安とし、CFIとAGFIは、その値が1に近づくことを判断基準にし、同時に、GFIとAGFIの値の差の大きさの変化も判断材料にしている。RMSEAについては.05以下が適合とされているが、適切でな

いことの判断基準になる.10を目安に、.05〜.10のグレーゾーンも判断領域に含めて当てはまりの適否の判断材料にした。上記4つの適合度指標がすべて適切であることが望ましいのは当然であるが、指標のひとつが不適切を示す場合は、他の指標の値を参考に判断する場合もある。

また、変数間にパスを引くか引かないかに関しては、基本的には、推計値が有意であることを前提にし、標準パス係数が.10を超えることを条件とした。しかしながら、標準パス係数が.10に満たない場合や、推計値が有意でない場合でも、そのパスがなくなることにより適合度が大きく損なわれたりGFIとAGFIの差が急激に増すような場合は、それを残すか否かの検討を行い、パスとして残す場合もある。

なお、図中のパス係数はすべて標準化されたものである。

（2） 全サンプルを用いた全体像の分析

1）基本モデル（I）

図6-1で示した第5研究の結果に第6研究の要因を当てはめ、有効なパス係数が得られたもので描いたのが、図6-2で示されたモデル（基本モデル（I））である。このモデルは、CFI、GFI、AGFIがいずれも0.9より大きく、

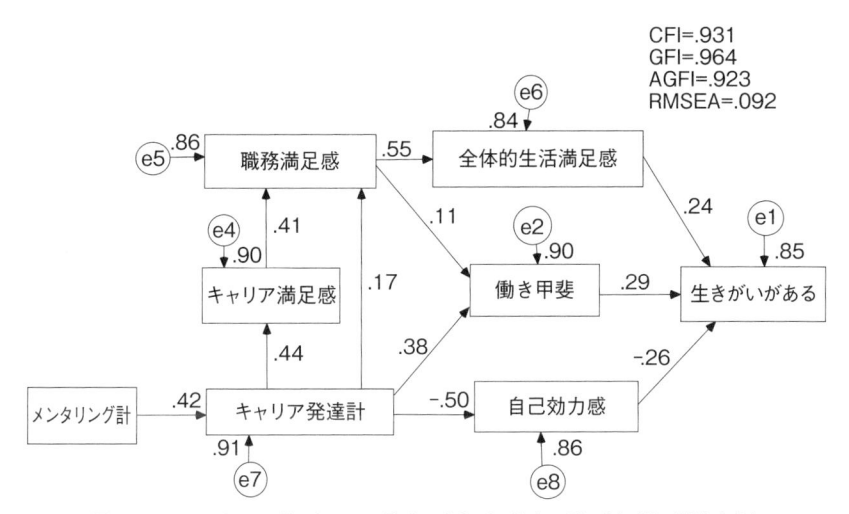

図6-2 メンタリング―キャリア発達―生きがい基本モデル（I）（第6研究全体）

表6-3　第6研究　パス解析変数間の相関

	職務満足感	全体的生活満足感	キャリア満足感	働き甲斐	生きがいがある	キャリア発達計	自己効力感	メンタリング計
職務満足感	―							
全体的生活満足感	.550***	―						
キャリア満足感	.485***	.431***	―					
働き甲斐	.249***	.226***	.286***	―				
生きがいがある	.280***	.359***	.313***	.421***	―			
キャリア発達計	.353***	.282***	.447***	.424***	.397***	―		
自己効力感	-.237***	-.228***	-.302***	-.332***	-.401***	-.502***	―	
メンタリング計	.284***	.223***	.281***	.243***	.206***	.425***	-.191***	―

n=2664　* $p<.05$　** $p<.01$　*** $p<.001$

また、RMSEAも0.1未満で、比較的当てはまりが良いことを示している。

各要因間の相関係数は、表6-3のとおりである。

2）基本モデル（Ⅱ）

次に、図1-3のモデルに近付けるために「キャリア満足感」と「働き甲斐」の関係や表6-3で相対的に相関の高い「特性的自己効力感」と「働き甲斐」の関係を加えたモデルを作成した。その結果は、パス係数は小さいながらも有意な関係を示し、CFI、GFI、AGFIの値はいずれも高くなり、RMSEAの値はさらに小さくなり、当てはまりが向上したことを示した。「キャリア満足感」と「働き甲斐」、「職務満足感」と「働き甲斐」の関係においては、一方のパスをなくすと残りの関係のパス係数は.10を超え適合度指標のある部分は改善されるが、別の指標は悪化し、どちらかを優先するということの意味の差異を明確に論じることができないので、両方のパスを残すことにした。

さらに、メンタリングの機能をソーシャル・サポートも含めたより幅広いものとして想定して、「キャリア満足感」と「職務満足感」に「メンタリング」からパスを引いた図6-3で示されるモデル（Ⅱ）を作成し分析したところ、当てはまりはさらに良くなった。このことは、メンタリングは単にキャリア発達に働きかけるだけでなく、図1-3で見たようにソーシャル・サポートとして機能することを示していると判断してよいものと思われる。

以下の分析は、基本的には、このモデル（Ⅱ）をベースに行う。

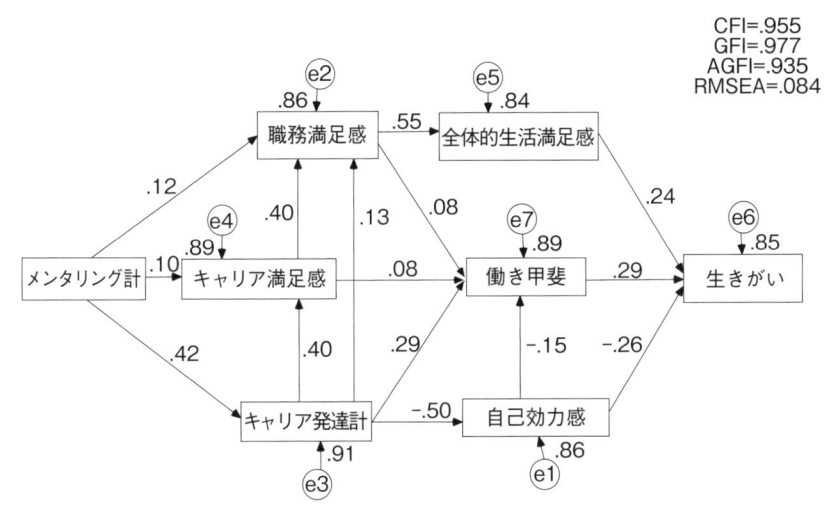

図6-3 メンタリング―キャリア発達―生きがいのパス図（第6研究全体）

3）「キャリア発達」と「生きがい」の間のパス

　基本モデル(I)・(II)はともに、「キャリア発達」と「生きがい」の間のパスを持たない。これは、予備調査である第5研究の分析（**図6-1**）で見たように、生きがいを構成する因子のひとつである「人生の充実・肯定」とキャリア発達が、パス係数で見る限りは、ほとんど関係を持たなかったためである。試みに基本モデル(I)・(II)において、この2つの変数間にパスを引くと、どちらもパス係数は.13を示し、基本モデル(II)では適合度指標もCFIが.15も上昇するが、その他の指標は、それほど大きな変化は見せない。また、このパスを引くことは、「生きがい」と「全体的生活満足感」、「働き甲斐」、「自己効力感」の3変数間のパス係数を若干押し下げるが、それでも、それらの値のほぼ半分であり、相対的に影響の大きさは示されているとは判断できないので、基本モデルには、このパスは加えない。

（3）　属性区分による検証

1）組織間の差異

　図6-2、**図6-3**で見たものは、モデルに第6研究の3つの対象群のすべてのサンプルを投入して分析したものであるが、主たるサンプルは、第1グル

170　第Ⅲ部　モデルの検証とまとめ

ープの大きな法人組織のデータである。そこでは、このモデルは、この大組織の特性ではないかという疑問も生じる。

　そこで次に、大組織である第1グループ、看護研修会参加者で所属が多様に分布する第2グループ、地方の大学附属病院を対象にした第3グループに分けて、組織ごとの分析を試みた。

　第1グループのデータを図6－3のモデルに投入したところ、当てはまりの指標も含め、図6－3とほぼ同じ結果になった。その意味では図6－3のモデルは、データが圧倒的に多い第1グループを表しているとも言えよう。

　次に、任意の研修参加者によって構成される第2グループのデータを同じモデルに投入した。「キャリア満足感」から「働き甲斐」へのパス係数が有意でなくなったので、それを除いたモデルによる分析を試みた。その結果は、**図6－3**に比して、「メンタリング計」や「キャリア発達」から「職務満足感」への影響が強くなり、「働き甲斐」から「生きがい」への関係が弱くなったが、当てはまりの指標は十分な適合を示し、ほぼ同じモデルで説明できることを示している。

　図6－4は、第3グループのデータを**図6－3**のモデルに投入し、有意でな

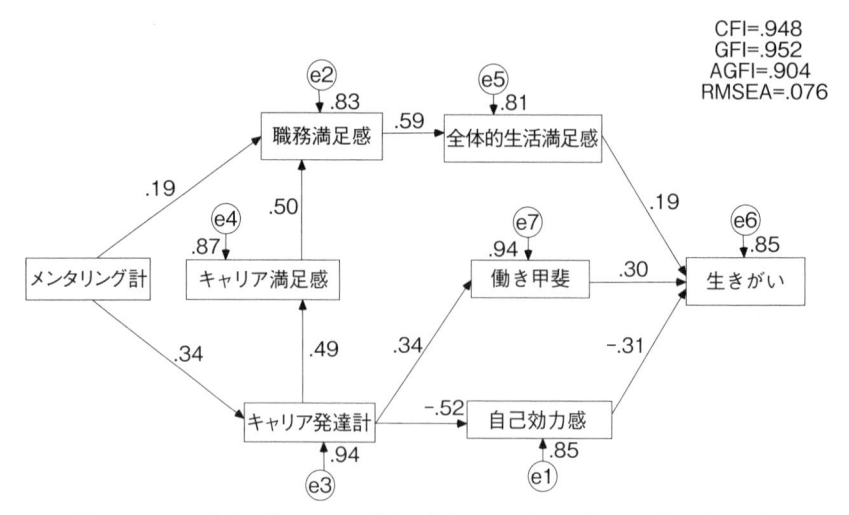

図6－4　メンタリング―キャリア発達―生きがいのパス図（第6研究第3グループ）

表6-4 パス解析変数間の相関（第6研究第3グループ）

	メンタリング計	キャリア発達計	キャリア満足感	職務満足感	全体的生活満足感	自己効力感	働き甲斐	生きがいがある
メンタリング計	—							
キャリア発達計	.347***	—						
キャリア満足感	.240***	.486***	—					
職務満足感	.305***	.261***	.537***	—				
全体的生活満足	.296***	.280***	.498***	.591***	—			
自己効力感	-.144	-.520***	-.326***	-.161*	-.228***	—		
働き甲斐	.118	.339***	.154*	.109	.139	-.140	—	
生きがいがある	.175*	.468***	.380***	.184*	.304***	-.390***	.365***	—

* $p<.05$　** $p<.01$　*** $p<.001$

いパス係数を示したパスを除いて分析したものである。図6-3の「メンタリング計」→「キャリア満足感」、「キャリア満足感」→「職務満足感」、「職務満足感」→「働き甲斐」、「自己効力感」→「働き甲斐」に関して有意な関係が見出せなくなり、よりシンプルなモデルとなるが、全体的なモデルの当てはまりを各指標は支持していると言えよう。

　2）職位間の差異

　また、全サンプルの4分の3がスタッフであったことから、図6-3はスタッフを表すモデルではないかという疑問が生じる。そこで、スタッフ、監督職、師長、看護部長の4職位で分析を試みた。

　スタッフのみの分析は、ほぼ図6-3と同じ値をとり、このモデルが、スタッフの影響を強く受けていることを示している。

　次に、各要因の平均値がスタッフに近い監督職のデータを投入した。結果は、「キャリア満足感」→「働き甲斐」に有意な関係が生じたのを除けば、第3グループのデータを分析した図6-4とほぼ同じになり、図6-3のモデルを支持しているということができる。同時にこの結果は、第3グループの大学病院の看護師は、最も忙しい中堅看護師から監督職層の看護師と似た傾向を持っていることを示しており、全体的に第3グループの病院が、"忙しい・きつい"職場であることを示唆しているとも言えよう。

　最後に、師長（n=234）のデータを投入して有意なパス係数のみで分析し

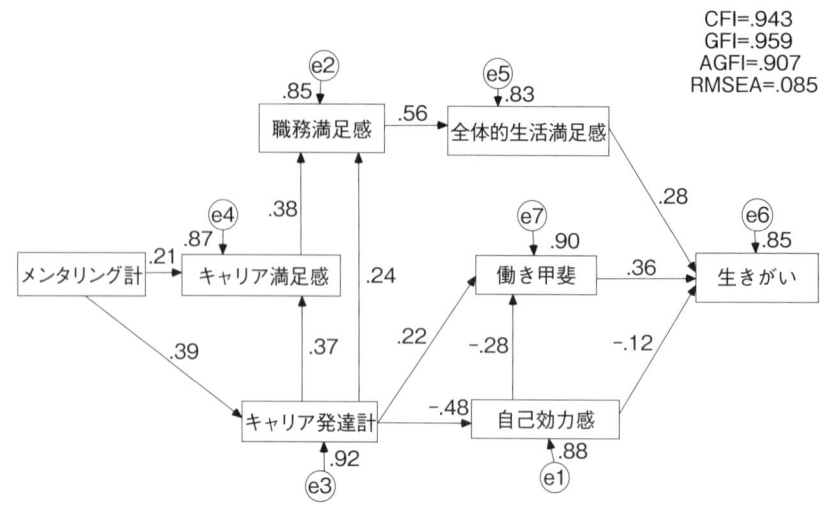

図6-5 キャリア発達―生きがいのパス図 (第6研究　師長)

　なおすと図6-5のようになり、メンタリングは、もっぱらキャリアに関係し、ソーシャル・サポートとしての機能はあまり持たないことを示している[iii]。同時に、「キャリア満足感」や「職務満足感」という満足感は、「働き甲斐」には影響しないことを示しているが、メンタリング―キャリア発達―生きがいというモデルは、当てはまりの指標も含め、十分に支持されることを示している。

　なお、看護部長のデータによる解析は、パス係数は、キャリア発達から自己効力感・働き甲斐を経て生きがい、また、キャリア発達からキャリア満足感・職務満足感・全体的生活満足感を経て生きがいという関係が強いことを示している。しかしながら、モデルの当てはまりは支持されなかった。その理由としては、ヒアリング調査の印象からいえば、この階層の看護師のキャリア志向や職位への認知が、他の職位の看護師とは大きく異なることを意味していることに起因するとも考えられるが、これは今後の検討課題である。

[iii] パス図の表示に際しては、変数間の相関係数を明示すべきとの主張もあるが、本書では、パス図を数多く紹介するために、相関係数の表示は、最小限にとどめる。

3．第7研究（看護師データ）による確認

図6-3は、前項でも見たように、大規模な病院に属する看護師が調査対象の中心を占めており、その病院組織の傾向を大きく反映したものであった。そこで、2年後に、3組織9病院に属する看護師を対象に第7研究を実施した。結果は、**図6-6**で示されるように、パス係数の値もかなり似通っており、適合度指標も含めおおむね同じ結果ということができる。つまり、病院や病院組

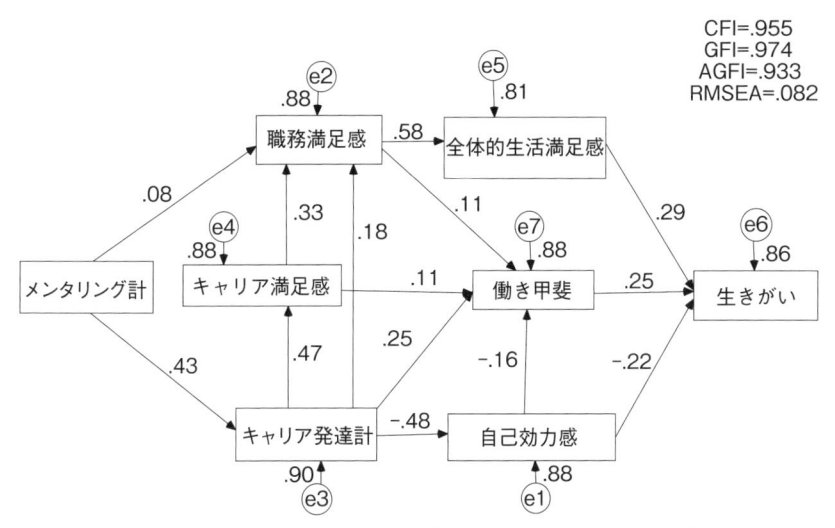

図6-6 メンタリング―キャリア発達―生きがいのパス図（第7研究）

表6-5 第7研究 パス解析変数間の相関

	職務満足感	全体的生活満足感	キャリア満足感	働き甲斐	生きがいがある	キャリア発達計	メンタリング計	自己効力感
職務満足感	—							
全体的生活満足感	.581***	—						
キャリア満足感.	433***	.452***	—					
働き甲斐	.295***	.267***	.323***	—				
生きがいがある	.290***	.406***	.280***	.395***	—			
キャリア発達計	.369***	.326***	.474***	.421***	.357***	—		
メンタリング計	.241***	.189***	.252***	.198***	.177***	.433***	—	
自己効力感	-.259***	-.250***	-.291***	-.342***	-.373***	-.483***	-.193***	—

n=823　　* p＜.05　　** p＜.01　　*** p＜.001

織の風土とはあまり関係なく、看護師のキャリア発達やさまざまな満足感などをめぐる意識構造は、共通する傾向にあると言うことができる。

　地位別に見ると、全体の傾向を左右するスタッフ層での共通項は大きく、監督、師長と地位が上がるにつれ、ずれが大きくなる。監督、師長の適合度指標をみると、RMSEAは第7研究のほうが当てはまりが良く（どの研究、および、階層でもグレーゾーン内にある）、CFIの値も.96台で、第6研究よりも高い。その一方GFI、AGFIは第6研究のほうが高い（CFIは.95以上）。また、パス係数の値も相対的に、第7研究のほう高いことが多い。

第3節　会社員に関する検証

　ここでは、国家試験（その意味で最低ラインが決っている）による専門職看護師と一般会社員では、これら変数の関係の構造が異なるか否かを、大手企業3社を中心に対象を選んだ第8研究と、金融機関1社の悉皆調査データに基づく第9研究の解析を通して見ることにする。

1．第8研究による検証

　第8研究のデータを男女に分けて、検証してみる。

（1）　男性

　第8研究の男性（n＝234）の全体を見たのが図6－7である。キャリア発達から職務満足感、キャリア満足感から働き甲斐などの関係見られないなどの点で図6－3とは異なるが、全体的な枠組みは、ほぼ全体モデルを支持していると言える。

　適合度指標を見ると、全体とスタッフでRMSEAが当てはまりの悪さを示す.10を超えており、当てはまりは悪い（但し、CFI、GFIは.90を超えている）。しかし、監督職（n＝88）だけはRMSEAが.021で、CFIも.998など、非常に当てはまりが良い。

　なお、課長に関しては、生活満足感→全体的生活満足感というパスを付け加

第6章　[メンタリング―キャリア発達―生きがい] モデルの検証　175

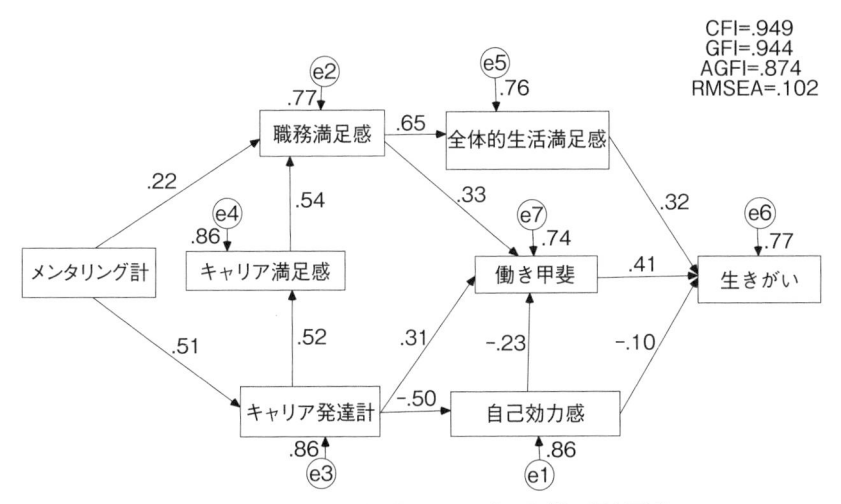

図6-7　キャリア発達―生きがいのパス図（第8研究男性）

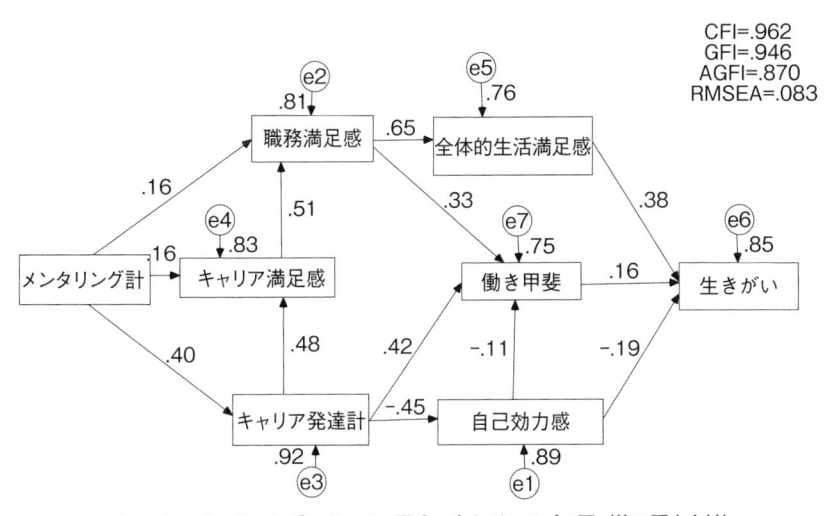

図6-8　メンタリング―キャリア発達―生きがいのパス図（第8研究女性）

えることにより若干適合度は高まるが、それでもGFIは.90に達せず、RMSEAは.124と極めて当てはまりが悪いことを示している。

（2）女性

次に第8研究の女性（n＝112）のデータでモデルの検証を行った。結果は**図6-8**で見る通りであり、男性に比して、適合度指標も高く、当てはまりの

表6-6 第8研究全体のパス解析変数間の相関

	職務満足感	全体的生活満足感	キャリア満足感	働き甲斐	生きがい	キャリア発達計	自己効力感	メンタリング計
職務満足感	—							
全体的生活満足感	.651***	—						
キャリア満足感	.610***	.571***	—					
働き甲斐	.513***	.457***	.470***	—				
．生きがい	.411***	.513***	.387***	.522***	—			
キャリア発達計	.428***	.422***	.544***	.589***	.428***	—		
自己効力感計	-.211***	-.330***	-.323***	-.435***	-.381***	-.492***	—	
メンタリング計	.384***	.325***	.356***	.346***	.278***	.483***	-.211***	—

* $p<.05$　　** $p<.01$　　*** $p<.001$

良いことを示し、モデルを支持している。とりわけスタッフ (n=72) のみの検証では、働き甲斐は生きがいではなく全体的生活満足感に向かうパスとなるが、CFIは1.00、RMSEAは.00となり、非常に当てはまりが良くモデルを支持している。

逆に、対象数が少ないので参考までに見た監督職 (n=31) では、全体に比してCFIとRMSEAは改善される（各.986、.055）ものの、GFIは.90に達せずAGFIとの値の差も大きく拡がるなど、適合性に若干の不安があるだけでなく、キャリア満足感と働き甲斐の関係は否定的なパス係数を示し、その意味でもモデルを支持しているとは言い難い結果になった。

2．第9研究による検証

次に、金融機関1社の調査である第9研究のデータ検証を行う。なお前述のように、ここでは他の研究と同一条件にするため満3年以上の職務経験を持つ正社員を対象に分析している。

（1） 男性

男性正社員全体 (n=392) のパス図が**図6-9**である。メンタリング計がキャリア発達にしか関係していないことと、働き甲斐から自己効力感へのパスになっていることを除けば、大手企業の会社員を中心とした**図6-7**に比して、看護師データを基にした**図6-3**に近いと言うことができる。適合度をみると、

第6章 [メンタリング—キャリア発達—生きがい] モデルの検証　177

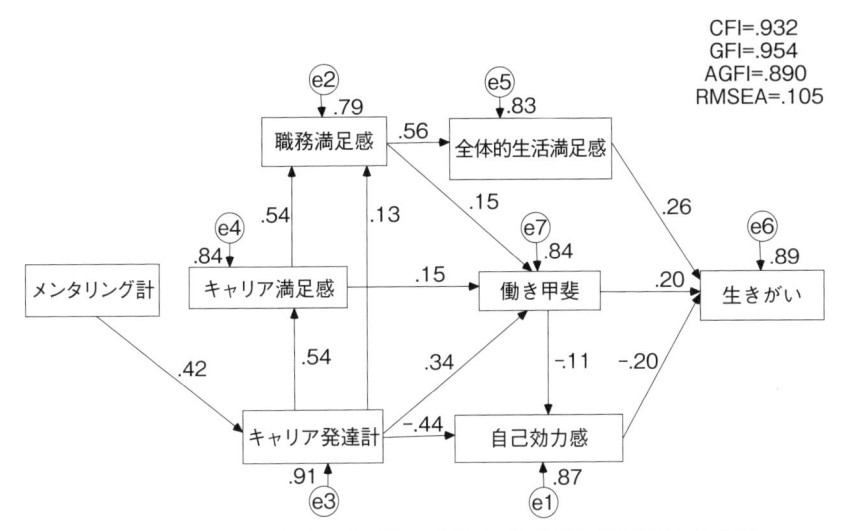

図6-9　メンタリング—キャリア発達—生きがいのパス図　第9研究（男 全体）

表6-7　第9研究男子正社員のパス解析変数間の相関

	職務満足感	全体的生活満足感	キャリア満足感	働き甲斐	生きがい	キャリア発達計	自己効力感	メンタリング計
職務満足感	—							
全体的生活満足感	.560***	—						
キャリア満足感	.605***	.534***	—					
働き甲斐	.381***	.316***	.425***	—				
．生きがい	.283***	.389***	.351***	.341***	—			
キャリア発達計	.416***	.339***	.537***	.486***	.391***	—		
自己効力感	-.288***	-.351***	-.331***	-.323***	-.351***	-.490***	—	
メンタリング計	.222***	.215***	.287***	.283***	.271***	.424***	-.166***	—

* $p<.05$ 　** $p<.01$ 　*** $p<.001$

　CFI、GFIとも.90を大きく超え、**図6-7**でみる第8研究会社員男性よりは、より適合性が高いことを示しているが、RMSEAが.10をわずかに超え、グレーというよりは適合を支持しない値を図6-7同様に示している。

　階層別に見ると、スタッフ（n=62）は、RMSEAもグレーゾーン内にあり、全体的なパスもほぼ**図6-3**と同じような傾向であるが、全体的生活満足感から生きがいへの有意なパスが引けず（パスを引くことにより適合度指標が大きく損なわれる）、働き甲斐から生きがいへのパス係数が、他のデータでの解析

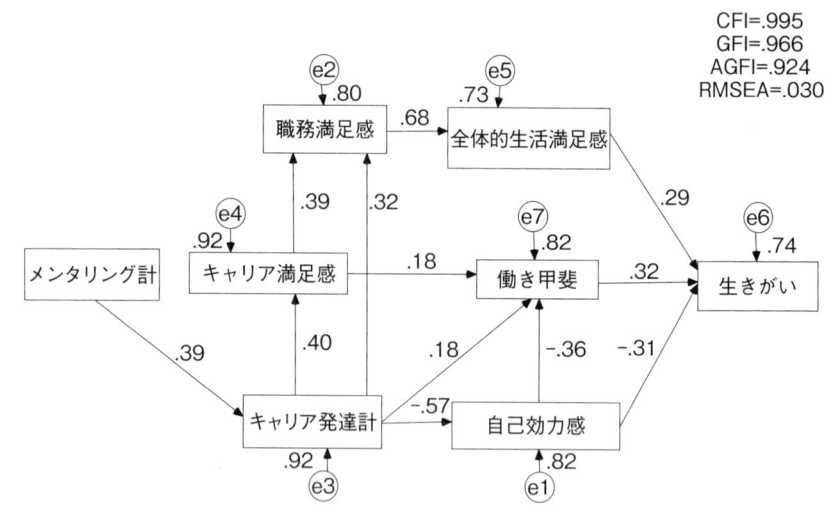

図6-10 メンタリング—キャリア発達—生きがいのパス図（第9研究女性）

結果に比して極めて大きい（.45）。監督職（n=99）も図6-3に近い。それに対して、課長・支店長（n=231）は、図6-9と同じようなパスが描かれ、他とは逆に働き甲斐から自己効力感に向けてのパスが描かれる。

(2) 女性

第9研究の女性は、同じ金融機関の男性に比して、適合度の高いパス図が描け、モデルの支持は高い。男性同様、メンタリングはキャリア発達にのみ影響を与えることを示している。

なお、スタッフ（n=93）のみの分析によれば、メンタリング計から職務満足感へのパスも描け、CFIは.999でRMSEAは.010となり、その当てはまりは、さらに良く、強力にモデルを支持していることを示している。

3. キャリア発達から生きがいへのパス

表6-4～表6-7で見るように、キャリア発達と生きがいの間には、.30台から.40台の相関関係が存在する。そこで、第7研究以降の各研究についても、基本モデル(II)について、キャリア発達から生きがいへのパスを引くという試みを行ってみた。

その結果は、適合度指標が.01未満でわずかに改善されるものが多かったが、逆に第8研究女性のように明らかに各指標で.2近い悪化を示し、当てはまりが悪くなることを示したり、第7研究スタッフや監督職（当然全体も）のように有意なパスが引けてもパス係数の大きさがほとんど意味を成さないものになるものがあるなど、積極的に、このパスを引く意味は見出せなかった。

例外的なケースとしては、第9研究男性監督職では、適合度指標は変化を示さないものの、キャリア発達→生きがいのパスを引くことにより、自己効力感から生きがいや働き甲斐へのパスの値が0になったり、推定値が有意でなくなり、自己効力感がモデル上で意味を失うだけでなく、キャリア発達→生きがいの関係の強さが非常に鮮明になるケースもあった。しかしこれは、例外中の例外である。

第4節　パス解析の結果の考察と課題

1．全体の要約

ここでの検討の主な目的は、小野が提示した図1－3に見る概念モデルを、すべての変数を盛り込んだ質問紙を用いることにより、包括的に検証することにある。また、同時に対象者の属する組織風土・文化、また、職位階層による差異の影響の有無をみるために、単に大規模なサンプルを求めただけでなく、専門職である看護師を対象とした研究と、非専門職中心で様々な職種を含む会社員を対象とした研究を実施し、それらについて、対象数が30に満たない階層を除いた階層別の分析も試みることにある。表6－8は各研究の男女別階層別にモデルの適合度を見たものであるが、各指標の欄の［Ⅰ］をみると分かるように、第8研究男性スタッフのようにすべての指標で満足な値を示さないものや同じく第8研究女性監督のようにGFIやAGFIが適応を示さないという例外はあるにせよ（これら2階層は、いずれも対象数が40に満たない）、全体的には、基本モデル(Ⅱ)で示した初期のモデルを支持していると言えよう。

参考までに、各研究に含まれるすべての勤続満3年以上の正社員（n＝

表6-8 モデル適合度指標の変化

	対象数	CFI I → E		GFI I → E		AGFI I → E		RMSEA I → E		
第6研究										
全体	2663	.962	.962	.980	.980	.940	.928	.080	.094	
スタッフ	1972	.959	.960	.980	.980	.944	.938	.076	.086	
監督	386	.931.	916	.958	.954	.899	.871	097	.123	*2
師長	234.	953	.956	.963	.968	.911	.910	.080	.089	
第7研究										
全体	823	.958	.952	.976	.973	.932	.906	.082.	106	
スタッフ	595	.945	.937	.971	.969	.921	.891	.088	.115	
監督	130	.963	.958	.946	.949	.887	.871	.077	.096	
師長	65	.976	.967	.933	.937	.858	.853	.055	.071	*3
第8研究　男性										
全体	248	.952	.945	.945	.942	.876	.853	.100.	122	*3
スタッフ	38	.838	.787	.841	.836	.592	.540	.171	.213	*4
監督	86	.998	.999	.960.	966	.903	.913	.025	.017	*3
課長	85	.934	.922	.906	.906	.798	.774	.114	.140	*1
第8研究　女性										
全体	110	.951	.951	.942	.950	.850	.859	.098	.111	
スタッフ	70	1.000	1.000	.952	.966	.892	.903	.000	.000	*5
監督	31	.980	.957	.887	.890	.711	.693	.069	.119	
第9研究　男性										
全体	392	.942	.944	.960	.963	.896	.869	.100	.124	*2
スタッフ	62	.990	.972	.943	.950	.862	.860	.032	.061	
監督	91	.996	.994	.955	.968	.899	.910	.024.	035	
課長支店長	231	.928	.927	.942	.945	.860	.828	.110	.136	
第9研究　女性										
全体	120	.992.	994	.967	.976	.920	.926	.038	.041	
スタッフ	93	1.000	1.000	.965	.980	.910	.937	.000	.000	
第6～9研究全体	4356	.954	.944	.975	.958	.931	.881	.088	.118	
男性	707	.947	.950	.961	.963	.892	.884	.106	.117	
女性	3636	.946	.946	.971	.971	.935	.926	.085	.096	
スタッフ	2830	.942	.941	.973	.973	.939	.930	.081	.093	
監督	742	.950	.951	.966	.967	.923	.915	.088	.099	
師長・課長	626	.937	.931	.958	.955	.900	.874	.101	.122	*2
部長	103	.955	.961	.946	.954	.886	.884	070	.079	

メンタリングを含むモデル［I］
メンタリングを含まないモデル［E］
*1：全体的生活満足感に対して生活満足感からの有効なパスが存在する (I・E)
*2：働き甲斐→自己効力感（パスの向きが逆：I・E)
*3：自己効力感→生きがい (I・E)
*4：生活満足感→全体的生活満足感が入る (I・E)
*5：働き甲斐→全体的生活満足感のパスがあり 働き甲斐→生きがいがない (I・E)

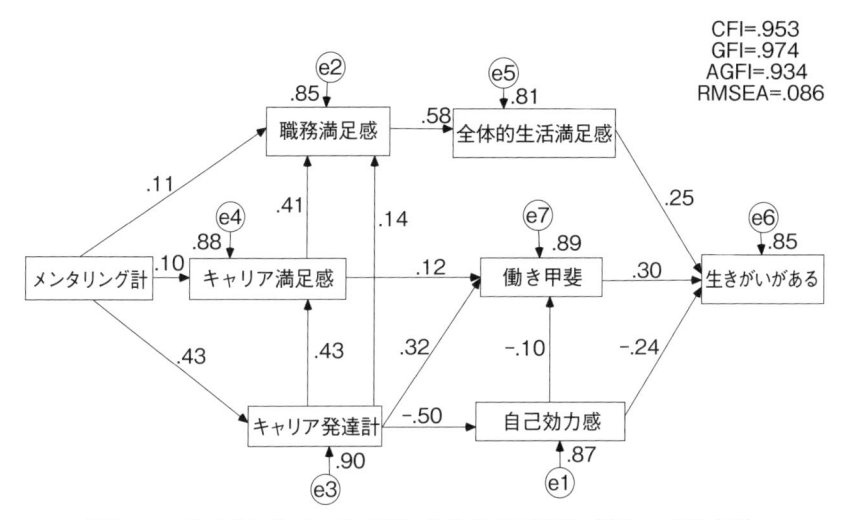

図6-11 メンタリング―キャリア発達―生きがいのパス図 （第6-9研究全体）

表6-9 パス構成要因間の相関関係

	職務満足感	全体的生活満足感	キャリア満足感	働き甲斐	生きがいがある	キャリア発達計	自己効力感	メンタリング計
職務満足感	―							
全体的生活満足感	.582***	―						
キャリア満足感	.500***	.460***	―					
働き甲斐	.249***	.228***	.303***	―				
生きがいがある	.288***	.380***	.311***	.420***	―			
キャリア発達計	.374***	.312***	.468***	.429***	.392***	―		
自己効力感	-.273***	-.275***	-.307***	-.301***	-.389***	-.501***	―	
メンタリング計	.280***	.228***	.278***	.230***	.210***	.426***	-.194***	―

* $p < .05$ ** $p < .01$ *** $p < .001$

4356）のデータをまとめて分析し、パス係数が0.10に満たないものは削除して再度分析した結果が、**図6-11**である。RMSEA がグレーゾーンを示す以外は、CFI と GFI は .95 を、AGFI は .90 を大きく超えすべて良好な当てはまりを示しており、個別の職種や、企業別の分析と同じ傾向を示している。

男女別の分析でも、ほぼ同様の結果を示すが、男性の RMSEA が .10 をわずかに超えているものの他の指標はいずれもこのモデルを支持している。また、地位別に見ても、RMSEA も .10未満のグレーゾーンにとどまり、他の指標は、

いずれも当てはまりの良さを示している。また、自己効力感から働き甲斐へのパスも、師長・課長以外は、ほぼこの方向を維持している。

以上の分析の結果、生きがいを頂点とする心理的 well-being に関係する全体的生活満足感、働き甲斐、自己効力感、職務満足感の関係は、サンプル数の少ない看護部長・部長層に関する検証は十全とは言いがたいが、所属組織、専門性の有無、階層に関係なく **メンタリング ― キャリア発達 ― 生きがい** を基本軸とするモデルが成り立ち、わが国の働く人々全体に、このモデルの普遍性を主張することの妥当性を示しているように思える。

このキャリア発達と生きがいの間には、大きく２つのパスがあり、キャリア発達が、キャリア満足感や職務満足感を通して全体的生活満足感という生活領域全体の満足に影響を与え、それが生きがいに結びつくというパス（職務満足感から生きがいへの直接的な影響はほとんど見られない）と、キャリア発達が自己効力感や働き甲斐という、働くことや働くことと直結した感情を通して生きがいに影響を与えるという、大きなパスが存在する（前節３で見たように、キャリア発達→生きがいという直接的なパスを引くことの意味は見出せない）。そのような基幹的なパスを抽出すると図６−12のようになる。

次に、図６−12の生きがいに至る３つのパスについて見ると、全体的には、３者が均衡しているものと、全体的生活満足感から生きがいへのパス係数の値

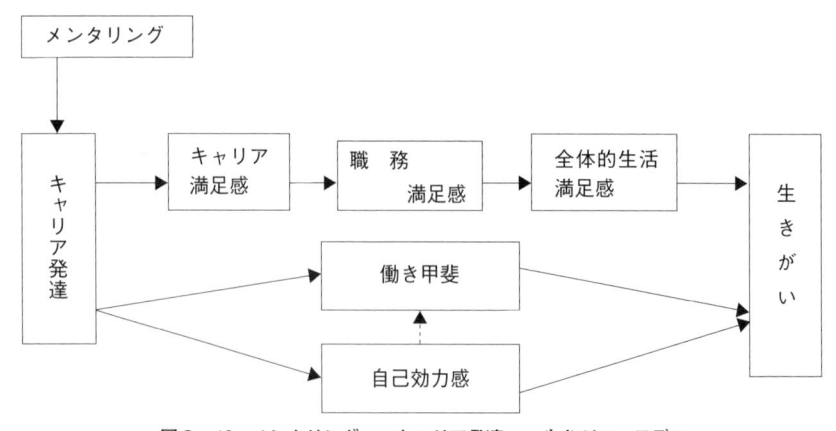

図６−12 メンタリング ― キャリア発達 ― 生きがい モデル

が大きいもの、働きがい→生きがいのパス係数の値が大きいものという3つのパターンに分けられるが、均衡型は、各研究の全体を一括して分析した結果が多く、個別の階層別にみると後の2つが多い。

ただし、個別に見ていけば、自己効力感から生きがいにパスが引けない階層（第7研究師長、第8研究男性監督職）、第8研究女性スタッフのように働きがいから生きがいにパスが引けないもの、第9研究男性スタッフのように全体的生活満足感から生きがいにパスが描けないもの、破線で示した自己効力感→働き甲斐に関して、矢印が逆のほうが当てはまりが良くなる場合（第6研究監督職、第9研究男性全体）もあるなど、部分的にこれを支持しないものもある。

また、前節のパス図の多くは、メンタリングがキャリア発達に大きく貢献するだけでなく、職務満足感や時にキャリア満足感にも影響を与えていることを示し、情緒的機能を中心に対人関係の満足に働きかけるソーシャル・サポートの機能を果たすことを示唆することも実証された[iv]。

さらに文献研究や第5調査で重要性が示唆された自己効力感の役割が極めて大きいことも確認されたとしてよい。

なお、**図6-3**（基本モデル(Ⅱ)）の対象が看護師であり、第8・9研究も女性のRMSEAは.05以下であったり、それ以上でもグレーゾーン内に収まり、男性よりも適合性が良かったことと合わせ、本研究で提唱しているのが、女性

[iv] 試みに、各研究において、職務満足感尺度のうち人間関係に属すると考えられる「上司との関係」、「同僚との関係」、上司との関係の中で重要な「評価のされ方」、および、現実に仕事生活および非仕事生活に関してサポートがあると感じているか、そして、メンタリングの機能別の合計値およびメンタリング全体の受領の合計値の単相関をみた。メンタリングの合計値は「上司との関係」と相関関係をもち、受容・承認機能を中心に個別のメンタリング機能も、相関関係を持つことが多い。第8研究の男女および第6研究では「同僚との関係」もそのような傾向にある。「評価のされ方」も、多くの場合、メンタリングの各機能と相関関係を持つ。

また、仕事生活におけるサポートは、すべての研究で各機能と相関関係の存在を示し、第8研究の女性以外は、相関係数rは.30以上となっており、.40を超えることも少なくない。同時に仕事生活のサポートは「上司との関係」および「同僚との関係」に関してすべて相関関係を持ち、「評価のされ方」との間でも第8研究女性と第9研究男性・女性以外は相関関係を示している。

これらの結果から、サポートとメンタリングの受領が、かなりの程度、重複して働く人々に知覚されていることを示している、と考えることもできる。

によりフィットしたモデルとも考えられなくはない。

　また、第9研究女性は、男性同様、メンタリング計がキャリア発達にしか関係していないことを示しているのに対して、同じ会社員でも第8研究のそれは男女ともメンタリング計から職務満足感にパスが描けている。さらに、第9研究女性は、男性同様、キャリア発達から職務満足感への直接的なパスを引くことができ、その値が高いのに対し、第8研究では、この2つの変数間に直接的なパスを引くことはできない。

　同様に、自己効力感と働き甲斐の間のパスは、その係数が極めて小さかったり、有意でなかったりしているだけでなく、方向が逆のほうが、全体の適合度が高まることもあり、関係性があいまいであることを示している。

　それらの結果は、職種や組織の間に何らかの風土の差異があり、その影響が、このモデルにも反映していることを示唆しているといえよう。

2. キャリア発達 ── 生きがい のモデル

　前項では本研究の出発点となったメンタリングからキャリア発達、さまざまな満足感・働き甲斐・自己効力感、生きがいの関係のモデルについてみてきた。しかしながら、本研究の課題のひとつは、キャリア発達から生きがいに至るパスの存在の確認とそのモデルの構築であり、そこでは必ずしもメンタリングの影響を勘案する必要はない。

　そこで、前節でみた多くのパス図［I］から、メンタリング計を外しキャリア発達を出発点とする分析［E］を試み、メンタリング計を含めた分析との適合度指標（CFI、GFI、AGFI、RMSEA）の変化を通して、そのようなモデルが成り立ちうるのか、もしくは、メンタリング計にしてはモデルは成り立たないのかを検証を試みた。

　前述の表6－8は、その変化を示したものである。全体的にはRMSEAの値が大きくなり、男性では、グレーゾーンから.10を超えて当てはまりが悪くなることが多いが、それ以外の指標は、一定の当てはまりを担保しており、逆に、第9研究女性（全体・スタッフ）に見るように、改善されるものもある（図

6-13参照)。その意味で、キャリア発達から生きがいに至るモデルは、それのみでも存在しうることが確認されたとしてよいであろう。

全サンプルで見た分析も、表6-8で見るようにRMSEAが、当てはまりの悪さを示しているが全体的には、モデルが支持されることを示す結果ということができる。

その一方で、本章の分析は、心理的well-beingの最終局面を「生きがいを感じる」という尺度で測定されたものと操作的に規定している。今後は、「生きがい」がどのようなものによって構成されるのか、その構成要因や関連すると思われる諸要因の構造についての検討が、大きな課題となる。

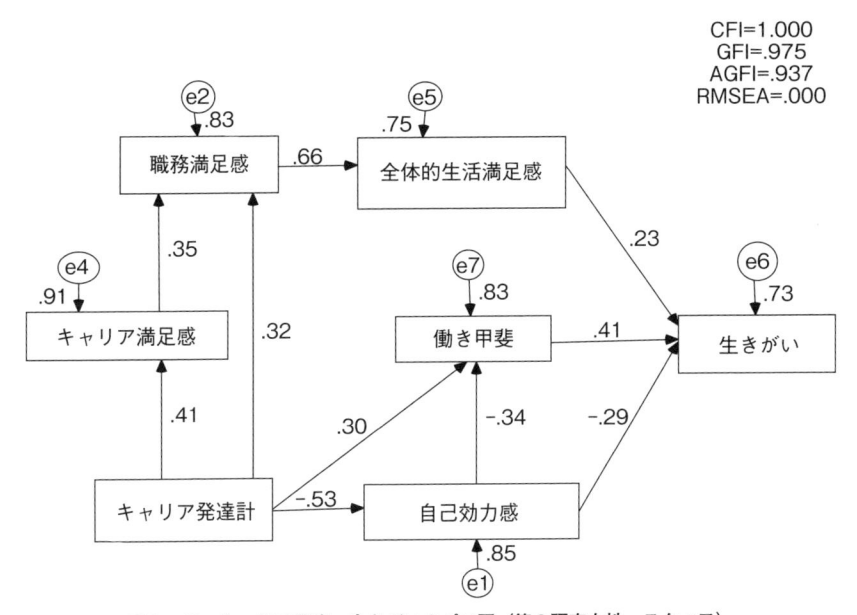

図6-13 キャリア発達―生きがいのパス図（第9研究女性　スタッフ）

第7章

働く人々の生きがいの構造について

前章までは、働く人々のキャリア発達やそれと関連する働く人々の職務満足感や生活満足感などの満足感、そして、それらを取り巻く自己効力感や自己啓発意欲などのパーソナリティについて見てきた。小野（2003、2005）[1]の一連の実証研究は、メンタリングを基点とする働く人々のキャリア発達（主として職業的キャリア発達）が、働く人々の様々な満足に働きかけ、生きがいをもたらすのではないかということを示唆してきた。第1研究や第5研究の看護師に対する質問紙法による調査研究は、キャリア発達がキャリア満足感や職務満足感を導き、全体的生活満足感に至るというモデルを実証してきた（小野2005、小野・鎌田　2005）[2]。
　さらに、2005年の第6研究以降の看護師及び会社員男女の調査研究の結果は、前章で見たように、全体的生活満足感の上位概念として"生きがい"をおくモデルが描けることを示した。
　この章では、生きがいを実際にどのように評価し（感じ）、また、生きがいの対象を何においているのかを見、第2章や第4章で検討した働く人々の生きがいやその類似概念に関する検討を基に、"生きがい"を構成するものの中核に自己（の人生）の肯定感・充実感・満足感や、自己の成長（の実感）があり、自己効力感、働き甲斐、全体的生活満足感・生活満足感・職務満足感などの満足感が、それに影響を与えるであろうと仮定し、生きがいの構造をパスモデルの分析を通して解明することを目的としている。
　なお、「生きる目標」は生きがいを論じる上で非常に重要なことと思われるが、目標の有無を直接働く人々に聞くことは、前述のように、目標管理があまりに喧伝されている現在、混乱や人生における目的の矮小化を招きかねないので、あえてこの言葉は使わないことにした。

第1節　生きがいの評価と対象

1．生きがいの評価

　本研究では、第2章の検討を踏まえ、第3章で見たように生きがいに関して10項目の尺度を設けて質問している。各研究（第6研究は第1グループ）の平均値を図示したのが**図7－1**である。

　この図からわかるように「家庭・家族に恵まれた」は、どの研究も4.00を超えており、非常に高い水準にあり、大きな差異はない。各研究で、配偶者の有無別に見ると、男性の無配偶者は2つの研究とも3.60台であり、有配偶者の平均値は4.33、4.18となっている（無配偶者の割合は第8研究で17.5％、第9研究では19.6％）。女性の会社員の無配偶者のそれは、4.00以上であり、看護師もほぼ4.00である。「他者から有能・立派と認められている（以下、他人から承認）」や「能力に恵まれ発揮」の値は低いが、両項目とも第8研究男性は0.3近く他の研究よりも高い（他の研究はほぼ同じ値を示している）。

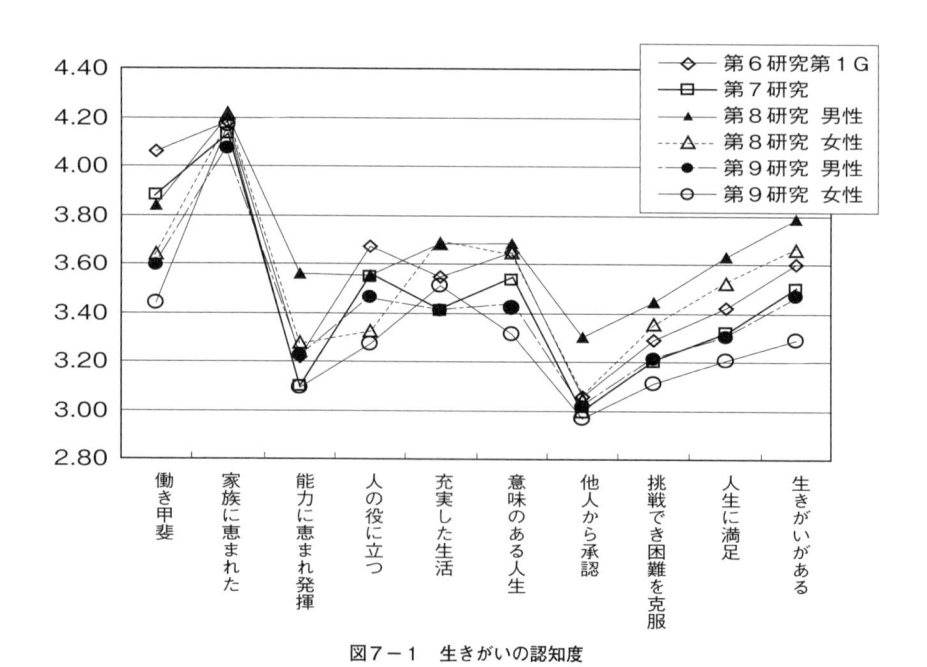

図7－1　生きがいの認知度

また、「働き甲斐」を除いては、第7研究と第9研究男性が同じような傾向を示し、職種の専門性や性と、これらの認知との関係は見出しがたい。

全体的には、大企業を中心にした第8研究男性の値が高く、逆に第9研究とりわけ女性の値が低いのが顕著な傾向といえよう。これに関しては、第9研究の女性の平均年齢が31.0歳で、他の看護師や第8研究の女性よりも4～5歳低い点に留意すべきかもしれない。ただし、第9研究男性は、看護師や第8研究女性よりも10歳、第8研究男性よりも5歳くらい高く、管理職の割合が最も高いことを見ると、組織特性の可能性もある。

2．生きがいの対象

しばしば生きがいを語るときに取り上げられるのは、生きがいの対象は何かということである。本研究も第7研究以降、この問題に関心を寄せ、選択肢を用いた問で測定を試みてきた。

各研究の上位5位までを見ていくと、**表7−1**のように男性の2研究と第9研究女性で「家族・家庭生活」が1位で、いずれも30％を超えている。男性の有配偶者は80％を超えており、そのことがこの結果に大きな影響を与えているようにも思える。無配偶者の割合が60％を超える看護師と第8研究女性では「自分らしく生きる」が1位であり、ともに25％以上を示しているが、無配偶者が60％弱の第9研究女性でも、それは「家族・家庭生活」に次いで第2位で、その割合は25％を超えている。この2つの項目で、1位と2位を分け合っており、第8研究女性を除けば、両方あわせるといずれも50％を超えている。

第3位は、女性がほとんどである看護師と会社員の女性がいずれも「周囲（友人・知人・恋人）などと仲良くすること」を挙げ、第8研究男性は「目標を持ち、挑戦・達成すること」、第9研究男性は「人並みの生活」を挙げている。第3位の各項目は、いずれも10％前後の値を示している。女性は、「家族・家庭生活」の割合の高さも含め、社会的関係の重視が鮮明であると言うことができよう。

第4位以降は、「人並みの生活」、「趣味の生活」、「キャリアの向上や精神的

表7-1 生きがいの目標

	第7研究 度数	%	第8研究 男性 度数	%	第8研究 女性 度数	%	第9研究 男性 度数	%	第9研究 女性 度数	%
人並みの生活	89	8.3%	20	6.8%	12	8.2%	49	10.8%	16	10.5%
趣味の充実	94	8.8%	19	6.5%	10	6.8%	29	6.4%	15	9.9%
家族・家庭生活	263	24.6%	104	35.5%	28	19.2%	174	38.3%	47	30.9%
周囲と仲良く	104	9.7%	11	3.8%	16	11.0%	20	4.4%	17	11.2%
社会的地位・出世	3	.3%	3	1.0%	1	.7%	3	.7%	0	.0%
金銭的豊かさ	37	3.5%	9	3.1%	7	4.8%	17	3.7%	4	2.6%
仕事	25	2.3%	14	4.8%	2	1.4%	12	2.6%	0	.0%
目標へ挑戦・達成	90	8.4%	27	9.2%	12	8.2%	26	5.7%	8	5.3%
キャリアの向上・精神的成長	29	2.7%	23	7.8%	15	10.3%	17	3.7%	3	2.0%
自分らしく生きる	314	29.4%	51	17.4%	39	26.7%	94	20.7%	39	25.7%
その他	20	1.9%	12	4.1%	4	2.7%	13	2.9%	3	2.0%
合計	1068	100.0%	293	100.0%	146	100.0%	454	100.0%	152	100.0%

な成長」などがおのおの7％～10％の割合で分散している。

　逆に、仕事、金銭や地位などという反応は極めて少ないことも注目に値しよう。少なくとも、人生の最も活動的な時期の多くの時間を過ごす"仕事"に生きがいを見出せないということは、仕事がかなりの程度、他の生活の手段（極論すれば、仕事で稼いだ金で家族を養い、自分の生きがいの対象を別の領域で追い求める）と化してしまっていることを意味している。もしそうであるのならば、この結果は、そのような働く人々に対する動機づけの困難さと、仕事がもたらす近年の過剰な負荷によるメンタルヘルスの阻害が、さらに大きな課題となってくることを示唆する結果とも言えよう。

　女性で「自分らしく生きること」が高い割合いを占めることに関して、2008年の看護師に対するヒアリング調査の中で確認しているが、ある師長は、「自分らしくとは、『自分が楽しくないと充実感やりがい感が得られない』ということです。面白くなかったらやめていくし、しんどくてもその部署がいいふうで、仲間作りができていればやめないのではないでしょうか。『自分を見つめなおしたい』という理由でやめていく。」（近畿地方、大病院、師長、40歳代、独身）としており、「自分が生き生きできる時間や場所」で自分であること（が

確認できること)、そして、周囲との関連の中で居場所があることが、自分らしさ＝生きがいであるとしている。また、同じ病院のスタッフは「自分らしさの中には仕事の上のことも含んでいるが、仕事にはやりがいがない。家族や子育ての面でも仕事の面でも、友人と余暇を過ごしているときも、自分はそれでいいんだと思いながら生きていく。子育ても同じで、不満な材料が多いんで、これでいいんだ、こうしていくことが将来にとって良いという安心感がないと……」（近畿地方、大病院、スタッフ、40歳代、配偶者・子供有）と述べ、自己の肯定や確信が生きがいにつながるとしている。同じように、自分らしさとは、「仕事と家庭、母、妻、仕事（職業人）のどこでバランスを取るかが問題、自分のストレス発散（の手段）をうまく持っていないと……自分の時間を持ちたい。やりたいことをやり通す。」（近畿地方、大病院、師長、40歳代、配偶者・子供有）と述べ、自己の確立、周囲の状況と離れた中での自分の存在の確認が自分らしさ＝生きがいだとする主張もあった。これらをまとめてみると、仕事や家庭を一切無視するわけではなく、それらのなかで、いかに自分を確認できるかということに焦点があるように思える。

そのような自己確認を可能にするという意味で、働く人々本人の成長や達成感というような極めて主観的な意味での実感や、周囲からのサポートや正当な評価などのフィードバックによる社会的な存在感の確認、そして、地位の上昇や表彰・顕彰、仕事の質や量の適正な拡大、給与などの物理的・客観的な評価の結果の提供など、さまざまな内部的・外部的な報酬を感じ取ることができる組織であることが、働く人々にとってきわめて重要であることが分かる。

第2節　生きがいを構成するもの

1．"生きがい"をめぐる因子分析

本研究の調査設計時に生きがいとして想定された10項目について、因子分析（主因子法、バリマックス回転）を各研究（男女）ごと、および、各研究の階層ごとに行った。結果については、複数の組織のデータからなる第7研究と第

表7-2　第7研究（スタッフ）

	第Ⅰ因子	第Ⅱ因子
人生に満足	0.774	0.337
生きがいがある	0.702	0.299
意味のある人生	0.681	0.459
充実した生活	0.612	0.451
家族に恵まれ	0.371	0.145
能力に恵まれ発揮	0.281	0.700
人の役に立つ	0.268	0.678
他人から承認	0.301	0.651
挑戦でき困難を克服	0.397	0.554
働き甲斐	0.283	0.459

因子抽出法：主因子法
回転法：Kaiserの正規化を伴うバリマックス法

表7-3　第8研究（男性スタッフ）

	第Ⅰ因子	第Ⅱ因子	第Ⅲ因子
生きがいがある	0.895	0.192	0.284
意味のある人生	0.829	0.257	0.098
人生に満足	0.672	0.159	0.228
充実した生活	0.630	0.302	0.466
他人から承認	0.057	0.901	0.241
人の役に立つ	0.363	0.679	0.018
能力に恵まれ発揮	0.287	0.655	0.430
挑戦でき困難を克服	0.403	0.431	0.066
家族に恵まれ	0.126	0.120	0.874
働き甲斐	0.305	0.173	0.512

因子抽出法：主因子法
回転法：Kaiserの正規化を伴うバリマックス法

8研究（男性）のスタッフの回転後の表を代表例として**表7-2、3**に示すが、各因子と項目の関係を要約したものが、**表7-4**である。

基本的には、第Ⅰ因子が「人生に満足」、「生きがいがある」、「意味のある人生」、「充実した生活」で構成され、「自己肯定・生きがい因子」と名づけることができよう。第Ⅱ因子は、「他人から承認」、「能力にも恵まれ発揮」、「挑戦でき困難を克服」、「人の役に立つ」で構成され、「成長・承認因子」と名づけてよいであろう。多くの場合、「家族に恵まれた」が因子負荷量が.50に満たないけれども第Ⅰ因子に属し、同様に「働き甲斐のある仕事をしてきた」（以下、

表7-4　各研究・階層ごとの生きがい因子の分布

	第6研究				第7研究				第8研究男性					第8研究女性		
	全体	一般	監督	師長	全体	一般	監督	師長	全体	一般	監督	課長	部長	全体	一般	監督
生きがいがある1	1	1	1	1	1	1	1	1	1	1	1・2	1	1	1	1	
人生に満足	1	1	1	1	1	1	1	1	1	1	1	1	2	1	1	1
充実した生活	1	1	1	1	1	1	1	1	1	1	1	1	2	1	1	
意味のある人生	1	1	1	1	1	1	1	1	1	1	1	1・2	1	1	1	
家族に恵まれ	1*	1*	1*	1*	1*	1*	1*	1	1	3	1	1	1	1*	1*	2
他人から承認	2	2	2	2	2	2	2	2	2	2	2	2	1	2	2	
挑戦でき困難を克服	2	2	2	2	2	2	2	2	2	2*	2	2	1	2	2	
能力に恵まれ発揮	2	2	2	2	2	2	2	2	2	2	2	2	3	2	2	
人の役に立つ	2	2	2	2	2	2	2	2	2	2	2	2	1	2	2	
働き甲斐	2*	2*	1*	2*	2	2*	2*	2	2*	3	1	1	3	2	2	1
									46					27		

	第8研究女性			第9研究男性				第9女性	
	全体	一般	監督	全体	一般	監督	課長	全体	一般
生きがいがある	1	1	1	1	1	1	1	1	1
人生に満足	1	1	1	1	1	1	1	1	1
充実した生活	1	1	1	1	1	1	1	1	1
意味のある人生	1	1	1	1	1	1	1	1	
家族に恵まれ	1*	1*	2	1*	1*	1*	1*	1	1
他人から承認	2	2	2	2	2	2	2	2	
挑戦でき困難を克服	2	2	2	2	2	2	2	2	
能力に恵まれ発揮	2	2	2	2	2	2	2	2	
人の役に立つ	2	2	2	2	2*	2*	2	2	
働き甲斐	2	2	1	2*	2*	21*	1*・2*	2	2
				42					

・枠の下の数字は、その階層の母数。50に満たないグループの対象数

・1は第Ⅰ因子、2は第Ⅱ因子、3は第Ⅲ因子である。

・階層欄の一般はスタッフを指す。監督は監督職を指す。

*は、その番号の因子として表示されるが、負荷量が.50に満たないもの。

働き甲斐）が第Ⅱ因子に属している。しかしながら、「働き甲斐」は、第Ⅰ因子に属することもあり、また、第Ⅲ因子の中核項目になることもあるなど、第Ⅰ因子や第Ⅱ因子に属する項目とは断定できないので、独立したものとして扱うことにする[i]。またそれに準じて、「家族に恵まれた」も生きがいの2因子の枠からは外して見ていくことにする。

　それらを図示すると図7-2-1、2のようになる。ここでは、紙幅の関係

---

i　前章の分析は、この因子分析を念頭において、生きがいに至るパスの1変数として、働き甲斐を用いている。

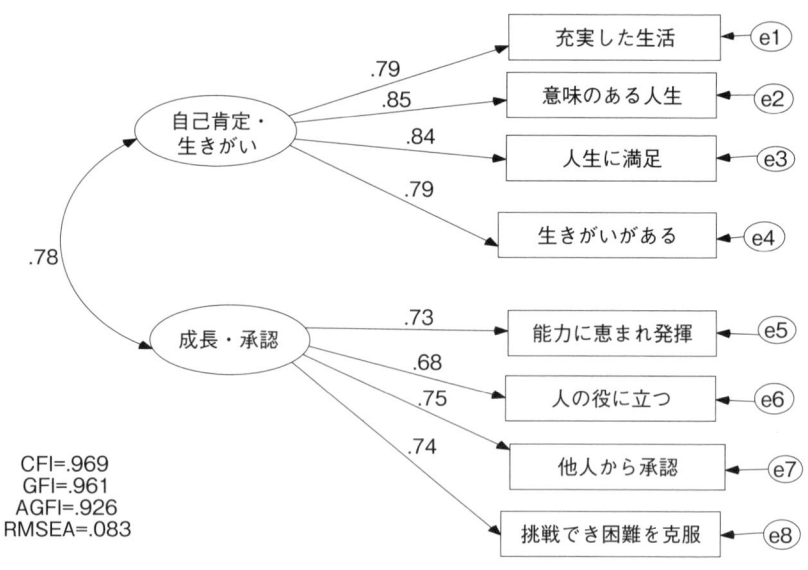

196　第Ⅲ部　モデルの検証とまとめ

図7-2-1　生きがいの因子分析（第7研究）

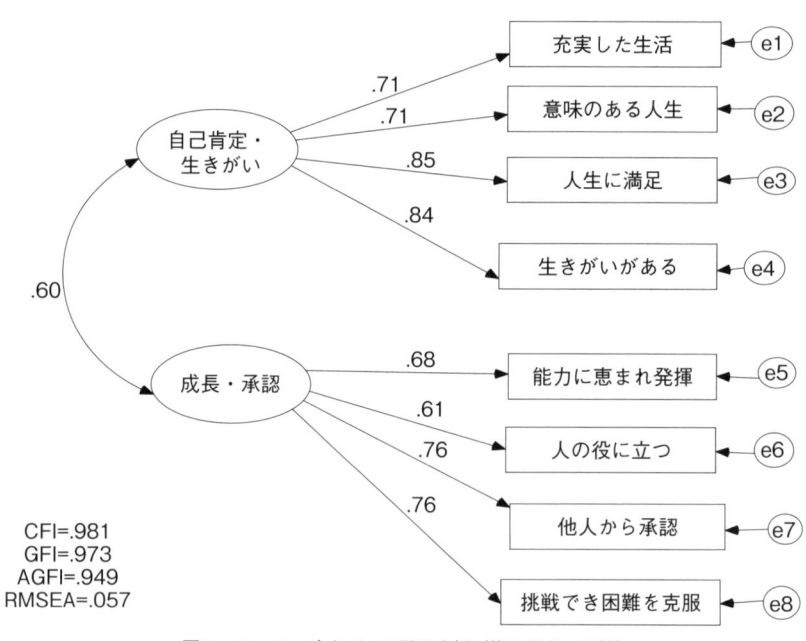

CFI=.969
GFI=.961
AGFI=.926
RMSEA=.083

図7-2-2　生きがいの因子分析（第9研究　男性）

CFI=.981
GFI=.973
AGFI=.949
RMSEA=.057

で2つの因子の相関係数が高い第7研究と最も低い値を示す第9研究男性のデータのみを紹介したが、各因子とそれを構成する項目間の関係や適合度指標は、ほぼ同じような傾向を示している（いずれも当てはまりは、RMSEAを除いて非常に良い）。

2．項目間の関係

　ここでは、「生きがい」が、他の変数とどのように関連するのかを探っていく。関連要因としては、第2章を中心に行った働く人々の生きがいやその類似概念に関する検討を基に、自己効力感、働き甲斐、全体的生活満足感・生活満足感・職務満足感などの満足感を取り上げ、前項で見た、"生きがい"を構成する中核にある自己の肯定感や充実感・生きがい感や、自己の成長と承認との関係を見ていくことにする。また、他者との関わりを示すソーシャル・サポートも分析の枠組みに入れていく。

　最初に、それらの関係を相関関係から見る。第4章で見たように、本研究で用いる変数の平均値を職位別に比較すると、職位の影響がかなり大きく、スタッフと師長・課長やそれ以上の階層間に有意な差異があることが多い。そこで、職位やそれと連動しがちな年代の持つ影響を排除するために、年代と職位を統制して偏相関係数を求め、要因間の関係の強さを見た。なお、本研究の主要な対象のひとつである看護師は、圧倒的多数を女性が占める。働く女性に関しては、家族関係や家庭役割が、キャリア発達やさまざまな満足を阻害する要因として大きく作用するとされることが多いという主張が少なくない[3]（小野 2007）。しかしながら、第6研究に基づく分析では、有配偶者で有子の看護師のほうがそれらの満足は高く、キャリア発達の程度も高く知覚している[4]（Ono, Sekiguchi, Kato 2006）ので、配偶者や子供の有無を統制要因に含めないことにした。

　各変数の平均値は第4章などでも見たが、簡単に各研究の値の比較を要約すると、看護師は、職務満足感・生活満足感・全体的生活満足感などの生活に関する満足や心身の健康への満足が会社員に比して低い。仕事生活や非仕事生活

における支援は、仕事に関しては第9研究男性が、非仕事生活に関しては会社員の男性が低く、会社員の女性や看護師は両方の支援を多く受けている。働き甲斐に関しては看護師と第8研究男性が高く、第9研究の男女が低い。キャリア発達は、第8研究男性が高く、看護師も含め女性は低い。逆に自己効力感は、女性が高い。

偏相関分析の結果は、代表的な反応傾向を示す第7研究の結果を**表7-5**で示すことにする。

各研究の結果を概観すると、第Ⅰ因子「自己肯定・生きがい因子」は、職務満足感、生活満足感、全体的生活満足感、働き甲斐、キャリア発達、自己効力感と.40～.50の偏相関係数を示し、第8研究以外では仕事生活・非仕事生活への支援とも関係を示す。第Ⅱ因子「成長・承認因子」は、第Ⅰ因子と同じような傾向であるが、満足感に関しては、値が相対的に低い。逆に、働き甲斐、キャリア発達、自己効力感に関しては第Ⅰ因子よりも高い値を示し、特に、キャリア発達、自己効力感は、.50以上の相関を示す。

生活満足感は、看護師で、働き甲斐、キャリア発達、自己効力感との結びつきが弱く無関係を示すことが多い。第6章でもふれたように、さまざまな研究データをモデルに当てはめるとき、そのパス図に生活満足感を投入することが

表7-5 生きがいに関連する変数の偏相関係数 (第7研究 年代・地位を統制)

	自己肯定・生きがい因子	成長・承認因子	職務満足感	生活満足感	全体的生活満足感	仕事生活支援	私生活支援	働き甲斐	キャリア発達計	自己効力感(変換)
自己肯定・生きがい因子	—									
成長・承認因子	0.652	—								
職務満足感	0.286	0.241	—							
生活満足感	0.418	0.231	0.387	—						
全体的生活満足感	0.472	0.303	0.567	0.747	—					
仕事生活支援	0.259	0.229	0.214	0.181	0.265	—				
私生活支援	0.332	0.212	0.099	0.221	0.199	0.628	—			
働き甲斐	0.428	0.494	0.252	0.191	0.252	0.177	0.115	—		
キャリア発達計	0.410	0.570	0.314	0.274	0.295	0.293	0.179	0.389	—	
自己効力感(変換)	0.393	0.565	0.198	0.183	0.223	0.251	0.194	0.301	0.441	—

注:自己効力感については、逆転項目であるが、この表では、正負を逆にして計算したものを示した。

適合度を高めることは、極めて稀である。その意味で、生活満足感は、キャリア発達—生きがいモデルにおいては、重要な地位を占めてはいない。

仕事生活支援・非仕事生活支援は、生きがいの2つの因子と関係を持つことが多く、そのほかにも仕事生活支援は、仕事に関連する職務満足感やキャリア発達、自己効力感などとの関連を示すことが多い。しかし、第8研究の男女は、他のすべての変数と無関係であることを示し、際立って異なった反応傾向にある。また、第9研究男性も、非仕事生活支援は、他の変数と無関係なことが多い。このように、支援は、一貫した傾向を見出しがたく、モデルへの使用は、躊躇せざるを得ない。

全体的生活満足感は、ほとんどの場合、生活満足感と.70以上の関係を示し職務満足感とも.50以上の関係を示すことが多い。また、生きがいの2因子の中では、第Ⅰ因子との関連が強い。

働き甲斐は、前述のように第Ⅰ因子・第Ⅱ因子との関係が強くキャリア発達とも会社員では.40以上、看護師とは.30以上の関係を持つ。また自己効力感とは、キャリア発達ほど高くはないが関係を持つ。その一方ソーシャル・サポートである仕事生活支援や非仕事生活支援との関連は示さない。

自己効力感は、働き甲斐よりもキャリア発達や第Ⅱ因子との関係が強く、いずれも.40以上である。また、仕事生活支援とも関連を持つ。

キャリア発達は、職務満足感などの満足感よりは、生きがいの2因子、とりわけ第Ⅱ因子や自己効力感、働き甲斐などとの関連が強い。

なお、我々の生活の中で心身の健康は、全体的生活満足感に大きな影響を及ぼすであろうし、高齢者の生きがいに関する調査などでは「健康」は大きな要因になっていることが多いように思われる。そこで、上記の諸項目との関連を見たが、第Ⅰ因子や、生活満足感、全体的生活満足感との関連が見られるが、働き甲斐や自己効力感、キャリア発達などとの関連はあまり高い値は示さず、わずかながら関係を示すという程度である。前章の分析の際、「生きがいがある」や「全体的生活満足感」に対してパスを引いたが、適合度指標の値を悪くする効果しか見出せなかったことを裏づけている。

第3節　モデルの構築

　因子分析や偏相関分析の結果を基に、生きがいをめぐる諸要因の関係のモデル化をここでは試みることにする。なお、本研究ではパス係数という際は、前述のようにすべて標準化されたパス係数（標準化推定値）を用いる。

1．基本モデル
（1）　モデル設計

　第1節の因子分析の結果を踏まえて、より具体的な生きがいを含んだ［キャリア発達―生きがい］モデルを最後に検討してみることにする。基本的な発想は、第6章の結果得られた**図6－3**の「生きがい」を、前節の検討結果と置き換えるというものである。

　そのための考え方としては、**図7－2**の上位概念に当たるものとして潜在変数［生きがい］を置き、2つの因子の下に各構成変数を置くという、まったくの当てはめが考えられる。この利点は、もともとの観測値をそのまま、用いることができ、データをゆがめる可能性が少ないということである。

　第2の考え方は、生きがいを構成する8変数の観測値の和を「生きがいがある」への評価と置き換えるというものである。この場合、観測値そのものは生きてくるが、生きがいの持つ2つの因子の意味が、充分生かされているとは言い難いものになる。

　第3の考え方は、上記8変数の因子得点を用いるというものである。ただし、本研究で用いた生きがいの尺度（操作的にこれを生きがいを表すものとした）が大きく2つのグループによって構成されることを無視することになり、また、回転前の因子分析が1因子ですべてを説明しない場合も有り得るわけであり、その値を用いることの妥当性を充分に説明し得るか疑問である。

　それらの検討を踏まえて、第6章の検討のベースになった**図6－3**に**図7－2**を当てはめることにし、**図7－3**というモデル（以下、モデルAという）を描いた。

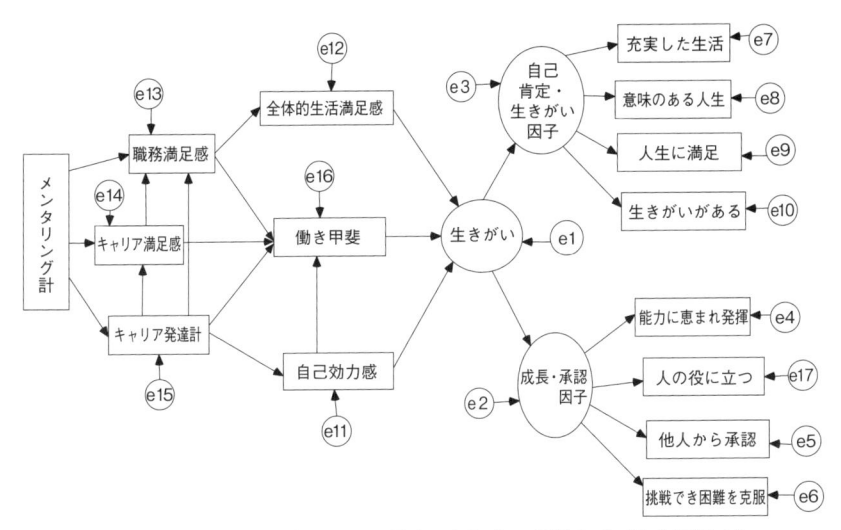

図7-3　メンタリング―キャリア発達―生きがい2因子のパス図（モデルA）

（2）実際のデータによるモデルの検証

　次に各研究のデータを、モデルAに当てはめてみる。なお、パス係数があまりに小さい（主としてパス係数が.10未満のも）ものや、推定値が有意でないものは、研究ごとにパスからはずしてあるので、まったく同じパスを、各研究とも描いているわけではないが、各変数は何らかの形で残っている。

　全体を見てみると、サンプル数の少ない第8研究女性（n＝110）と第9研究女性（n＝120）では、RMSEAが、0.10を超え当てはまりが悪いことを示している。特に、第8研究女性ではCFI、GFI、AGFIの値が低く、モデルの妥当性は非常に疑わしいことを示している。第9研究女性は、CFIが0.9をこえるもののGFIが0.8台、AGFIは0.7台であり、若干モデルを支持する傾向を示している。

　これに対して、サンプル規模の大きい看護師や会社員男性は、CFI、GFIが0.9を超え（第8研究男性はGFIが0.8台）、AGFIも0.8台で、RMSEAはグレーゾーンに入り、モデルを支持している。

　次に、実際のデータを投入した各パスの値を見てみよう。図7-4、5は、看護師（第7研究）と会社員男性（第9研究）の実際のデータを与えたもので

ある。

　この2つの図で分かることは、キャリア発達からキャリア満足感、職務満足感、全体的生活満足感という高いパス係数で結ばれた流れがひとつあること、もうひとつは、キャリア発達から自己効力感と働き甲斐の2つに比較的高いパ

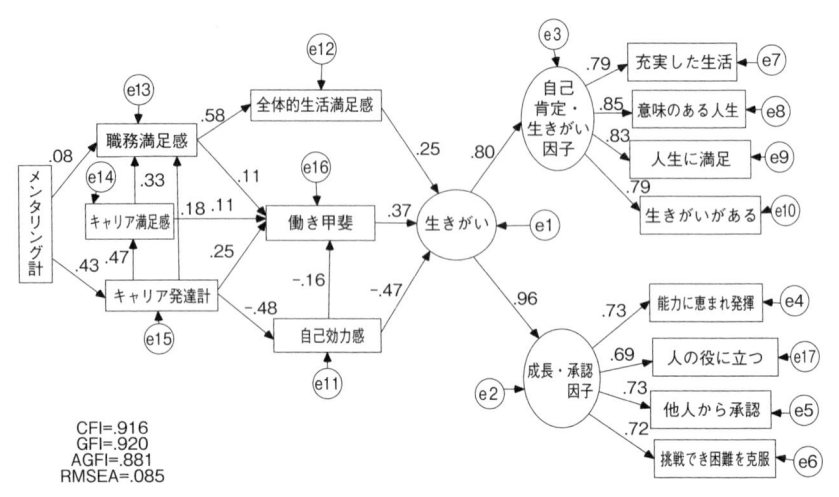

図7-4　モデルA（第7研究）

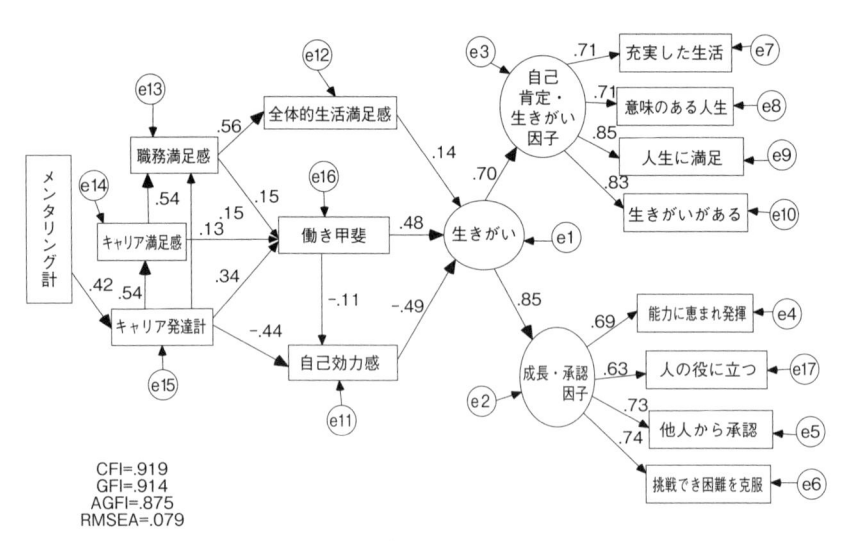

図7-5　モデルA（第9研究　男性）

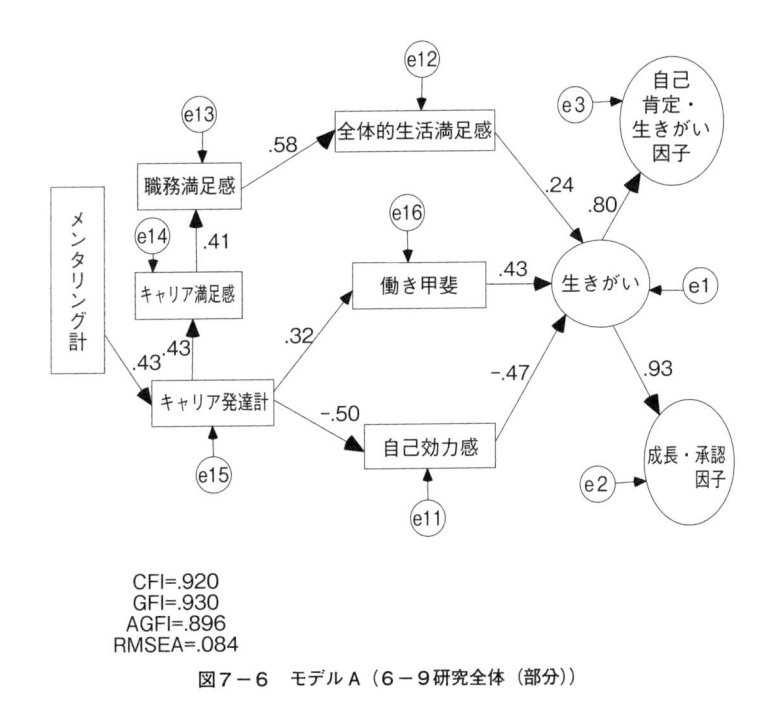

図7-6 モデルA（6-9研究全体（部分））

CFI=.920
GFI=.930
AGFI=.896
RMSEA=.084

スの流れがあり、そのおのおのが生きがいと結びつくという流れがあることである。これは第6章でも見たとおりである。

図7-6は、全データをモデルAに投入し、生きがいの8因子とパス係数が.20以下のパスを図の上では消して、全体像を把握やすくしたものである。この結果は、最もベースになる図を支持している。

2．6章のモデルとの比較

前章では、生きがいを「生きがいがある」という1項目の尺度で表されるものとして、モデル構築を試みた。本章では、それを、生きがい10項目の因子分析結果を基にした2つの因子からなる「生きがい」（潜在変数）と置き換え、他の変数との関連を見ている。

表7-6は、第6章で用いた「生きがい」（表7-6では、1項目と標記）と本章の「生きがい」（同、2因子）が、他の変数とどのような関連を持つの

表7-6 各研究別「生きがい」と他の変数の関係（パス係数）

パス 生きがい 研究	全体的生活満足感 → 生きがい		働き甲斐 → 生きがい		自己効力感 → 生きがい	
	1項目	2因子	1項目	2因子	1項目	2因子
第6研究	.24	.25	.29	.41	-.26	-.49
第7研究	.29	.25	.25	.37	-.22	-.47
第8研究　男性	.33	.35	.44	.44	ns	-.37
第8研究　女性	.38	.33	.16	.40	-.19	-.49
第9研究　男性	.26.	14	.20.	48	-.20	-.49
第9研究　女性	.29	.23	.32	.41	-.31	-.49
全体	.25	.24	.30	.43	-.24	-.47

ns：パス係数の推定値は有意でない

かをパス係数で見たものである。

　全体的生活満足感から生きがいへのパス係数は、第9研究男性で大きく減じる以外はあまり大きな変化はない。しかしながら、[働き甲斐→生きがい]、[自己効力感→生きがい]に関しては、パス係数が明らかに大きくなっているのが分かる。とりわけ、[自己効力感→生きがい]のパスにおいて、その傾向は著しく大きく、パス係数が2倍以上になっているものもある。その意味で、[メンタリング―キャリア発達―生きがい]モデルでは、生きがいに因子分析の結果を投入し、生きがいをより具体化すると、仕事、もしくは、仕事に関連したキャリア発達に関連の深い変数の影響力が鮮明に浮かび上がるということができよう。

　ただし、各研究のモデルの適合度に関してみていくと、**表7-6**の各研究の全体の行と、4頁後にある**表7-7**のモデルAの列の値を比べると、全体的な当てはまりは、「生きがいがある」という1項目で表される生きがいを用いた第7章のモデルのほうが良いことを示している。

3．モデルの適合度指標の上昇を求めて

　前述のように、モデルAに関して、各適合度指標を見ると、サンプル数の少ない会社員の2研究の女性は例外としても、必ずしも、高いわけではない。また、生きがいを、2因子で見るより1項目で代表させるモデルの適合度指標

のほうが高い。

そこで、**表7-5**では第7研究のデータを示したが、各研究の偏相関をもとに、パスの追加やパスの移動を試み、適合度が高くなる可能性があるか否かの分析を試みた。

その手順は以下の通りである。

① 第6章で見たように、一部の研究では、生活満足感を投入したほうが当てはまりが良くなったものがあったので、それらの研究や当てはまりの悪い会社員の女性に関して、生活満足感から全体的生活満足感へのパスを引いたモデルを作成した。

② 偏相関係数の分析で、キャリア発達が生きがいの2つの因子との間で強い関係を示したので、モデルAにキャリア発達から生きがいへのパスを引いたモデルを作る（モデルB）。

③ 偏相関係数の分析で、全体的生活満足感は、生きがいの2つの因子のうち、特に「自己肯定・生きがい因子」との関係が強かったので、モデルAから［全体的生活満足感→生きがい］のパスを削除し、新たに全体的生活満足感から「自己肯定・生きがい因子」へのパスを引いたモデルを作る（モデルC）。

④ ②③の相乗効果を見るために、モデルCにキャリア発達から生きがいへのパスを引いたモデルを作る（モデルD）。

⑤ それら以外に、偏相関係数の分析で、自己効力感は、生きがいの2つの因子のうち、特に「成長・承認因子」との関係が強かったので、モデルAから［自己効力感→生きがい］のパスを削除し、新たに［自己効力感→成長・承認因子］のパスを引いたモデル、などを作る。

次に、各モデルについて実際のデータを当てはめ、どのように変化するかを前述の第7研究を例にして見て（**図7-7**）、続いて、②〜④の操作の結果について概観していくことにする。

一連の操作の結果を見ていくと、①に関しては、第8研究男・女、第9研究女性では、生活満足感から全体的生活満足感へのパスの投入によって適合度指

標がいずれも悪化した。また、特定のパス係数が飛躍的に高まるということはなかった。そこで、以下では、生活満足感を投入すべき変数としての検討の枠外におくことにする。

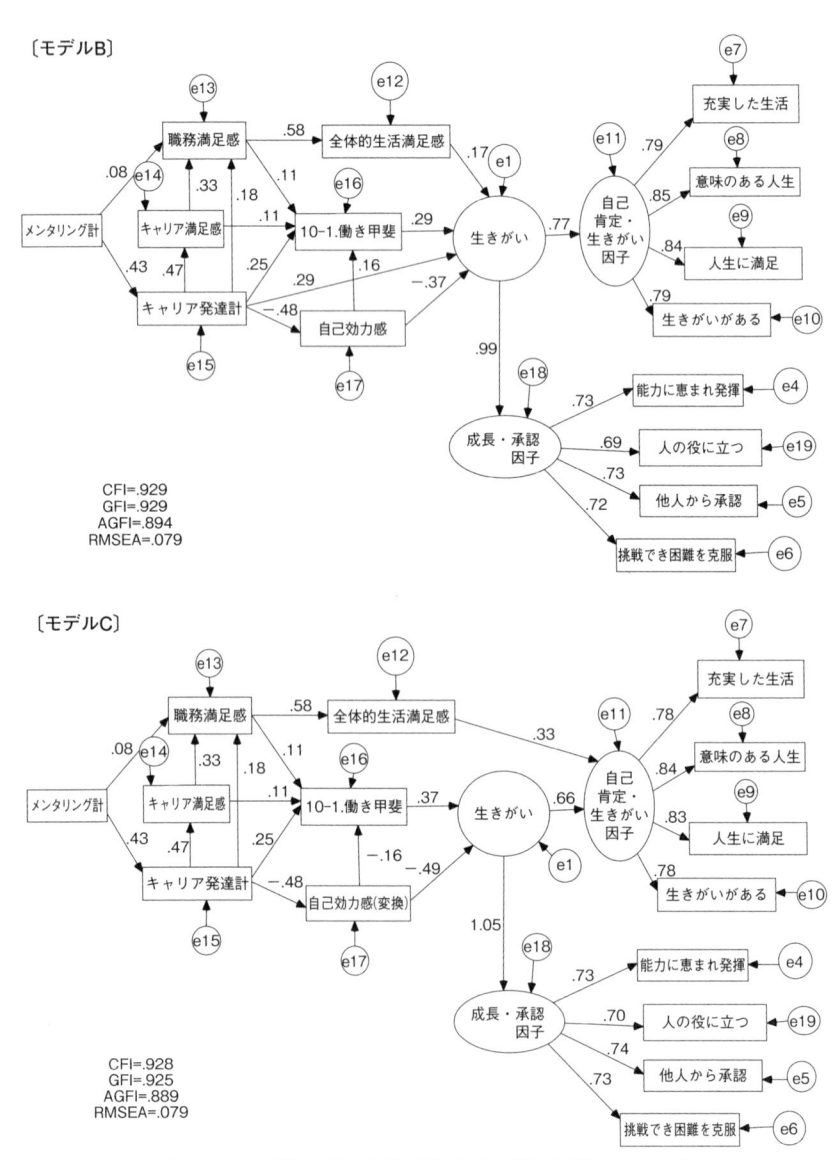

図7－7　モデルごとの変化（第7研究　順にモデルB・C・D）

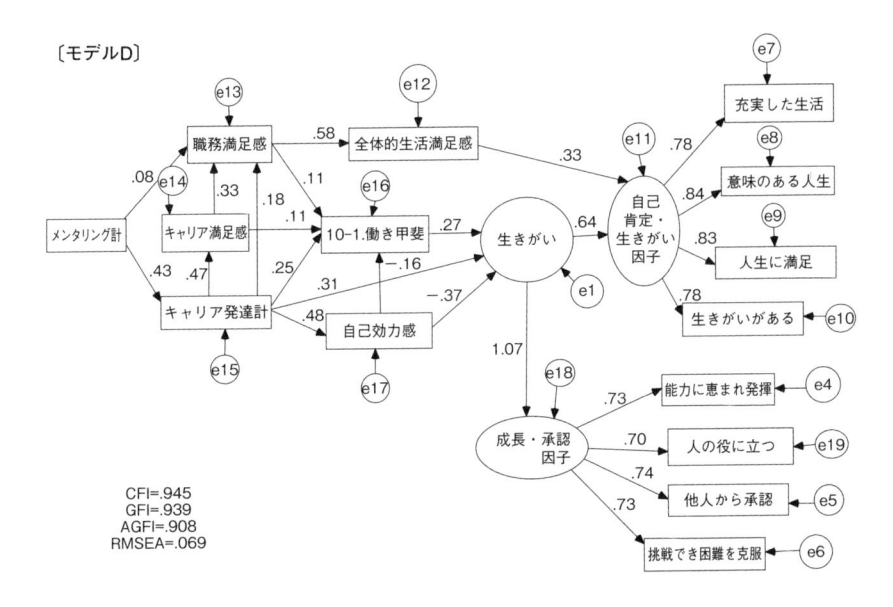

[モデルD]

CFI=.945
GFI=.939
AGFI=.908
RMSEA=.069

　また、⑤に関しても、モデルCとの組合せを考えながら、さまざまなパスの検討を繰り返したが、いずれも適合度指標の悪化が顕著であり、モデルとして検討することには値しないように思える。
　モデルC・Dについて見ると、［全体的生活満足感→自己肯定・生きがい因子］のパス係数は、モデルBの［全体的生活満足感→生きがい］に比して明らかに大きく、全体的生活満足感が、生きがいのなかでも、自己の成長や他者からの承認などよりは、自己を肯定的に捉えることと現在（まで）の生活に満足していることにより強く結びついていることを示している。
　②～④のモデルB、C、Dに関しては、**表7－7**で見るように、いずれもモデルAよりも適合度指標は高まる。多くの研究に共通するのは、
1）モデルCは、適合度指標はモデルAよりも良くなるが、モデルAの［全体的生活満足感→生きがい］のパス係数と新たに引かれた［全体的生活満足感→自己肯定・生きがい因子］のパス係数を比べると、ほとんど変わらないかわずかに高くなるにすぎない。
2）モデルBでは、モデルAに比して［全体的生活満足感→生きがい］の

表7-7 パスの追加および移動による適合度指標の変化

調査・パターン	モデルA	モデルB	モデルC	モデルD
第6研究 2,663				
CFI	0.919	0.933	0.925	0.942
GFI	0.928	0.937	0.929	0.942
AGFI	0.894	0.907	0.897	0.915
RMSEA	0.084	0.077	0.080	0.071

調査・パターン	モデルA	モデルB	モデルC	モデルD
第7研究 823				
CFI	0.916	0.929	0.928	0.945
GFI	0.92	0.929	0.925	0.939
AGFI	0.88	1.894	0.889	0.908
RMSEA	0.085	0.079	0.079	0.069

調査・パターン	モデルA	モデルB	モデルC	モデルD
第8研究 男性 248				
CFI	0.924	0.942	0.929	0.955
GFI	0.891	0.906	0.890	0.910
AGFI	0.843	0.863	0.840	0.869
RMSEA	0.090	0.079	0.087	0.070

調査・パターン	モデルA	モデルB	モデルC	モデルD
第8研究 女性 110				
CFI	0.850	0.856	0.862	0.873
GFI	0.824	0.823	0.822	0.828
AGFI	0.745	0.747	0.743	0.748
RMSEA	0.111	0.109	0.106	0.102

調査・パターン	モデルA	モデルB	モデルC	モデルD
第9研究 男性 392				
CFI	0.919	0.938	0.930	0.949
GFI	0.914	0.927	0.922	0.935
AGFI	0.875	0.892	0.885	0.903
RMSEA	0.079	0.070	0.074	0.064

調査・パターン	モデルA	モデルB	モデルC	モデルD
第9研究 女性 120				
CFI	0.908	0.919	0.914	0.929
GFI	0.848	0.859	0.853	0.867
AGFI	0.780	0.793	0.788	0.805
RMSEA	0.093	0.088	0.090	0.082

調査・パターン	モデルA	モデルB	モデルC	モデルD
全体 4,356				
CFI	0.920	0.934	0.927	0.944
GFI	0.930	0.940	0.933	0.946
AGFI	0.896	0.910	0.900	0.919
RMSEA	0.084	0.077	0.080	0.070

モデルB：モデルAに［キャリア発達→生きがい］のパスを加えたもの
モデルC：モデルAの［全体的生活満足感→生きがい］のパスを削除し［全体的生活満足感→自己肯定・生きがい因子］へのパスを加えたもの
モデルD：モデルCに［キャリア発達→生きがい］のパスを加えたもの

パス係数が低下する。特に第9研究男性では0.1に達せず、その間の関連が見出しにくくなっている。

3）モデルB・Dに見るように、［キャリア発達→生きがい］へパスを引くことは、すべての適合度指標の改善に貢献する。第9研究の男性では、この効果は顕著であるが、その一方で、第8研究女性ではこれは当てはまらない。

4）RMSEAは、すべて.05～.09の間に有り、他の適合度指標が、当てはまりのよさを示しているときでも、モデルがグレーゾーンにあることを示し

ている。

5）どの研究でも適合度指標が最も好ましいのはモデル D である。

という点である。

また個別に見ていくと、第7研究は第6研究とほぼ同じで、各指標の値も近く、看護師の組織の違いを超えた意識の共通性・類似性の高さをうかがわせる結果となった。また、前述のように、会社員（第8研究・第9研究）の女性は、すべての適合度指標がモデルを支持しているわけではない。

ただし、検討を要しなければいけないのは、モデル D では、第9研究男性・女性以外では、［生きがい→成長・承認因子］のパス係数が1.0をわずかに超えるということである（全サンプルを用いたものでは1.02である）。最も値の高いのは、第7研究で、**図7－7**でも見たように、1.07であり、第7研究ではモデル C でも、1.05を示している（モデル C で、このパス係数が1.0を越えるのは、第7研究のみである）。

そこで、2つの因子を構成する各4項目の相関係数を再度点検し、最も相関係数の高い組合せのうちの1方の変数をモデル C および D から削除して計算を行ったが、［生きがい→成長・承認因子］のパス係数が1.0以下になることはなく、因子を構成する変数間の過度に高い相関によるモデルの適合性への影響と見ることはあまり妥当ではないようである。

パス係数が1.0を超えることに関しては、モデルの適切性を疑う声や、過度に大きくなければ問題なしとする意見など、筆者の知る限り、論議は一致を見ていない。その一方で、そのことの是非に関する判断基準を筆者は持たず、また、一般的に1.0を超えるパス係数をもつモデルは採用されないことが多いので、本研究としては、モデル B を採択する。

4．メンタリングを取り除いた［キャリア発達―生きがい］モデルについて

第6章でも述べたように、この研究には、キャリア発達から生きがいへと続く一連の変数の関係が妥当か否かの検証にも関心があり、キャリア発達への影響の大きいメンタリングを除いてもそれが成り立つか否かの検証が、必要であ

表7－8 モデルBのメンタリングの有無別に見た適合度指標

パターン	第6研究 メンタリングあり	第6研究 メンタリングなし	第7研究 メンタリングあり	第7研究 メンタリングなし	第8研究男性 メンタリングあり	第8研究男性 メンタリングなし	第8研究女性 メンタリングあり	第8研究女性 メンタリングなし
CFI	0.933	0.930	0.929	0.929	0.942	0.939	0.856	0.854
GFI	0.937	0.933	0.929	0.927	0.906	0.908	0.823	0.833
AGFI	0.907	0.900	0.894	0.888	0.863	0.862	0.747	0.749
RMSEA	0.077	0.083	0.079	0.084	0.079	0.086	0.109	0.117

パターン	第9研究男性 メンタリングあり	第9研究男性 メンタリングなし	第9研究女性 メンタリングあり	第9研究女性 メンタリングなし	全体 メンタリングあり	全体 メンタリングなし
CFI	0.938	0.941	0.919	0.923	0.934	0.933
GFI	0.927	0.930	0.859	0.865	0.940	0.937
AGFI	0.892	0.891	0.793	0.794	0.910	0.905
RMSEA	0.070	0.073	0.088	0.092	0.077	0.082

る。そこで、次に、モデルB・Dを用いて、各研究からメンタリングとキャリア発達の誤差項を除いたモデルを作成し、適合度指標の変化を見ることにする。

その結果は、**表7－8**のようになり、各指標とも0.01を超える悪化は見られず、第9研究女性のように適合度がより向上するケースもある。それゆえ、キャリア発達を起点とした、メンタリングを含まない場合でも、キャリア発達が生がいに貢献するというモデルは、充分に成り立つと言うことができる。

全データを用いた分析を**図7－8**で示すが、メンタリングを含めたモデルに比して、各指標は、ごくわずかの悪化を示すに過ぎず、［キャリア発達―生きがい］モデルとしても充分に成り立つことを示している。

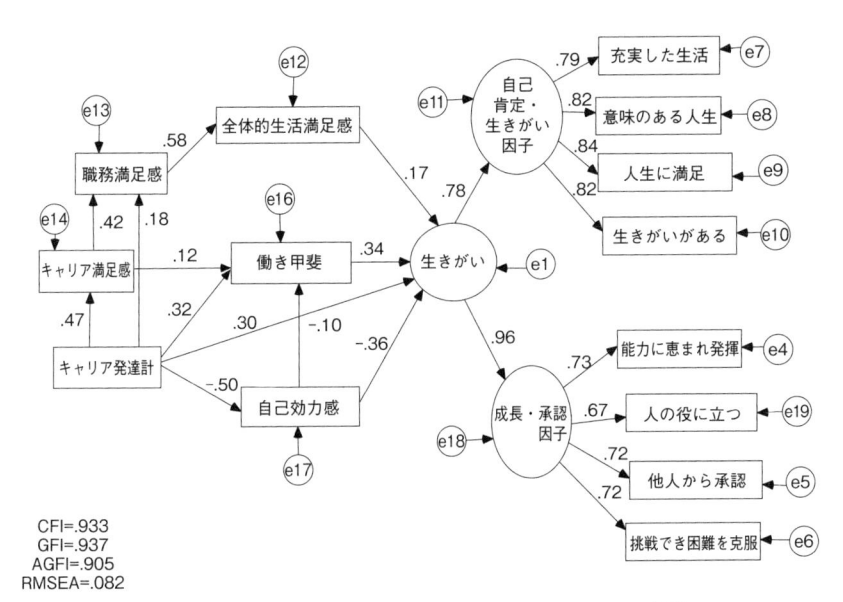

図7-8 キャリア発達—生きがいモデル(B)(6-9研究　全体)

CFI=.933
GFI=.937
AGFI=.905
RMSEA=.082

第8章

［メンタリング―キャリア発達―生きがい］モデルと組織の対応：まとめにかえて

第8章 ［メンタリング―キャリア発達―生きがい］モデルと組織の対応：まとめにかえて　215

　この章では、本研究のまとめとして、モデル検証も含めた実証研究の要約を行い、そこから導き出される人事・労務管理、人的資源管理の課題に対する提言を、産業・組織心理学の立場から、行うことにする。

第1節　本研究の要約

1．本研究で発見したこと

　本研究で発見あるいは確認したことは、以下の諸点にまとめることができる。

（1）モデルについて

　予備調査である第5研究から始まった［メンタリング → キャリア発達］の関係の探索は、第6研究以後の生きがいとキャリア発達の関係の把握を通して、以下の諸点を発見、または、確認した。

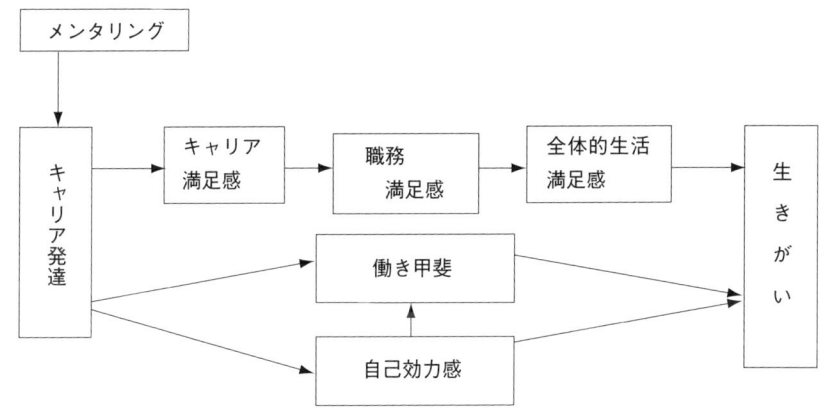

　1）［メンタリング ― キャリア発達 ― 生きがい］モデルが成立する

　2）メンタリングとキャリア発達の関係を除いた［キャリア発達 ― 生きが

図8-1　［メンタリング ― キャリア発達 ― 生きがい］モデル

い］モデルも成り立つ。

3）キャリア発達と生きがいは、ひとつはキャリア満足感、職務満足感、全体的生活満足感などの満足感、もうひとつは、より仕事と関連した働き甲斐や自己効力感（特性的自己効力感）を介して結びつく。

4）第7章で見たように、生きがいは2つの下位尺度を持つが、図8－1の生きがいの下位尺度として2つの構成要因「自己肯定・生きがい因子」と「成長・承認因子」を付けた場合は、キャリア発達から生きがいへの直接的なパスを引いたほうが、モデルの適合度が高まる。

5）1）～4）に関しては、第6研究・第7研究の看護師、第8研究以降の会社員（資格専門職である看護師に対して一般的な働く人々と位置付けた）に対する調査の分析結果を比較すると、会社員と資格専門職である看護師では、このモデルに関する変数間の構造に大きな差異はない。

6）階層間でも大きな差異は見られないが、パス係数の小さな変数間の関係に関しては、研究間（対象病院組織間、専門職対非専門職、男女間、企業間）で差異が存在する。

（2）キャリア発達について

1）キャリア発達は、（1）の3）で見たように、さまざまな満足を通して生きがいに至るパスと、自己効力感や働き甲斐を通して生きがいに至るパスを持つが、同時に、直接的に生きがいに関係することもある。

2）キャリア発達は、職務満足感だけでなく、全体的生活満足感や仕事生活における他者からの支援、そして、非仕事生活における他者からの支援（ソーシャル・サポート）とも関係を持つ。

3）キャリア発達の促進要因として大きな影響力を持つものは、企業の提供するOJTや院外（社外）の研修、メンターによる支援（メンタリング）、「患者・顧客」からの一言などであり、非常に多様である。

4）キャリア発達は、職務満足感を介して、働く人々の組織への残留（リテンション）意図や組織・職場へのコミットメントと結びつく。

5）キャリア発達と関係の深いキャリア満足感では、自己の成長や職場での

地位だけでなく、家庭との両立とも関係することを示している。
6) 2)、3)、5) などを見る限り、キャリア発達は、仕事生活以外のさまざまな要因、特に他者との関わりの中にあることを示している。

(3) 生きがいについて

1) 生きがいは、今もしくは今までの自己、および、自己の人生全体への満足や肯定という側面と、仕事などを通して成長し、他者との関わりあいの中でそれが認められ、確認できることという2つの側面がある。
2) 1) の意味で、他者との関わり合いは、生きがいにとって、大きな意味を持つ。
3) 生きがいの対象は、女性を中心に非常に内面化されており、自分らしさを発揮できるか否かに判断基準を置く自己の確認と向かい合っている。その一方、男性の既婚者では、家族・家庭生活が生きがいの対象の中心になっている。
4) 生きがいの対象として、仕事や金銭的な豊かさの確保、地位などは、大きな存在ではない。

(4) メンタリングについて

1) メンタリングは、キャリア発達への影響が大きい。とりわけメンタリングの受容・承認機能はキャリア発達への貢献が最も大きい。
2) メンタリングは、筆者や他の研究者の先行研究に見られるとおり、キャリア発達だけでなく、職務態度との関係も強い。
3) メンタリングは、仕事生活におけるサポートとの関係が深く、それ自体もソーシャル・サポートとしての機能を、限定的だが果たしている。

(5) キャリア発達に関連するその他の要因について

1) キャリア発達と関係する個人の特性（自己啓発意欲、仕事に関連した対人関係志向、自己効力感）については、特性的自己効力感の影響がもっとも大きく、また、その関係の程度も強い。
2) 自分が成長してきたという成長感やそれを通した自己効力感は、職業的なキャリア発達に支えられている。

3）仕事に関係する対人関係志向は、自己効力感ほどではないが、キャリア発達と関係を持つ。
　4）自己啓発意欲とキャリア発達との関係は、組織別や男女別に見ると関係の強さの違いは大きいが、全体的に見ればわずかにあるに過ぎない。

2．それらの発見が意味することは

　本研究の発見は、働く人々にとって、生きがいは、現在までの自己への満足や肯定、人生の意味づけの成功に関わるものという側面と、自己の成長やそれを他者との関わりを通して確認できることという側面を持つ、ということである。自己の人生の肯定や成長の実感が、仕事生活を通して、そして、成功感や達成感を通して得られるものとするのならば、それらを可能にする職業的なキャリア発達が不可欠ということになる。

　そうであるとすれば、働く人々が生きがいを求めて生活しようとすれば、自己の成長や成功をもたらすキャリア発達は非常に大きな目標となり得る。とりわけ、人生のうちで最も活動的な時代に多くの時間を仕事に割くだけでなく、キャリア発達の確認が仕事を通して行われるとするのならば、働く人々は、職業的なキャリア発達の中でそれを希求することになるとも言えよう。そして、そのための活動もより積極的に行うことが予測される。

　また、生きがいの対象として「自分らしさの追求」が挙げられており、それが仕事を通して追及されるとするのならば、仕事の中でも他者と違う自分（アイデンティティ）を確認できるか否かが、重要な位置を占めることを意味する。そのことは、上司による部下の関心や価値観の確認とキャリア発達やさまざまな能力の程度の確認が普段に必要となることを意味し、管理者に大きな負荷をかけることを意味する。

　その一方で、キャリア発達は、個人の特性（自己効力感、仕事に関連した対人関係志向、自己啓発意欲）や能力だけではなく、さまざまな人々のさまざまな形の支援（ソーシャル・サポート）や組織によって提供される能力開発、仕事の機会によって支えられている。特に、他者からの支援の一つであるメンタ

ーの提供するメンタリングの影響が大きいことは、前著で指摘した通りであり、本研究で用いたさまざまな研究の結果もそれを支持している。

　メンタリングは、働く人々の個人のキャリア発達を促進するという個人的なメリットだけでなく、キャリア発達を通して、働く人々の職務態度に働きかけ、組織への残留意図を高めることも確認された。同時に、職務満足感との強い関連を示している。これらは、M.J. ランカウら[1]（Lankau, M.J. Carlson, D.S. and Nielson, T.R. 2006）の、「メンターは賃金や昇進のような従業員のキャリアの結果に貢献するだけでなく、仕事環境における不確定さに対処することを助ける。そしてそれは、職務満足感や組織コミットメントに肯定的に影響を与えることができる。」という研究結果を支持している。とりわけ、高い職務満足感が仕事への動機づけを導くという意味[i]で、組織に大きなメリットを与える。

　また、生きがいを感じられる生活は、働く人々の行動を活発化し、さらなるキャリア発達への必要性をより感じさせるものになるであろう。同時に、キャリア発達に支えられた仕事生活においては、より多くの（大きい）達成感や挑戦機会が提供される可能性が大きく、そこからは、より大きな職務満足感を得るチャンスも生じ、それが生きがいにつながるというが循環を形成し、それが図8－2のようなスパイラルを描くと想定できる。逆に、それらが得られなければ、より大きな挫折や閉塞感なども含めた仕事ストレスを味わうことにもなり、それらは組織にとって大きなリスクとなる。

　その結果、キャリア発達は、職務満足感と表裏をなす動機づけにも、大きな影響を及ぼすことになるとしても過言ではないであろう。

---

i　職務満足感が動機づけを導くのかという論議は、多くの研究が直接的な関係を示しえないという結論に達している。しかしながら、その一方で、多くの人々が両者の関係を実感しているのも事実と言えよう（小野公一　1993　『職務満足感と生活満足感』白桃書房）。

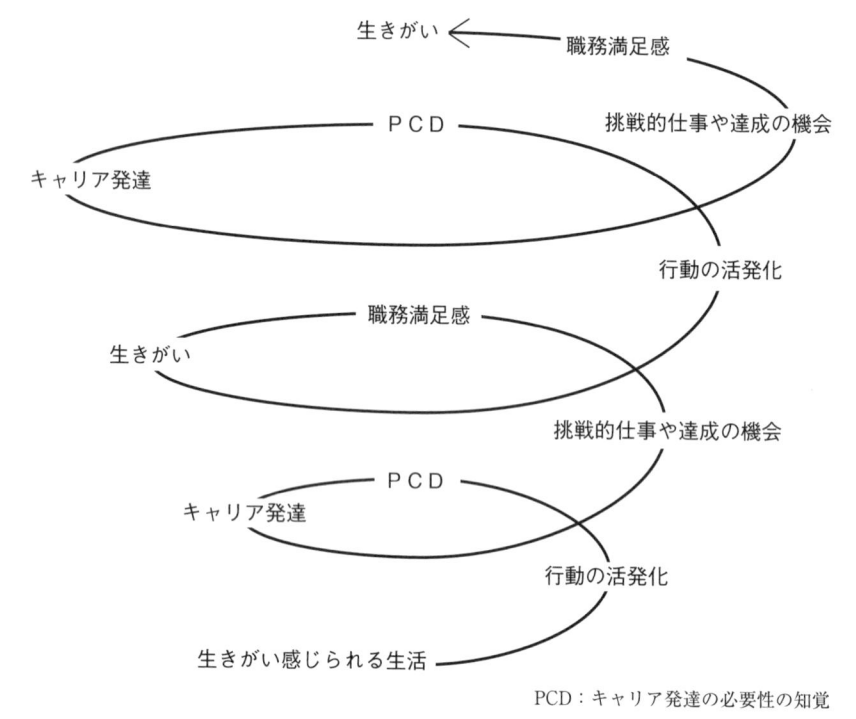

PCD：キャリア発達の必要性の知覚
図8-2　生きがい―キャリア発達―生きがいのスパイラル

第2節　組織はいかに対応すべきか

　ここでは、本研究の結果をもとに、産業・組織心理学の視点から、キャリア発達を通した働く人々の生きがいの充足について検討する。

1．本研究の意味するもの

　本研究は、産業・組織心理学の視点に立って、キャリアや働く人々の職務態度、生きがいについて検討してきた。その結果は、キャリア発達が働く人々の生きがいの向上に大きな役割を果たしていることを示している。

　生きがいは、いかに活き活きと生きるかといった心の健康の核心となる問題である[2]（熊野　2003）が、そのような、心の健康、心理的well-beingは、働

く人々の職業生活を精神的に安定させ、満ち足りたものにするわけであり、それは、働くことに対する大きなインセンティブになると言えよう。リーマン・ショック以後の派遣切りとその結果一時的に論議を呼んだセイフティネット作りの必要性から見て、我が国の社会保障の充実度の評価に関しては、さまざまな論議があることは十分承知しているが、今日の相対的に社会保障が行き届いた社会では、所正文[3]（2002）が言うように、ゆとりある生活を重要な価値観とする人が増え、それらの人々は「自己を生かすこと」が働く理由になり、地位や権力よりも一人ひとりの任務や役割が重要視されている。そこでは、賃金に代表される客観的な報酬がインセンティブとして機能するには、かなり大きな額が必要であると思われる。そういう意味で、金銭がインセンティブとして機能しにくい、また、企業の側もその種のインセンティブを提供しにくい社会的・経済的な状況の下では、キャリア発達が、働く人々に対する大きなインセンティブとして機能することを本研究は示唆している。そうであるとすれば、キャリア発達支援を積極的に行う企業は、単に人的資源のストックを高めると言う経済学的な視点だけでなく、働く人々の成長意欲を充足し職務満足感を高め、さらに、生きがいという心の健康や心理的 well-being をも提供することにより、組織への誘引を高め、コミットメントを高めるという、組織の全体的な有効性を追求することになる。

　同時に、第1章のキャリアに関する文献レビューでも見たように、働く人々のキャリアそのものが職業生活の枠の中にとどまらず拡大しつつあり、また、仕事生活におけるキャリアと非仕事生活におけるキャリアの境界があいまいになりつつある現状においては、職業的キャリアといえども非仕事生活領域の充実と無関係ではありえない。その点からすれば、ワーク・ライフ・バランスをいかにうまくとることができるかということも、働く人々の側に立てば、キャリア発達にとって不可欠の視点となろう。そのとき、現在のような多くの男性社員が年間総労働時間3,000時間を越えるというような働き方（おそらく休みの時間は、本当に生理的な休息だけが追及されることになる）が、働く人々にとって魅力あるものかどうかも、検討の枠に入れておく必要があろう。

最終的には、前節の終りの部分で見たように、それらのさまざまな結果は、働く人々の精神的な安定、高い職務満足感、コミットメント、ロイヤリティや動機づけなどを通じて、組織がその有効性を高め、結果として組織の有効性の一部である生産性を向上することにつながっていくのである。

　繰り返しになるが、本研究は今日の成長要求の強い人々を想定しており、研究結果も、生きがいの重要な構成要因としての成長要求の重要性を示している。つまり、働く人々の心の健康や心理的 well-being の維持・向上ためには、成長要求の充足が必要であり、そのような成長＝キャリア発達の結果もたらされた現状の肯定や充足感も不可欠であると言うことができる。そして、そのためには、単なる自己努力によるキャリア発達だけではなく、組織による公式のキャリア開発や私的な人間関係の中での支援が必要であることは言うまでもない。

　そのことは、組織やその人事・労務管理が、働く人々のキャリア発達に積極的に関わることに大きな意味があることを示しており、ある一定の能力の人材を必要に応じて労働市場から調達し、その仕事の結果で評価し、処遇すればよいという近年の人事・労務管理を席巻した特殊な理念[ii]とは別の視点に立つことの必要性を再確認したものと言えよう。その意味で言えば、企業の戦略にコミットした戦略的人的資源管理（SHRM）にも疑問符を示さねばならない。なぜならば、企業の戦略が提示するスパンと、本研究が述べてきた働く人々のキャリア発達のスパンは大いに異なり、より長期間であることが予想されるからである。そのため働く人々のキャリア発達に重点を置くとすれば、企業の事業やその計画が要求する人材と現状の人材のギャップを埋めるための能力開発と

ⅱ　そのひとつは、一般的には"成果主義といわれるもの"を中核にするムーブメントとしてよい。わが国の失われた10年を演出したこの言葉は、賃金の抑制を意図した導入であり、責任と権限の行使を十分に行いえない組織階層で働く人々まで対象にするものである限りにおいて、真の意味での成果主義と言えるか否かには大きな疑問がある。
　もうひとつは、まさに必要に応じて、労働市場から人を短期的な契約で調達し、必要がなければ契約終了という形で解雇する雇用形態である。雇用の安定を担保せず、また、働く人々のキャリア発達になんら意を配らない労働機能の調達と使用は、果たして"ひと"を雇用していると言えるのか大きな疑問である。

は異なった"理念"の人材育成施策が必要とされているとしてよい。

　前述の杉村[4]（1990）の指摘にあるように、労働には、経済的側面のほかに生きがいというような観念的側面があり、固有の意味世界を持つ。そのような、固有の意味世界を豊かなものにするためには、制度面を含めた人事・労務管理だけでなく、上司の日常的な部下育成のための働きかけに依存するところが大であると考えられる。そのための接触は、部下に管理の対象として接するのではなく、1個の"尊重すべき個人"として相対し、相手の価値観・労働観を理解した上で、仕事の意味づけや新たな仕事の付加、研修機会の提供などを通してキャリア発達を促進するきっかけを与えたり、職業的なキャリアの発達に関心を持たせたりすることが望まれる。その一方で、現実問題として、「この苦しく競争が激しい経済環境の中で、そんな悠長なことができるか。自分の仕事だけで手一杯だ。部下を育てていれば、ほかの管理職に負けてしまう」という指摘は少なくない[iii]であろう。また、そのような主張も充分理解ができる。しかしながら、このような理由で、部下の育成から手を抜いてしまえば、いつまでも成長しない部下の管理に追われることになりかねない。それは、後述するように、成長した部下がもたらす、より生産性の高い（価値のある）仕事をする時間やゆとりを失うことにつながる。

　キャリア発達を通して働く人々の人生と向き合うような管理の志向は、組織が働く人々をどのようなものと看做すかという人間観と、どのように組織と働く人々が共存するかという理念が深く関わってくる[5]（小野　2007）。そうであるとすれば、そのような試みは現場の管理者の自主性に任せるのではなく、組織全体がそのような価値観を持つように、組織のトップが経営理念としてそれ

---

iii　東京医療関連労働組合協議会の調査（労働政策研究・研修機構2006）は、新人看護師の教育担当者の77.3%が、業務多忙や技術不足を理由に充分な指導ができていないと感じていると報告している。その理由としては、「自分も業務をしながらなので、指導どころではなかった」57.7%、「忙しくて振り返りの時間が持てなかった」47.4%、「自分自身の技術がまだまだなのに、指導どころではなかった」38.2%などがあげられており、一般の働く人々も同じような状況におかれているであろうことが推測される。
　労働政策研究・研修機構2006『メールマガジン労働情報』2006.5.17

を示す必要があろう。そのような視点に立ったとき、人材育成は長期的な視点のものになるであろうし、必ずしも、企業の現状や次の2・3年の事業展開と同じ方向性を持てるとは限らないことを前提としたものになるものと考えられる。そのとき、前述のように、企業戦略に寄り添った戦略的人的資源管理における、組織メンバーの能力開発・人材育成がどのような位置づけとなるのか、そもそも人材育成やキャリア発達支援という長期のスパンと倫理観が想定されるものと"企業の戦略"という概念がなじむかどうかといことも含め、論議が分かれるところになるであろう。

　ただし、生きがいに関しては「生きがいがある」・「生きがいを感じている」、「（過去を振り返ってみれば……だったので）生きがいがあった」、「（……を、これからの）生きがいにしている」というように、現在・過去・未来の事象を対象にしている。「生きがいがある」・「生きがいを感じている」はともかくとして、「（過去を振り返ってみれば……だったので）生きがいがあった」という結果に満足しているというような場合、満足している人はよいが、そうでない人に生きがいを論じ、キャリア発達に結び付けようとすることは、かなりの困難さを感じるであろう。そのためにも、初期の段階でキャリアを意識させる風土や施策が必要になってくるのである。

　その一方、「（……を、これからの）生きがいにしている」という場合、個人の目標に介入することの是非の論議はある。しかし、ある目標がその人のキャリア発達として方向づけられるのであるのならば、この部分こそ、上司や周囲の先輩などがその人の価値観や仕事観に、組織風土を雰囲気という形で知覚させたり、キャリア・モデルになったりするというようなメンタリング的な行き方で、さまざまな形において影響を与えることが考えられる。

2．具体的に何をなすべきか

　前述のように、この問題は、社会全体の労働観、仕事観が大きな影響力を持っているだけでなく、個々の企業をとってみても、すぐれてそのトップの理念や組織の風土としての人間観・従業員観に関わっている。そのため大前提とし

て、経営理念の問題であるということを言わざるを得ない。しかしながら、経営理念の問題というような指摘だけでは、社是・社訓に書き込めばよいのかという指摘につながりかねない。そこで、以下では、人事・労務管理、とりわけ、行動科学や産業・組織心理学に裏打ちされた人的資源管理の面から、組織や、日常的に組織のメンバーに接し管理する上司がどのように取り組むべきかについて検討していくことにする。

（1）組織全体としての取り組み

多くの組織は、学習の価値を支持する[6]（Hunt, J.M. and Weintraub, J.R. 2007）さとされており、そのためには、何といっても経営者・理事者が理念として、組織のメンバーのキャリア発達に配慮するという姿勢を示すことが大切であると言えよう。特に人事・労務管理としては、それを指針や理念とし、人事制度の中に具体化し、可視化する努力がされなければならない。

もう一方で、キャリア発達が進んでいる人をどのように処遇するかを組織全体の視点で考えておかねばならない。確かに成長要求が高い人は自己啓発意欲も高く、進んでキャリア発達を促進すると考えられるが、その結果が自己の内部的な満足だけで解決できるとは考えられない。現実に、認定看護師への面接調査などからは、認定看護師の資格を取ったものの、給与や地位への反映がないのは仕方ないとして、それが、病院の中で生かされない（適切な配置や仕事の割り振りがされない）などという不満や動機づけの減退を聞くこともある。その意味で、内部的な報酬や自己啓発への過度の期待は、禁物ということができよう。

給与や地位への反映という人事処遇以外に、資格を取得した人や高い能力や技能、ノウハウを持つ人に敬意を払う風土作りなど、互いにキャリアを促進し合えるような組織風土や文化を作ることも、組織全体として取り組むべき課題である。そのような風土の下では、他者からの承認・賞賛など外部から提供される刺激も多くなり、それによって、キャリア発達を確認し、自己の内部的報酬を充足する機会も増えてくるものと思われる。その確認手段として対人関係[7]（小野 2010）を良好に保つ風土作りという視点も重要である。

もう一つは前項でも見たように、ワーク・ライフ・バランスの重視が不可欠であるとすれば、働く人々が健全な社会生活をすごせるような時間的ゆとり、さらに言えば、心理的 well-being を考えれば、仕事の密度や負荷を質・量ともに適正化した働かせ方の模索が求められることになる。このような働き方、仕事のあり方は、まさにデーセント・ワーク Decent Work[8]（働き甲斐のある人間らしい仕事）という考え方であると言えよう。これは、組織の理念だけでなく、社会全体の人間観の問題でもあり、より人間化した職務（再）設計を含め、それを志向することは社会的責任である。

（2） 人事・労務管理の制度として

次に、人材育成志向的な企業姿勢を反映する人事・労務管理の具体策を、いくつか挙げてみよう。

1）キャリアの希望を聞く機会

キャリア発達の促進は、当人の志向するキャリアと組織が期待するキャリアの問題とも密接に関連する。当人の希望しない方向でのキャリア発達を押し付けることはキャリア発達への動機づけを阻害し、組織へのコミットメントを減じることになりかねない。そこで、自己申告や考課面接などに際して、積極的にキャリアの希望を聞く機会を設け、きちんと上司はそれを受け止めることが必要になる。人事・労務管理としては、制度づくりとともに、それに実効性を持たせるための管理者訓練を行う必要がある。

2）キャリア・カウンセリング

前項からもう一歩踏み込んだものとしては、キャリア・カウンセリング制度や担当者を設け、上司以外にキャリアや仕事について相談できるようにする試みも考えられる。そのひとつの形としては、EAP（Employee Assistance Program：従業員支援プログラム）の活用のように外部の資源にそれを期待する方法もあるし、公式のメンターなどのなかには、このキャリア・カウンセリングの部分に期待をしているものも少なくないと思われる。伝統的なメンターが提供するメンタリングのなかでも、カウンセリングやさまざまな相談、キャリア・モデルなどは、一つの大きな機能となっている。

3）能力開発、人材育成、教育訓練

　企業が行なうキャリア発達支援（キャリア開発）としてもっとも目に見える形で行われているのが、能力開発、人材育成、教育訓練などと一般に言われる試みである。基本的には OJT、off-JT、自己啓発援助がその中心である。近年の不況は off-JT の費用や自己啓発援助を削るだけでなく、管理監督者から OJT に要する時間的・精神的ゆとりを奪っている。「費用対効果が不明である」という、人の成長に関して不可避な側面を前面に出した教育訓練費の削減は、あまりに短絡的というそしりを免れない。

　しかしながら、その一方で、能力開発は企業の責任とする事業所も多く、正社員に関しては、「企業の責任」・「企業の責任に近い」あわせて68.4％に達している[9]（厚生労働省　2007）。このような姿勢が多くの企業であるとすれば、キャリアの自己責任という突き放し方は、（それは組織のメンバーの動機づけやコミットメントにとって負の作用をもたらすことが多いように思えるが）、あまり妥当ではないと感じている企業が少なくないと言うことができよう。その意味では、制度としての能力開発を充実し、階層別訓練の復活や充実を含んだ、ステップを踏んだ能力開発の再構築が、試みられる可能性があるものと考えられる。

　キャリアの自立を前面に掲げ、従来のそれと明確な違いが要求されるとすれば、CDP を志向した個別の訓練計画の策定を前提にするということになろう。そこでは、計画的な OJT と off-JT の連動や、個人の関心に沿った自己啓発の支援にも重点が注がれる必要があり、上司が、個人の関心と組織の期待とのすり合わせを行うことが求められる。

4）管理・監督者訓練

　前項の一部ではあるが、管理・監督者訓練の一環として、部下のキャリア発達に関する上司の役割を充分に理解させ、とりわけ、OJT の意義の周知に力を注ぎ、OJT の充実を図ることが重要である。T.A. スキャンデューラと E.A. ウイリアムス[10]（Scandura, T.A. and Williams, E.A. 2004）は、「上司によるキャリアメンタリングは職務満足感、組織コミットメント、キャリ

ア期待と結びついた。上司のメンタリングの役割は、リーダーシップ研究の中に包含され続けるに違いない。」とし、リーダーシップのなかにキャリア発達の支援があることを挙げ、彼らはそのための訓練ニーズとして、上司のコミュニケーション能力（伝達だけでなく傾聴も含む）の訓練の必要性を主張している。

そして、最も重要な点は、部下のキャリア発達支援を行うことは、上司にとって、自分の知識や技術の再体系化やリフレッシュにつながり、その過程で認知した不足を補うなどの自分の自己啓発の機会にもなるだけでなく、自己のキャリア発達や仕事のなかでの位置づけなどの確認を通して、自己のキャリアを肯定的に確認する（それこそが生きがいに通ずる）良い機会でもあるという側面を持つので、当人にとっても重要であることを理解させることである。

5）人事考課との連動と活用

人事考課が能力開発志向である[11]（小野 1997）とされてから久しい。しかしながらバブル崩壊後の成果主義への著しい傾斜のなかで、人事考課を中心とする評価は、働く人々をランク付け、低ランクの者をあたかも切り捨てる道具がごとく機能しているような感もある（**図8-3**の左辺の下向きの矢印）。ある一定期間（半年や1年）の目標を設定し、それに基づいて評価し、それが、きわめて強力に処遇（昇進・昇格、昇給、賞与）に結びつく成果主義の下での目標管理の下では、逆に低ランク者の能力開発を促進し、不利な処遇からの回復を促進しなければ、彼らの動機づけを下げ、組織効率を著しく押し下げることになる[iv]。人事考課は、低ランク者の改善すべき点を明確に指摘し、評価者である上司が、部下の能力開発に資するものでなければな

---

iv 能力のない従業員はどんどん解雇して新しい従業員を雇用したほうが、従業員の刺激になって、モティベーションが高まるというような人事のあり方が組織にとって好ましいかどうかという論議になるが、筆者は、長期的組織の有効性を考える際、そのような視点は取らない。なぜならば、低ランク者でなくても雇用不安というストレスがないだけでも、仕事をしていて大きな安心感が増し、ゆとりある仕事につながり、また、動機づけになると考えるからである。

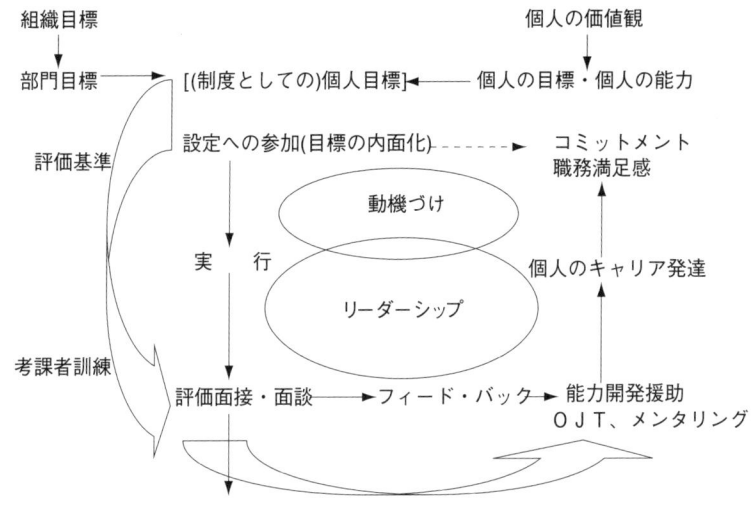

図8-3 目標管理とキャリア発達

資料出所：小野公一 2006「人事考課とキャリア発達」『看護部長通信』第4巻第3号、10頁。を一部修正

らない。そのためには、**図8-3**の下部の右への矢印（評価面接・面談→フィードバック→能力開発援助）や、右辺の上方向の矢印（能力開発援助→個人のキャリア発達→個人の目標（の拡大）が不可欠となる。

同時に、部下育成を管理者の人事考課の重要な評価項目とすることも、考慮する必要があろう。急激な評価項目変更という抵抗がある場合は、当面、加点主義的な発想で、加点の材料と考えておけばよいものと思われる。

（3） 上司の取り組み

上司に関しては、前項でも充分に触れたが、部下のキャリア発達に関する上司の役割は非常に大きい。本研究でも指摘してきたが、とりわけメンターとしての上司が強調される[12]（Marquardt, M.J. and Loan, P. 2006）ことも少なくない。ここでは上司の役割や態度の側面から上司の取るべき部下のキャリア発達支援について見ていくことにする。

1）部下を一人前の社会人として受容れ敬意を持って対峙する

部下を肯定的に評価し受容れ、対等な視点で、きちんと相手の言うことを

聞く姿勢が大切である。一人前に扱われる、すなわち認められるということは、大きな励みにもなり、能力的な背伸びを促す面もあり、キャリア発達へのインセンティブにもなる。現実に、第6章でも見るように、また、前著でも指摘したように、キャリア発達の非常に大きな促進要因となっている[13]（小野 2003）。相手を否定的に見ることは、それだけで、接点を失してしまい、正常な関係作り（単に仲良くなれ、といっているわけではない）を阻害することになる。

2）部下に関心を持つ

今までに繰り返し述べているが、部下の日常の仕事ぶりを充分に観察し、仕事の進め方や対人折衝なども含めた能力や技術などをきちんと評価し、指導や育成につなげる。また、そのような形で、関心を持っていることをきちんと相手に伝える。関心をもたれていること自体がキャリア発達へのインセンティブになることも多い。

3）フィードバックは、こまめに行う

2）で見たように、正規の面談以外に途中経過の評価でもよいから、日常的にフィードバックを行う。日常的な接点を多く持つことは、正規の面談時の負担を軽減するという指摘（Gellerman, S.W. 1992）[14]もあるように、非公式な接触を通したフィードバックや安心感の醸成は、とりわけ成果主義的な発想による人事考課が多くなっていく中では、上司にとって重要な役割になりつつある。

また、小さな成功でも必ずほめるということも重要である。そのことは、承認要求の充足だけでなく、部下にキャリア発達を実感させ、成功を他者から確認されることによって達成感をゆるぎないものにし、次のステップへの動機づけをもたらす。

このように小さなことでもキチンと成果を評価しフィードバックすることは、大きな意味があり、とりわけ自己効力感の乏しい若年者を中心に、人によっては、必要以上と思えるほどこまめに評価をフィードバックすることも必要になる。

4）仕事に意味を与える

　1）でみたように部下を一人前の社会人として遇するのは当然のことであるが、仕事を与える際には、仕事に意味付けをし、課題を与えると、部下は学習目標を明確に理解し、仕事を通して、能力開発に励むようになる。客観的にはルーティンな仕事でも、意味が異なれば、その遂行者にとってはまったく違った挑戦的な仕事になることも少なくない。逆に、他人から見れば創造的でやりがいのある仕事でも、当人が、ルーティンにこなせると思って取り組めば、キャリア発達課題を見失い、単純反復作業と同じレベルになる可能性も少なくない。

5）部下を育成するのは上司の仕事という意識を持つ

　いくら優秀な上司でも一人でできる仕事の量は限られており、高度な洞察や決定のための時間を確保するためには、多くの日常的な仕事は部下にゆだねる必要がある。その量が多いほど、上司は、管理者としての仕事ができる。換言すれば、管理者は部下を通して仕事をするのであり、それ故、優秀な部下を育てれば、本来の自分の仕事ができるし、また、ゆとりも生まれるという面でも、部下育成は上司の重要な仕事という意識を持つことは必要なのである。

6）キャリアモデルになる

　上司は部下にとって会社を写す鏡であり、会社を知るためのレンズでもあるが、同時に、社会における、もしくは、職業人としての先輩として、見習うべき相手でもある。伝統的な役割モデルの考え方は、個人が真似るための例となる、両親、教師、上司、もしくは、メンターのような影響を与える役割の地位にいる人を扱っている[15]（Gibson, D.E. 2004）というように、上司のモデルとしての役割は非常に重要である。そして、「キャリア理論は、個人の発達を導くことを助けるものとして役割モデルの重要性を提案している。さらにメディアは、キャリア成功の本質として、しばしば、役割モデルを表現している。」[16]（Gibson, D.E. 2004）とされるように、キャリア発達にとって役割モデルは非常に重要であることは言うまでもない。役割モデルの内面

化は、多くの場合、観察によってなされるが、単純に刷り込まれる（imprinting）[v]ものではなく、おそらく、自分の価値観にあうかどうかの判断を通して行われることを理解しておくべきであろう。

　それ故に、上司は、部下に対して、単に仕事を教えるメンターとしてではなく、仕事の何に働き甲斐や生きがいを感じ、身の処し方の判断基準はどこにあるかなどを会話の中のみならず日常の行動の中で示すことも大切である。少なくとも、そのようなモデルになっているという意識は、最低限持っておかなければならない。

7）人を育てる喜びを知る

　部下を育て、成長のあとが見出せることは、親が十分の子供の成長を見るように、それだけで無条件にうれしいという部分もある。同時に、前述のように、部下を育てるためには自己の研鑽も含め、学習と再体系化と人格的な成長が不可欠である。そのことを通して、自分が生きがいを実感できるのであるという意識を持つことも、大切な要件である。

　以上見てきた１）〜７）は、私的なキャリア発達支援であるメンタリングに重なり合うことが多い。また、M.J. マッカードと P. ローン（Marquardt, M.J. and Loan, P. 2006）[17]は、メンターの活動やスタイルとして、**表８－１**に示す事項を挙げているが、それらとも重なり合う。すなわち、上司はメンター的な

表８－１　メンターの活動とスタイル

ロールモデルであること
純粋で、個人的な関心を行動で示すこと
助言、可能性、資源、問題解決アプローチ、そして、機会を提供すること
支持的、かつ、気楽で正確なフィードバックを与えること
動機づけを提供すること

資料出所：Marquardt, M.J. and Loan, P. 2006 p.54. を、小野が表化

ⅴ　imprinting については、心理学では「刻印づけ」という訳が用いられるが、本書では筆者が最初にこの言葉にふれた K. Lorenz の『The King Solomon's Ring』（1952）の日本語版『ソロモンの指環』（日高敏高訳、早川書房、1963年）にしたがい「刷り込み」を用いた。

行動や態度（筆者が言うところのメンターシップ)[vi]が要求されるという部分も少なくない。ただし、管理者としての行動であるので、価値観の共有や共感が成立しない部下には支援しないということではないのは、言うまでもない。

（4） 公式のメンターの可能性

本研究は、キャリア発達の大切さとそれに対するメンタリングの貢献を強調してきた。メンタリングは、すでに繰り返しているように、価値観の共有や共感（シンパシー）をベースにした私的な人間関係を通したキャリア発達支援であり、1対1を基本にした関係である。そのため、メンターが相手のキャリア発達の程度や仕事の中で置かれている状況をよく理解し、それに対応した、指導や支援を行うことが前提にあり、またプロトジーは、自分が信頼できる人からの指摘や助言であるが故に、それらの受け入れがより円滑に行われると考えられる。そのためにキャリア発達に与える影響は大きいと考えられるのであるが、組織に属するだれもが同じようにその恩恵に浴せるわけではない。

近年、直接見聞きしたり、ジャーナリズムで取り上げられるのは、対人関係形成に憶病であったり関係の糸口を見つけられない若年者や、若年者とは会話が成り立たないと関係形成を放棄している中高年、同年代としか話題が共有できない人々の存在である。また、異性間のメンター——プロトジー関係を、セクハラやつまらない中傷を忌避して、敬遠するメンター候補者も多いと言われている（小野 2003)[18]。メンター——プロトジーの関係は、一方では支援をする側（メンター）とされる側（プロトジー）の間の様々な力の差の存在を前提にしており、上記のような人々の間では、関係成立の糸口がない。

そのため、メンターとプロトジーの候補者・希望者の間に立って、両者の関係形成を手伝うような、公式のメンターを導入しているコダック、伊藤忠、住友スリーエムなどの企業[19]（労務行政研究所 2006）もある[vii]。これらの企業の

---

vi メンターシップという言葉の特殊な使い方については、小野（2003）の第7章第2節を参照されたい。
vii 筆者は、公式メンターを積極的に推奨しているわけではない。どちらかといえばメンターは私的で自然発生的なものであり、そうであるが故にキャリア発達に与える影響は大きいとする立場に立つ

公式のメンター制度は、新入社員向けのシスター制度やブラザー制度ではない点が特筆されるべきであろう。また、これらの事例を概観して感じるのは、それが強制であってはいけないという点と、ボランタリーな色彩が強い点、プロトジーの成長進度をもってしてメンターを評価してはならない（とりわけ成長の遅さに関して）という点に尽きると思われる。なろうことなら、より積極的に両者の関係をサポートするような事務局と担当者を持つことである。

　その意味で、組織が主導する（公式の）メンターの存在も、組織が行うキャリア発達促進という点では必要性が増しつつあると、言うことができよう。ただし、そのようなメンター制度が、メンター――プロトジー関係の主軸であってはならない。あくまでも、自然発生的に形成された私的な人間関係の中で、各組み合わせの歴史を通して、企業の期待する方向とは無関係にキャリア発達が進行していくのがメンター――プロトジー関係である、と考えられる。メンターによるキャリア発達支援の効果が大きく、それが組織に大きく貢献することは、さまざまの機会に見てきた。とりわけ学びあう風土の形成という意味で、その効果は単にメンターやプロトジーの個人的なメリットという枠を超えて大きな効果を持つ。公式のメンター関係が、将来的に私的・自然発生的なメンター関係に展開していく入り口になれば、公式のメンターもその意味を持つと言うことができよう。

第3節　今後の課題

　本研究は、今日の成長要求に支配された働く人々にとって、キャリア発達が生きがいをもたらしうるのか、という点に焦点を当て、筆者の長期にわたる関心事である有力なキャリア発達支援のひとつであるメンタリングともからめて、実証研究を積み重ね、専門職である看護師と一般の会社員のデータを対比させ

ている。ましてや、一部のコンサルタントが主張するような、実態はOJTやシスター・ブラザー制度となんら違わないのに"メンター"という名前を用いるがごとき公式のメンターには絶対に与しない。

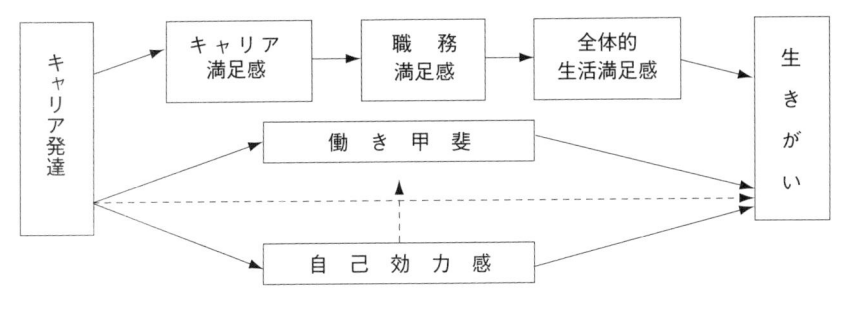

第8章 ［メンタリング—キャリア発達—生きがい］モデルと組織の対応：まとめにかえて 235

図8－4 キャリア発達—生きがいモデル

ながら検証してきた。

結果は、図8－1や図8－4のようなモデルが成り立つことを明らかにした（いずれも破線は、関係が相対的に強くない、ことを示している）。

その一方で、いくつかの課題を残しているのも事実である。

その第1は、対象者の問題である。

本研究の対象者、特にこのモデルの検証のそれは、正社員のみのデータである。今日、働く女性の多くが非正社員に属し、また、男性もその数を増やしている現状では、"働く人々"のキャリア発達と生きがいの関係に関するモデルと言い得るのか、という疑問は残る。今後さまざまなタイプの非正社員のデータをもとにした、検証が課題となる。

また、会社員については、看護師に比してサンプル規模が小さく、悉皆調査である第9研究はともかくとして、第8研究ではその点は、物足りなさが残った。特に、女性に関しては、もともと母数が限られているのでやむを得ないという面もあるが、課長以上の管理職のデータがあまりに少なく、分析できていない点も、課題である。

第2の点は、適合度指標に関するものである。本研究では、対象の職種や性、時には、地位別も含めモデル検証を行っており、多くの場合、結果はモデルを支持したと結論付けている。その一方で、モデルの適合度指標のうちCFIやGFIは.90をほとんどの場合超えており問題はないが、RMSEAが、多くの場合グレーゾーンにとどまっている。適合度指標に関しては、最終的にどれを見

て適否と判断するかは、分析者の判断によるわけであり、筆者は、「最低2つの指標が適を示し、2つが否を示さない」限り、モデルを支持していると判断した。この適否に関する判断は、議論が残るところと言えよう。

　モデルに関しては、多くのパスを引いたほうが適合度が高まる場合も少なくない。パス係数が大きいという意味で基本的なものは図7－6で示したとおりであるが、それ以外に、パス係数の小さいパスがいくつか存在することが少なくなく、図7－3で見るように複雑なパス図になってしまったことも課題と言えよう。

　第3の点は、質問紙の設計である。本研究の出発点がメンターとキャリア発達の関係の検討にあり、とりわけメンタリングの尺度化の試みを継続してきたので、最後までそのための尺度が質問項目として残っている。そのことが、全体の尺度への回答に影響を与えなかったかどうかという点に関しては、今後、その部分を思い切って整理した質問紙を用いて、取り組む必要があろう。

　最後の点は、当初の研究意図と分析の一貫性の問題である。第1の課題も含め、個人のパーソナリティやその他の属性、ソーシャル・サポートなど、当初は、かなり広範な視点からの分析を計画していたが、能力と時間の壁に阻まれ、完全なる分析には至らなかった。これは課題というよりも限界として、残ってしまい、調査に協力していただいた皆様に、申し訳なく思っている部分である。

参考文献

第1章

1　菊地達昭　2006　「これからのキャリア支援と人材開発」川喜多喬・菊池達昭・小玉小百合［編著］『キャリア支援と人材開発』経営書院、12頁。
2　小野公一　2003　『キャリア発達におけるメンターの役割』白桃書房、12-13頁。
　　坂東眞理子　2005　「自立的キャリア形成」　川端大二・関口和代［共編著］『キャリア形成』中央経済社、第5章。
　　関口和代　2005　「キャリア開発とメンタリング」　馬場昌雄・馬場房子［監修］『産業・組織心理学』白桃書房、第7章。
3　谷内篤博　2007　『働く意味とキャリア形成』勁草書房、ⅱ頁。
4　Sktickland, R. 1996　Career self-management, *European Journal of Work and Organizational Psychology*, 5-4, pp.583-596.
5　Mondy, R.W., Noe, R.M. and Premeaux, S.R. 2002　*Human Resource Management* 8th, Prentice Hall, pp.251-252.
6　菊地達昭　2006　前掲書　21頁。
7　岩出博　2000　『新版　Lecture　人事労務管理』泉文堂、220-220頁。
　　鈴木竜太　2007　『自律する組織人』生産性出版、4頁。
8　労働法令協会　2008　「職能給の採用企業が増加」『賃金・労務通信』2008.7.5.　2-7頁。
9　鈴木竜太　2007　前掲書　6-7頁。
10　小野公一　2007　「三木佳光編著『Let's "社会人" 若者の就労意識の現状＆職業意識改革への提言』」（書評）亜細亜大学『経営論集』第43巻第2号、117-128頁。
11　山梨県立博物館ホームページ
　　http://www.museum.pref.yamanashi.jp/3nd_kyouin_07internship.html.（09.1.26アクセス）
　　広島県立福山少年自然の家ホームページ
　　http://www.manabi.pref.hiroshima.jp/gakusyu/fukuyama/top.html（09.1.26アクセス）
12　Dalton, G.W. 1989, Developmental views of careers in organizations, In M.B. Arthur, D.T. Hall and B.S. Lawrence (Eds.) *Handbook of Career Theory,* Cambridge University Press. Chap.5.
13　新村出編　1998　『広辞苑　第5版』岩波書店。
14　Inkson, K. 2007　*Undestanding Careers*, Sage Publications, p.3.
15　渡辺直登　2002　宗方比佐子・渡辺直登［編著］『キャリア発達の心理学』川島書店、2頁。

16　若林満　1988　「組織内キャリア発達とその環境」若林満・松原敏浩［編］『組織心理学』福村出版、第10章。
17　平野光俊　1994　『キャリア・デベロプメント』文眞堂、9-10頁。
　　谷内篤博　2007　前掲書　144頁。
　　小野公一　2003　前掲書　3頁。
18　Gouws, D.J. 1995　The role concept in career development, In D.E.Super and B. Sverko (Eds.). *Life Roles, Values, and Careers*, Jossey-Bass, chap.2.
19　Arthur, M.B. and Rousseau, D.M. 1996 *The Boundaryless Career*, Oxford University Press, p.3.
　　金井壽宏　2002　『働く人々のためのキャリア・デザイン』PHP研究所、第2章。
　　Yarnall, J. 2008　*Strategic Career Management*, Elsevier, p.1.
20　Schein, E.H. 1978　*Career Dynamics*. 二村敏子・三善勝代［訳］『キャリア・ダイナミックス』白桃書房、1991。
21　Super, D.E., Savickas, M.L., and Super, C.M. (1996)　The Life-Span, Life-Space Approach to careers, In D.Brown, L.Brooks, and, Associates, *Career Choice and Development 3rd.ed.*, 1996, Jossey-Bass, chap.4.
22　Hansen, L.S. 1997　*Integrative Life Planning*, Jossey-Bass.
23　Ibarra, H. 2003　*Working Identity*, Harvard Business School Press, p.174
24　渡辺三枝子・E.L.ハー　2001　『キャリアカウンセリング入門』ナカニシヤ出版、27頁。
25　Arthur, M.B. and Rousseau, D.M. 1996 op.cit., p.3.
26　Bird, A. 1994　Careers as relationship of knowledge: A new perspective on boundaryless careers, *Journal of Organizational Behavior*, 15, pp.325-344.
27　Feldman, D.C. 2002　Stability in the midst of change, In D.C.Feldman (Ed.), *Work Careers*, Jossey-Bass, Chap.1.
28　川端大二　2005　「キャリア形成の新潮流」川端大二・関口和代［共編著］『キャリア形成』中央経済社、第1章。
29　Noe, R.A., Hollenbeck, J.R., Gerhart, B. and Wright, P.M. 2006, *Human Resource Management* 5th, McGraw-Hill Irwin, p.384.
30　平野光俊　1994　前掲書　10頁。
31　Peiperl, M.A. and Arthur, M.B. 2000　Topics for conversation: Career themes old and new, In Peiperl, M.A., Arthur, M.B., Goffee, R. and Morris, T. (Eds) *Career Frontiers*, Oxford University Press, Chap.1.
32　Yarnall, J. 2008 op.cit., p.121.
33　Bailyn, L. 1993　*Breaking the Mold*, 三善勝代［訳］2007　『キャリア・イノベーション』白桃書房、188頁。
34　谷内篤博　2007　前掲書　第7章。
35　Noe, R.A., Hollenbeck, J.R., Gerhart, B. and Wright, P.M. 2006　op.cit., p.384.

36 Noe, R.A., Hollenbeck, J.R., Gerhart, B. and Wright, P.M., 2006 op.cit., p.385.
37 梅澤正 2003 「当面する「キャリア」問題とは」『社会教育』2003.10、62-64頁。
38 Hall, D.T. 1976 *Careers in Organizations*, Scott, Foesman and Company, pp.200-203.
39 Harrington, B. and Hall, D.T. 2007. *Career Management and Work-Life Integration*, Sage Publication, p.11.
40 Inkson, K. 2002 Thinking creatively about careers, In M.A. Peiperl, M.B. Arthur and N. Anand (Eds.), *Career Creativity*, Oxford University Press, Chap.2.
41 Hall, D.T. 2002 *Careers In and Out of Organizations*, Sage Publications, p.4.
42 Hall, D.T. 2002 ibid., pp.302-303.
43 Hall, D.T. 2002 ibid., pp.303-310.
44 Inkson, K. 2007 ibid., p.158.
45 Jones, C. 2002, Signaling expertise, In M.A. Peiperl, M.B. Arthur and N. Anand (Eds.), op.cit., Chap.11.
46 Hall, D.T. 1976 op.cit., p.134.
47 Harrington, B. and Hall, D.T. 2007. op.cit., p.48.
48 Hall, D.T. and Mirvis, P.H. 1996, The new protean career, In D.T. Hall and Associates, 1996. *The Career is Dead*, Jossey-Bass, Chap.1.
49 London, M., 2002 Organizational assistance in career development, In D.C. Feldman (Ed.), *Work Careers*, Jossey-Bass, Chap.12.
50 渡辺三枝子［編著］ 2003『キャリアの心理学』ナカニシヤ出版、147-149頁。
51 高橋伸夫 2004 『虚妄の成果主義』日経BP社。
52 岡田昌毅 2003 「ドナルド・スーパー」渡辺三枝子［編著］『キャリアの心理学』ナカニシヤ出版、第1章。
53 小野 2003 前掲書。
54 Mondy, R.W., Noe, R.M. and Premeaux, S.R. 2002 op.cit., pp.250-252.
London, M., 2002 Organizational assistance in career development, In D.C. Feldman (Ed.), *Work Careers*, Jossey-Bass, Chap.12.
55 川喜多喬 2006 「キャリア開発支援型の人的資源管理」川喜多喬・菊池達昭・小玉小百合［編著］『キャリア支援と人材開発』経営書院、200-201頁。
56 Ashby, F.C. and Pell, A.R. 2001 *Embracing Excellence*, Prentice Hall, pp.186-187.
57 鈴木竜太 2007 前掲書 74頁。
58 鈴木竜太 2007 前掲書 103-104頁。
59 鈴木竜太 2007 前掲書 105頁。
60 Hall, R. 2002, Context and practice of employee development, In J. Leopold (Ed.), *Human Resources in Organisations*, Prentice Hall, Chap.9.
61 Sktickland, R. 1996 Career self-management, *European Journal of Work and Organizational Psychology*, 5-4, pp.583-596.

62 Sktickland, R. 1996 ibid.
63 川喜多喬　2006　前掲書　218-219頁。
64 London, M., 2002 op.cit.
65 Bandura, A. 1995 *Self-efficacy*. 本昭寛・野口京子［監訳］　1997　『激動社会の中の自己効力感』金子書房　25頁、第8章。
66 Ensher, E.A., Murphy, S.E. and Sullivan, S.E, 2002, Boundaryless careers in entertainment In M.A. Peiperl, M.B. Arthur and N. Anand (Eds.), *Career Creativity*, Oxford University Press, Chap.12.
67 Armstrong, M. 1995　*A Handbook of Personnel Management Practice* (5th ed.), Kogan Page.
68 Super, D.E. 1957　*The Psychology of Careers*, 日本職業指導学会［訳］　1960　『職業生活の心理学』誠心書房、第Ⅱ部。
69 Schein, E.H. 1980　*Organizational Psychology* (3rd ed). 松井賚夫［訳］　1981　『組織心理学　原著第3版』岩波書店、93頁。
70 Feldman, D.C. 2002　Stability in the midst of change, In D.C.Feldman (Ed.) *Work Careers*, Jossey-Bass, Chap.1.
71 Noe, R.A., Hollenbeck, J.R., Gerhart, B. and Wright, P.M. 2006　op.cit., chap.7.
72 Kram, K.E. 1985　*Mentoring at Work*, Scott, Foresmen and Company.
73 小野公一　2003　前掲書。
74 小野公一　2005　「動機づけと職務態度」馬場昌雄・馬場房子［監修］『産業・組織心理学』白桃書房、第3章。
75 仕事や組織へのコミットメントと組織の有効性（業績など）の関係については、西脇の文献研究に詳しい。
　　西脇暢子　1998　「コミットメント研究の課題と展望」『産業・組織心理学研究』第11巻第1号、51-59頁。
76 小野公一　2003　前掲書。
77 小野公一　2002　「職務満足感と生活満足感」馬場昌雄、岩出博、小野公一、所正文、関口和代、谷内篤博、加藤恭子『大学卒ホワイトカラーの全体的生活満足感を規定する職業生活上の諸要因の探索的研究』日本大学経済学部産業経営研究所、第7章。

第2章

1　和田修一　2001　「近代社会における自己と生きがい」　高橋勇悦・和田修一編　『生きがいの社会学　高齢者社会における幸福とは何か』弘文堂、26頁。
2　波平恵美子　2001　「現代社会と生きがい」『生きがい研究』7、4-14頁。
3　石井毅　1995　「高齢者の自立能力と生きがい」『生きがい研究』創刊号、54-78頁。
4　保坂恵美子・周瑋儀・許莉芬、藤島法仁、大岡由佳　2007　「少子高齢化時代における食育と健康・生きがいある街づくり」『久留米大学文学部紀要　社会福祉学科編』第7号、

1-32頁。
5　近藤勉・鎌田次郎　1998　「現代大学生の生きがい観とスケール作成」『健康心理学研究』11-1、73-82頁。
6　馬場昌雄、岩出博、小野公一、所正文、関口和代、谷内篤博、加藤恭子　2002　『大卒ホワイトカラーの全体的生活満足感を規定する職業生活上の諸要因の探索的研究』日本大学経済学部産業経営研究所。
7　小野公一　1993　『職務満足感と生活満足感』白桃書房。
8　神谷美恵子　1966　『生きがいについて』みすず書房。1980年の『神谷美恵子著作集1』みすず書房に収録。本書で示す引用の頁数は、後者に従う。
9　塹江清志・岡和夫　1987　「企業従業員における「生きがい」方程式について」『応用心理学研究』12、23-30頁。
10　森俊太　2001　「「生きがい」の構造と言説」『生きがい研究』7、16-38頁。
11　塹江清志　1981　『現代日本人の生きがい』酒井書店、8章。
12　鶴田一郎　2007　『生きがいカウンセリング』駿河台出版、34-35頁。
13　黒田正典　1971　「いわゆる生きがいの定義および測定の問題」『日本心理学会第35回大会発表論文集』499-500頁。
　　黒田正典　1972　「資料の質的記述から見たいわゆる生きがいの実態」『日本心理学会第36回大会発表論文集』、606-607頁。
　　田中弘子・佐藤文子・青木孝悦　1972　「「生きがい」の心理学的研究の試み(2) その1」『日本心理学会　第36回大会発表論文集』608-609頁。
　　田中弘子・佐藤文子・青木孝悦　1973　「「生きがい」の心理学的研究の試み(3) その1」『日本心理学会　第37回大会発表論文集』244-245頁。
　　田中弘子・佐藤文子・青木孝悦　1974　「「生きがい」の心理学的研究の試み(4) その1」『日本心理学会　第38回大会発表論文集』868-869頁。
14　藤木五月・井上祥治　2007　「中学生の生きがい感体験測定尺度の開発と妥当性」『岡山大学教育実践総合センター紀要』7、125-133頁。
15　近藤勉・鎌田次郎　1998　前掲書。
16　平田哲　1988　『生きがいと仕事』日本基督教団出版会。
　　神戸勤労福祉振興財団　1995　『「勤労者の生活意識に関する調査」報告書』。
　　東清和　1999　『エイジングの心理学』早稲田大学出版部、第5章。
　　森俊太　2001　前掲書。
　　金子勇　2004　「高齢者類型ごとの生きがいを求めて」『生きがい研究』10、4-18頁。
　　熊澤光正　2005「立ち作業のT社女性従業員における新入社員と経験者の「生きがい」意識と構成要因に関する研究」『四日市大学論集』18-1、115-138頁。
17　井上勝也　2007　「「老年期の生きがい」の考察」『生きがい研究』13号、4-15頁。
18　千保喜久夫・真野敬　2005　「シニア層の生きがい・社会参加」『年金と経済』25-2、27-34頁。

19　塹江清志　1990　「日本人の生きがい」小林司［編］『現代のエスプリ　現代の生きがい』至文堂、38-49頁。
　　見田宗介　1984　『新版　現代日本の精神構造』弘文堂、61頁。男性においてもっとも多かった生きがいは仕事である。
20　佐藤真一　2006　「団塊世代の退職と生きがい」『日本労働研究雑誌』no.550　83-93頁。
21　島崎敏樹　1974　『生きるとは何か』岩波書店、35-36頁。
22　井上勝也　2007　前掲書。
23　二宮厚美　1994　『生きがいの構造と人間発達』労働旬報社、15-19頁。
24　鶴田一郎　2007　前掲書　16-21頁。
25　梶田叡一　1990　「生き方の選択と生きがい・生きざま」　小林司［編］『現代のエスプリ　現代の生きがい』至文堂、154-163頁。
26　Mathews, G. 1996　*What makes Life Worth Living?*, 宮川陽子［訳］2001　『人生に生きる価値を与えているものは何か』三和書籍、1頁。
　　塹江清志　1990　前掲書。
27　神谷美恵子　1966　前掲書　14頁。
　　近藤勉　1997　「生甲斐感への一考察」『発達人間学研究』第6巻第1号、11-20頁。
　　岡堂哲雄［監修］　PIL研究会編　1993　『生きがい』河出書房新社、9頁。
28　飯田史彦　2000　『生きがいのマネジメント』PHP研究所（PHP文庫）、31頁。
29　近藤勉　1997　前掲書。
30　森俊太　2001　前掲書。
31　宮川陽子　2001　In G. Mathews, 前掲書　邦訳　17頁。
32　塹江清志　1981　前掲書　3頁。
33　新村出　1998　『広辞苑　第5版』岩波書店、125頁。
34　神谷美恵子　1966　前掲書　14-15頁。
35　神谷美恵子　1966　前掲書　32-33頁。
36　神谷美恵子　1966　前掲書　88-91頁。
37　難波光男　2005　「「生きがい」の考察」『長岡看護福祉専門学校　紀要』3、33-38頁。
38　佐藤文子・田中弘子　1971　「「生きがい」の心理学的研究の試み(1)」『日本心理学会　第35回大会発表論文集』509-512頁。
39　佐藤文子・田中弘子・青木孝悦　1972　「「生きがい」の心理学的研究の試み(2)その2」『日本心理学会　第36回大会発表論文集』610-611頁。
40　二宮厚美　1994　前掲書　20頁。
41　二宮厚美　1994　前掲書　38頁。
42　黒田正典　1971　前掲書。
43　黒田正典　1972　前掲書。
44　熊野道子　2003　「人生観のプロファイルによる生きがいの2次元モデル」『*The Japanese Journal of Health Psychology*』16-2、68-76頁。

45　島崎敏樹　1974　前掲書　79頁。
46　島崎敏樹　1974　前掲書　64頁。
47　直井道子　2004　「高齢者の生きがいと家族」『生きがい研究』10、20-40頁。
48　二宮厚美　1994　前掲書　19-20頁。
49　安立清史　2003　「高齢者NPOと「生きがい」の実現」『生きがい研究』9、44-68頁。
50　和田修一　2006　「高齢社会における「生きがい」の論理」『生きがい研究』12、18-45頁。
51　波平恵美子　2001　前掲書。
52　直井道子　2004　前掲書。
53　波平恵美子　2001　前掲書。
54　井上勝也　2007　前掲書。
55　森俊太　2001　前掲書。
56　熊野道子　2005　「生きがいを決めるのは過去の体験か未来の予期か」『The Japanese Journal of Health Psychology』18-1、12-23頁。
57　島田裕子・菅谷真衣子・古川真人「目標を諦めることは健康なのか？」『昭和女子大学生活心理研究紀要』vol.11、79-88頁。
58　熊野道子　2003　前掲書。
59　熊野道子　2005　前掲書。
60　Ryff, C.D. 1989　Happiness is everything, or is it? Explorations on the meaning of psychological well-being, *Journal of Personality and Social Psychology*, 57-6, pp.1069-1081.
61　Keita, G.P. and Sauter, S.L. (Eds.) 1992　*Work and Well-Being*, A.P.A.
62　Cooper, C. and Robertson, I. (Eds.) 2001　*Well-Being in Organization*, Wiley.
63　Warr, P. 2002　*Psychology at Work 5th*, Penguin Books, pp.1-2.
64　石井留美　1997　「主観的幸福感の研究の動向」『コミュニティ心理学研究』1-1、94-107頁。
65　Diener, E. 2000　Subjective Well-Being, *American Psychologist*, 55-1, pp.34-43.
66　Strack, F., Argyle, M. and Schwarz, N. 1991　*Subjective Well-Being*, Pergamon Press.
67　Veenhoven, R. 1991　Questions on happiness, In F. Strack, M. Argyle and N. Schwarz, op.cit., chap.2.
68　Argyle, M. (1987)　*The Psychology of Happiness*, Methuen & Co.Ltd.　石田梅男〔訳〕1994　『幸福の心理学』誠信書房。
69　Levi, L. 1992　Psychosocial, occupational, environmental, and health concepts; Research results; and applications, In G.P.Keita, and S.L.Sauter (Eds.), *Work and Well-Being*, A.P.A, pp.199-210.
70　Pinder, C.C. 1998　*Work Motivation in Organizational Behavior*, Prentice Hall, chap.10. Robbins, S.S. 1996　*Organizational Behavior*, Prentice-Hall International, Inc., p.181.
71　安立清史　2003　前掲書。

参考文献

72 堀毛一也　2009「コヒアラント・アプローチによる主観的 well-being の個人差の研究」『対人社会心理学研究』No.9、2-7頁。
73 東清和　1999　前掲書 142-143頁。
74 Diener, E. 2000　op.cit.
75 佐藤真一　1998　「中高年期における生きがい概念再考」『明治学院大学　心理学紀要』8、5-32頁。
76 西村純一　2005　「サラリーマンの生きがい対象の構造、年齢さおよび性差の検討」立教大学『応用社会学研究』47、143-148頁。
77 神谷美恵子　1966　前掲書　90頁。
78 渡部昇一　1977　『「人間らしさ」の構造』講談社、47頁。
79 二宮厚美　1994　前掲書　10頁。
80 二宮厚美　1994　前掲書　20頁。
81 Maslow, A.H., 1943　A theory of human motivation, *Psychological Review*, 50, pp.370-396.
82 McGregor, D. 1960　*The Human Side of Enterprise*　高橋達男［訳］1966　『企業の人間的側面』産能短大出版部。
83 難波光男　2005　前掲書。
84 上田吉一　1990　「マスローによる自己実現」　小林司［編］『現代のエスプリ　現代の生きがい』至文堂、120-130頁。
85 小林司　1989　『「生きがい」とは何か』日本放送協会出版、32頁。
86 小林司［編］（1990）『現代のエスプリ　現代の生きがい』至文堂、9-28頁。
87 渡辺聰子　1994『生きがい創造への組織変革』　東洋経済新報社。
88 安立清史　2003　前掲書。
89 石川基　2004　「生きがい概念に関する一考察」『人間・エイジング・社会』6　21-27頁。
90 飯田史彦　2000　前掲書　35-36頁。
91 直井道子　2004　前掲書。
92 神谷美恵子　1966　前掲書30-32頁。
93 和田修一　2001　前掲書。
94 熊野道子・木下富雄　2003　「生きがいとその類似概念の構造」『社会心理学会第44回大会発表論文集』268-269頁。
95 熊野道子　2003　前掲書。
96 三重野卓　1990　『「生活の質」の意味』白桃書房、35頁。
97 三重野卓　1990　前掲書　40頁。
98 三重野卓　1990　前掲書　49-51頁。
99 柴田博　1998　「求められている高齢者像」東京都老人総合研究所　『サクセスフル・エイジング』ワールドプランニング、第2章。
100 遠藤忠　「高齢者の生きがいを規定する主観的QOLと健康面との関連性を中心とした

横断的アプローチによる心理学的検討」『生きがい研究』13号、97-116頁。
101 長嶋紀一 2002 「高齢者の生きがいとQOLに関する心理学的研究」『生きがい研究』8、16-37頁。
102 古谷野亘 1981 「生きがいの測定」『老年社会科学』3、83-95頁。
103 安立清史 2003 前掲書。
104 杉山善朗、竹川忠男、中村浩、佐藤豪、浦沢喜一、佐藤保則、斉藤桂紀、尾谷正孝 1981 「老人の「生きがい」意識の測定尺度としての日本版PGMの作成(1)」『老年社会科学』3、57-69頁。
105 Gewirth, A. 1998 *Self-Fulfillment*, Princeton University Press, p.3.
106 Gewirth A. 1998 op.cit., p.13.
107 和田修一 2001 前掲書。
108 塹江清志 1981 前掲書 163頁。
109 塹江清志・岡和夫 1987 前掲書。
110 西村純一 2005 前掲書。
111 佐藤真一 1998 前掲書。
112 金子勇 2004 「高齢者類型ごとの生きがいを求めて」『生きがい研究』10、4-18頁。
113 近藤勉 2007 『生きがいを測る』ナカニシヤ出版。
114 岡堂哲雄 1993 前掲書 第2章。
115 熊野道子 2005 前掲書。
116 近藤勉・鎌田次郎 1998 前掲書。
117 熊野道子 2003 前掲書。
118 近藤勉・鎌田次郎 1998 前掲書。
119 近藤勉 2007 前掲書 53頁。
120 泊真児 2001 「ライフスタイル」堀博道［監修］『心理測定尺度集Ⅱ』サイエンス社。
121 藤木五月・井上祥治 2007 「中学生の生きがい感体験測定尺度の開発と妥当性」『岡山大学教育実践総合センター紀要』7、125-133頁。
122 シニアプラン開発機構 1992 『サラリーマンの生活と生きがいに関する調査』7頁。
　　佐藤真一 1998 前掲書。
　　佐藤真一 2006 前掲書。
　　西村純一 2005 前掲書。
123 鈴木広 1986 『都市化の研究』恒星社厚生閣、508-513頁。
124 熊野道子・木下富雄 2003 前掲書。
125 シニアプラン開発機構 1992 前掲書。
　　シニアプラン開発機構 1993 『サラリーマンの生活と生きがいに関する調査2次調査)』
　　シニアプラン開発機構 1996 『第2回　サラリーマンの生活と生きがいに関する調査』
　　シニアプラン開発機構 2002 『第3回　サラリーマンの生活と生きがいに関する調査』
　　シニアプラン開発機構 2003 『「サラリーマンの生活と生きがいに関する調査」のフ

ォローアップ調査』
　　　シニアプラン開発機構　2007　『第4回　サラリーマンの生活と生きがいに関する調査』
126　川喜多二郎・小林茂・野田和夫　1968　『生きがいの組織論』日本経営出版社。
127　久保敏治・名東孝二［編］　1971　『生きがいの経営学』三省堂。
128　Basile, J. 1965　*La formation culturelle des cadres et des dirigeants*、グロータス、W.A.・美田稔［訳］　1969　『人間回復の経営』三省堂。
129　日本心理学会第38回大会シンポジウム13「職場の生きがいと職務設計」
130　杉村芳美　1990　『脱近代の労働観』ミネルヴァ書房、ii頁。
131　杉村芳美　1990　上掲書　79頁。
132　渡部昇一　前掲書　183頁。
133　吉野俊彦　1977　『サラリーマンの生きがい』徳間書店。
134　塹江清志　1981　前掲書　37頁。
135　塹江清志　1990　前掲書。
136　飯田史彦　2000　前掲書　51頁。
137　桜井純理　2006　「ホワイトカラー労働者のキャリアと働きがいの多様化」『日本労働社会学会年報　第16号　仕事と生きがい』日本労働社会学会、59-99頁。
138　渡辺聰子　1994　前掲書。
139　西村純一　2005　前掲書。

第3章

1　小野公一　2003　『キャリア発達におけるメンターの役割』白桃書房。
2　小野公一　1993　『職務満足感と生活満足感』白桃書房。
3　Hertzberg, F. 1966　*Work and the Nature of Man.*　北野利信［訳］　1968　『仕事と人間性』東洋経済新報社。
4　田中美由紀　1998　「職務満足感に関する諸要因の検討」『早稲田心理学年報』第30巻第1号、29-36頁。
5　平野光俊　1999　『キャリア・ドメイン』千倉書房。
6　小野公一　2003　前掲書　第3章。
7　小野公一　1994　「職務満足感に及ぼすソーシャル・サポートの影響」亜細亜大学『経営論集』第30巻第1・2号合併号、35-63頁。
8　Kram, K.E. 1985　*Mentoring at Work*, Scott, Foresman and Company.
9　Dreher, G.F, and Ash, R.A. 1990　A comparative study of mentoring among men and women in managerial, professional, and technical position, *Journal of Applied Psychology*, 75, pp.539-546.
10　Noe, R.A. 1988　An investigation of the determinants of succesful assigned mentoring relationship, *Personnel Psychology*, 41, pp.457-479.
11　Ragins, B.R., and McFarin, D.B. 1990　Perceptioms of mentor roles in cross-gender

mentoring relationship, *Journal of Vocational Behavior*, 37, pp.321-339.
12　Riley, S., and Wrench, D. 1985　Mentoring among women lawyer, *Journal of Applied Social Psychology*, 15, 4, pp.374-386.
13　角山剛　1995　「モティベーション管理の理論的背景」『日本労働研究雑誌』1995年5月号、34-44頁。
14　Bandura, A. 1977　Self-efficacy, *Psychological Review*, 84, pp.191-215.
15　山崎章江、百瀬由美子、坂口しげ子　1998　「患者との関わりにおける看護学生の自己効力感（Ⅱ）」『信州大学医療技術短期大学紀要』24、71-79頁。
　　山崎章江、百瀬由美子、坂口しげ子　2000　「看護学生の臨地実習前後における自己効力感の変化と影響要因」『信州大学医療技術短期大学紀要』26、25-35頁。
16　Dawis, R.V. 1994　The theory of work adjustment as convergent theory, In M.L. Savikas and R.W. Lent（Eds.）. *Convergence in Career Development Theories*, A Division of Consulting Psychologists Press, chap.3.
17　Bandura, A. 1977　Self-efficacy: Toward a unifying theory of behavioral change, *Psychological Review*, 84-2, pp.191-215.
　　Bandura, A.（Ed.）1995　*Self-efficacy in Changing Societies.*　本明寛・野上京子［監訳］1997『激動社会の中の自己効力』金子書房。
18　東條光彦・坂野雄二　2001　「セルフ・エフィカシー尺度」上里一郎［監修］『心理アセスメントハンドブック（第2版）』西村書店。
19　浦上昌則　1993　「効力感と生きがい感」『神戸大学発達科学部心理学紀要』3、11-17頁。
20　鎌原雅彦　2002　「セルフ・エフィカシーと動機づけ」坂野雄二・前田基成［編著］『セルフ・エフィカシーの臨床心理学』北大路書房、第4章。
21　Arnold, J. 1997　*Managing Careers*, Paul Chapman Publishing, pp.105-106
22　Hollandの6角形については、多くのキャリア関係の文献で紹介されているが、渡辺三枝子編　2003　『キャリアの心理学』ナカニシヤ出版の第2章に詳しい。
23　Bradley, J.C., Brief, A.P. and George, J.M., 2002　More than the Big Five personality and careers, In D.C. Feldman（Ed.）*Work Careers*, Jossey-Bass, Chap.2. など
24　小野公一　1997　『"ひと"の視点から見た人事管理』白桃書房、67-69頁。
25　大坊郁夫　2009「Well-beingの心理学を目指す」『対人社会心理学研究』No.9、25-31頁。
26　小野公一　2003　前掲書　第1章。
27　近藤勉・鎌田次郎　1998　「生きがい感スケール」堀洋道［監修］2001　『心理測定尺度集Ⅱ』サイエンス社、412-413頁。
28　松井健二・佐藤優子　2000　「中学生の学校適応と進路（キャリア）成熟、自己肯定感との関係」『新潟大学教育人間科学部紀要』第3巻第1号、157-165頁。
29　神戸勤労福祉振興財団　1995　『「勤労者の生活意識に関する調査」報告書』。
30　山本真理子・松井豊・山成由紀子　1982　「自尊感情尺度」堀洋道［監修］2001　『心

理測定尺度集Ⅰ』サイエンス社、29-31頁。
31 熊野道子・木下富雄 2003 「生きがいとその類似概念の構造」『社会心理学会第44会大会論文集』268-269頁。
32 藤井博・金井壽宏・関本浩矢 1995 『ミドル・マネジャーにとってのメンタリング』神戸大学、Discussion Paper 9555.
　　小野公一・西村康一 1999 「ソーシャル・サポートとメンタリング」『亜細亜大学経営論集』第34巻第2号、39-57頁。
33 二村英幸 2009 『個と組織を生かすキャリア発達の心理学』金子書房、61頁。
34 対象企業の希望で、年齢に関しては年代別に回答を得ており、各年代の中央値を当てはめて計算した数字である。

第4章

1 Sheashore, S.E. 1975 Defining and measuring the quality of working life, In L.E. Davis and A.B. Cherns (Eds.). *The Quality of Working Life vol.2*, The Free Press, pp.106-118.
2 Davis, L.E. and Cherns, A.B. 1975 *The Quality of Working Life vol.2*, The Free Press, pp.88-89.
3 小野公一 1986 「労働の人間化 ―米国のQWLを中心として―」亜細亜大学『経営論集』第21巻第1号、63-82頁。
　　小野公一 1993 『"ひと"の視点から見た人事管理』白桃書房、37-41頁
4 三隅二不二編著 1987 『働くことの意味』有斐閣、67-68頁。
　　斎藤智文 2008 『働きがいのある会社』労務行政、第2章。
　　梅澤正 2004 『ナットクの働き方』TAC、147-148頁。
5 小野公一 2008 馬場房子・小野公一『「働く女性」のライフイベント』ゆまに書房、第3章・第4章。
6 小野公一 1993 前掲書 155頁。
7 小野公一 1993 前掲書 第5章。
8 平野光俊 1999 『キャリア・ドメイン』千倉書房。
9 小野公一 2003 『キャリア発達におけるメンターの役割』白桃書房。
10 Hackett, G. 1995 In A.Bundura (Ed.). *Self-efficacy in Changing Societies*. 本明寛・野口京子 [監訳] 1977 『激動社会の中の自己効力』金子書房、第8章。
11 西山裕紀子 2000 「成人女性の多様なライフスタイルと心理的well-beingに関する研究」『教育心理学研究』48、433-443頁。
12 Lent, R.W. and Hackett, G. 1994 Sociocognitive mechanisms of personal agency in career development, In M.L.Savikas and R.W. Lent (Eds.). *Convergence in Career Development Theories*, A Division of Consulting Psychologists Press, Chap.7.

第5章

1 小野公一　2000　「メンタリング尺度の信頼性と妥当性の検証」亜細亜大学『経営論集』第35巻第1・2合併号、1-20頁。
2 小野公一　2000　上掲論文。
3 Kram, K.E. 1985　*Mentoring at Work*, Scott, Foresman and Company.
4 Lankau, M.J. and Scandura, T.A. 2002　An investigation of personal learning relationship: Content, antecedents, and consequences, *Academy of Management Journal*, 45, pp.779-790.
5 Allen, T.D., Eby, L.T., Poteet, M.L., Lentz, E. and Lima, L. 2004　Career benefits associated with mentoring for protégés: A meta-analysis, *Journal of Applied Psychology*, 89, pp.127-136.
6 Vandenberghe, C., Bentein, K. and Stinglhamber, F. 2004　Affective commitment to the organization supervisor, and work group: Antecedents and outcomes. *Journal of Vocational Behavior*, 65, pp. 519-532.
7 Lankau, M.J. Carlson, D.S. and Nielson, T.R. 2006　The mediating influence of role stressors in the relationship between mentoring and job attitudes, *Journal of Vocational Behavior*, 68, pp.308-322.

第6章

1 小野公一　2002　「職務満足感と生活満足感」馬場昌雄ら『大学卒ホワイトカラーの全体的生活満足感を規定する職業生活上の諸要因の探索的研究』日本大学経済学部産業経営研究所、第7章。
2 小野公一　2003　『キャリア発達におけるメンターの役割』白桃書房。
3 小野公一・鎌田晶子　2005　「メンタリングが看護師のキャリア発達や満足感に与える影響」『産業・組織心理学会第21回大会発表論文集』143-146頁。
4 小野公一　2005　「キャリア発達がもたらす生きがい感に関する研究」亜細亜大学『経営論集』第41巻第1号、3-25頁。
5 豊田秀樹　2005　中島義明・繁桝算男・箱田裕司（編）　2005『新・心理学の基礎知識』有斐閣、522-523頁。
6 田部井明美　2001　『SPSS完全活用法　強分散構造分析によるアンケート処理』東京図書、第5章。
7 小塩真司　2004　『SPSSとAmosによる心理調査データ解析』東京図書、180-183頁。

第7章

1 小野公一　2003　『キャリア発達におけるメンターの役割』白桃書房。
　小野公一　2005　「キャリア発達がもたらす生きがい感に関する研究―看護師のメンター調査を用いたモデルの検証―」亜細亜大学『経営論集』第41巻第1号、3-25頁。

2 小野公一 2003 前掲書。
  小野公一・鎌田晶子 2005 「メンタリングが看護師のキャリア発達や満足感に与える影響」『産業・組織心理学会第21回大会発表論文集』143-146頁。
3 小野公一 2007 「働く人々の生きがい感の構造について」亜細亜大学『経営論集』第42巻第1・2号合併号、3-19頁。
4 Ono, K, Sekiguchi, K., and Kato, K. 2006 The Effects of Family and Homemaking on the Career Development of Japanese RNs, THE INTERNATIONAL SOCIETY FOR THE SYSTEMS SCIENCES 50th (CD).

第8章

1 Lankau, M.J. Carlson, D.S. and Nielson, T.R. 2006 The mediating influence of role stressors in the relationship between mentoring and job attitudes, *Journal of Vocational Behavior*, 68, pp.308-322.
2 熊野道子 2003 「人生観のプロファイルによる生きがいの2次元モデル」『The Japanese Journal of Health Psychology』16-2、68-76頁。
3 所正文 2002 『働くものの生涯発達』白桃書房、11頁。
4 杉村芳美 1990 『脱近代の労働観』ミネルヴァ書房、79頁。
5 小野公一 2007 「企業による支援や仕事の場における支援」
  馬場房子・小野公一 2008 『「働く女性」のライフイベント』ゆまに書房、第6章。
6 Hunt, J.M. and Weintraub, J.R. 2007 *The Coaching Organization*, Sage, p.59.
7 小野公一 2010 藤森達男［編著］『人間関係の心理』誠心書房（編集中）。
8 Decent Workについては、黒田兼一・守屋貴司・今村寛治［編著］2009 『人間らしい「働き方」・「働かせ方」』ミネルヴァ書房に詳しい
9 厚生労働省 2007 「平成18年度 能力開発基本調査 結果概要」（平成19年7月19日発表）。
10 Scandura, T.A. and Williams, E.A. 2004 Mentoring and transformational leadership: The role of supervisory career mentoring, *Journal of Vocational Behavior*, 65, pp.448-468.
11 小野公一 1997 『"ひと"の視点から見た人事管理』白桃書房、第7章。
12 Marquardt, M.J. and Loan, P. 2006 *The Manager as Mentor*, Praeger, chap.1・2.
13 小野公一 2003 『キャリア発達におけるメンターの役割』白桃書房、第5・6章。
14 Gellerman, S.W. 1992 *Motivation in the Real World*, 木下敏［訳］1994 『新しい動機づけの経営』産能大出版部、199頁。
15 Gibson, D.E. 2004 Role models in career development: New directions foe theory and research, *Journal of Vocational Behavior*, 65, pp.134-156.
16 Gibson, D.E. 2004 ibid.
17 Marquardt, M.J. and Loan, P. 2006 op.cit., p.54.
18 小野公一 2003 前掲書、38-41頁。

19 『人事マネジメント』2006.4. 29-44頁。

労務行政研究所　2006　『労政時報』第3691号（06.12.8)、62-101頁。

おわりに

　最初の問題意識「人はなぜ働くのか」について職務満足感を中心に研究に手を染めてから本書に至るまで、20年近い時間が流れている。この間に、「はじめに」で取り上げた拙著を中心に、多くの実証研究を積み重ね、その質や意義の論議は別として、結果の発表を続けてきた。そのなかで、達成感や充実感を味わえるようなものがあるかと言うと、そのようなことはほとんどない。しかしながら、メジャーリーガーのイチローが講演（2009.1.15）のなかで述べていたが、「小さな段階ごとに満足を感じないと次のステップでやっていられない」という面もあり、本書も例外ではない。これまでのプロセスのなかでつらつら感じるのは、「働く」ということの奥の深さと自分の力のなさである。

　それにもかかわらず、この途方もないテーマをめぐってさまざまな視点から挑戦し続けることができたのは、恩師馬場房子先生・馬場昌雄先生をはじめとする多くの先生方や、調査にご協力いただいた多くの企業や看護関係の方々のご指導とご厚意の賜物でもある。また、何くれとなく情報提供していただいたり、日常的な交流の中での情緒的サポートをいただいたりした多くの先生方や友人のお陰でもあることは言を待たない。それらの皆様には、本当に心より感謝している。それらの方々については、これまでの著作のなかでお名前をあげて謝意を表しているので、ここではあえて、皆様のお名前を列挙するのは避けることにする。

　なお、本書の執筆に際し、調査票の発送からはじまり点検や参考文献・資料の整理などを直接的に手伝ってくれた小野ゼミの前村陽子さんと、質問紙の点検や文章の点検、さらには、統計処理などに多くの助言をいただいた文教学院大学保健医療技術学部の岩崎裕子先生には心からお礼を申し上げたい。

　そして、最初の職務満足感を中心とした実証研究から始まり、職務満足感とソーシャル・サポート、メンターとキャリア発達、そして、現在のキャリア発達と生きがいの関係へと展開してきた実証研究のなかで、初期の段階から、調

査のフィールドの提供や調査上のさまざまなご配慮だけでなく、情緒的サポートというきわめてベーシックなメンタリングを提供し続けていただいている株式会社アイ・イーシー取締役の枝元朋子さんに、心より感謝の意を表して、筆をおきたい。

2010年2月5日

人名索引

日本人名

あ

青木孝悦	30
東清和	30, 40
安立清史	35, 40, 42, 45
飯田史彦	32, 43, 55
石井毅	27
石井留美	39
石川基	43
井上勝也	30, 31, 37
井上祥治	30, 49
岩出博	6
上田吉一	42
梅澤正	10, 89
浦上昌則	68
遠藤忠	44
岡和夫	29, 46
岡田昌毅	14
岡堂哲雄	32, 47
小塩真司	166
小野公一	5, 6, 7, 15, 23, 24, 28, 65, 67, 69, 70, 87, 98, 99, 135, 136, 161, 162, 189, 197, 223, 225, 228, 230, 233

か

角山剛	67
梶田叡一	31
金井壽宏	7, 70
金子勇	30, 47
鎌田晶子	162
鎌田次郎	27, 30, 47, 48, 70
鎌原雅彦	68
神谷美恵子	29, 32, 33, 41, 43
川喜多喬	16, 17
川喜多二郎	53
川端大二	8
菊池達昭	5, 6
木下富雄	43, 51, 70
久保敏治	53
熊澤光正	30
熊野道子	34, 37, 38, 43, 47, 48, 51, 70, 220
黒田正典	30, 34
厚生労働省	227
神戸勤労福祉振興財団	30, 70
小林茂	53
小林司	42
古谷野亘	44
近藤勉	27, 30, 32, 47, 48, 70

さ

斎藤智文	89
坂口しげ子	68
坂野雄二	68
桜井純理	56
佐藤真一	30, 41, 46, 49
佐藤文子	30, 33
佐藤優子	70
シニアプラン開発機構	49, 51
柴田博	44
島崎敏樹	31, 34
島田裕子	37

新村出	7, 32		**は**	
杉村芳美	54, 223			
杉山善朗	45		ハー, E.L.	8
鈴木広	50		馬場昌雄	27
鈴木竜太	6, 16, 17		坂東眞理子	5
関口和代	5		平田哲	30
関本浩矢	70		平野光俊	7, 9, 66, 106
千保喜久夫	30		藤井博	70
			藤木五月	30, 49
た			保坂恵美子	27
			堀毛一也	40
大坊郁夫	69		蟹江清志	29, 30, 32, 46, 55
高橋伸夫	14			
田中弘子	30, 33		**ま**	
田中美由紀	66			
谷内篤博	5, 7, 9		松井健二	70
田部井明美	166		松井豊	70
鶴田一郎	30, 31		真野敬	30
東條光彦	68		三重野卓	44
所正文	221		三隅二不二	89
泊真児	49		見田宗介	30
豊田秀樹	166		宮川陽子	32
			百瀬由美子	68
な			森俊太	29, 30, 32, 37
直井道子	34, 35, 43		**や・ら・わ**	
長嶋紀一	44			
名東孝二	53		山崎章江	68
波平恵美子	27, 35, 36		山成由紀子	70
難波光男	33, 42		山本真理子	70
西村康一	70		吉野俊彦	54
西村純一	41, 46, 49, 56		労務行政研究所	233
西山裕紀子	123		若林満	7
二宮厚美	31, 34, 35, 41		和田修一	27, 35, 43, 46
二村英幸	71		渡辺聰子	42, 56
野田和夫	53		渡辺直登	7

渡辺三枝子　　　　8, 12
渡部昇一　　　　　41, 54

外国人名

Allen, T.D.　　　　145
Argyle, M.　　　　39, 40
Armstrong, M.　　　20
Arnold, J.　　　　　68
Arthur, M.B.　　　　7, 8, 9
Ash, R.A.　　　　　67
Ashby, F.C　　　　 16

Bailyn, L.　　　　　9
Bandura, A.　　　　19, 68
Basile, J.　　　　　53
Bentein, K.　　　　150
Bird, A.　　　　　　8
Bradley, J.C.　　　68
Brief, A.P.　　　　 68

Carlson, D.S.　　　150, 219
Cherns, A.B.　　　 87
Cooper, C.　　　　38

Dalton, G.W.　　　 7
Davis, L.E.　　　　87
Dawis, R.V.　　　　68
Diener, E.　　　　　39, 40
Dreher, G.F.　　　　67

Ensher, E.A.　　　 19

Feldman, D.C.　　　8, 20

Gellerman, S.W.　　230

George, J.M.　　　 68
Gerhart, B.　　　　9, 21
Gewirth, A.　　　　45
Gibson, D.E.　　　231
Gouws, D.J.　　　　7

Hackett, G　　　　　119, 123
Hall, D.T.　　　　　10, 11, 12
Hall, R.　　　　　　17
Hansen, L.S.　　　　8
Harrington, B.　　　10, 12
Hertzberg, F.　　　 66
Holland, J.L.　　　 68
Hollenbeck, J.R.　　9, 21
Hunt, J.M.　　　　　225

Ibarra, H.　　　　　8
Inkson, K.　　　　　7, 10, 12

Jones, C.　　　　　12

Kato, K.　　　　　　197
Keita, G.P.　　　　 38
Kram, K.E.　　　　　22, 67, 136

Lankau, M.J.　　　　142, 150, 219
Lent, R.W　　　　　123
Levi, L.　　　　　　40
Loan, P.　　　　　　229, 232
London, M.　　　　　12, 16, 18

Marquardt, M.J.　　229, 232
Maslow, A.H.　　　 42
Mathews, G.　　　　32
McFarin, D.B.　　　67
McGregor, D.　　　 42

Mirvis, P.H.	12		Warr, P.	39
Mondy, R.W.	5, 16		Weintraub, J.R.	225
Murphy, S.E.	19		Williams, E.A.	227
			Wrench, D.	67
Nielson, T.R.	150, 219		Wright, P.M.	9, 21
Noe, R.A.	5, 9, 16, 21, 67			
			Yarnall, J.	7, 9
Ono, K.	197			

Peiperl, M.A.	9
Pell, A.R.	16
Pinder, C.C.	40
Premaux, S.R.	5, 16

Ragins, B.R.	67
Riley, S.	67
Robbins, S.S.	40
Robertson, I.	38
Rousseu, D.M.	7, 8
Ryff, C.D.	38

Sauter, S.L.	38
Scandura, T.A.	142, 227
Schein, E.H.	7, 20
Schwarz, N.	39
Sekiguchi, K.	197
Sheashore, S.E.	87
Sktickland, R.	5, 17
Stinglhamber, F.	150
Strack, F.	39
Sullivan, S.E.	19
Super, D.E.	7, 20

Vandenberghe, C.	150
Veenhoven, R.	39

事項索引

あ

ILP　　8
アイデンティティ　11, 42, 69, 218
アノミー尺度　　45
安寧　　38, 69
EAP　　226
居がい　　34
生きがい意識　　46
生きがい（の）概念　24, 29, 31, 46, 64
生きがい感　　29, 33, 43, 46, 47, 55, 197
生きがい感スケール　48
生きがい研究　　29
生きがい尺度　　166
生きがいの意味　　52
生きがいの構成要素　42
生きがいの構造　42, 50, 189
生きがいの成立条件　42
生きがいの喪失　　30
生きがいの対象　191, 217
生きがいの評価　　190
生きがい論　　47
生きがい論ブーム（生きがい論の流行）　27, 30, 55
生きる力　　27
生きる目標（生きる目的・目標）　70, 189
生きる喜び　　27, 33, 47
居場所　　62
意味感　　33, 47
因子分析　　162, 200, 204
インセンティブ　16, 221, 230
X理論・Y理論　　42

エンプロイアビリティ　5, 23, 150
OJT　　17, 67, 111, 141, 216, 227
off-JT　　17, 67, 227

か

かい（甲斐）　31, 35
過去志向　　36
価値観　　18, 20, 22, 27, 34, 42, 52, 63, 223
家庭　　46, 66
神　　29
管理者行動機能　23, 63, 118, 134, 137, 140, 141, 144, 146, 148, 149
企業風土　　152
基本モデル　　167, 179
キャリア・アイデンティティ　12, 20
キャリア・アンカー　11, 20, 55
キャリア維持期　　20
キャリア（の）概念　7, 9, 18, 63
キャリア開発　　16
キャリア開発プログラム　16
キャリア・カウンセリング　226
キャリア確立期　　20
キャリア観　　22
キャリア機能　22, 118, 134, 136, 137, 144, 147, 148, 149
キャリア・クライシス　10
キャリア志向　　6
キャリア衰退期　　20
キャリア・ステージ　62
キャリア探索期　　20
キャリア定義　　8

索引

キャリアの語源　6
キャリアの自己管理　17
キャリアの自己責任化　5
キャリアの自立　23, 63
キャリア発達　5, 12, 13, 15, 18, 20, 22, 23, 61, 63, 66, 73, 101, 103, 106, 113, 115, 119, 129, 134, 141, 142, 147, 150, 161, 162, 174, 176, 178, 184, 189, 197, 209, 216, 218, 225, 226
キャリア発達―生きがいのスパイラル　220
キャリア発達―生きがいモデル　166, 184, 199, 200, 210, 215
キャリア発達意識　22
キャリア発達因子構造　107
キャリア発達影響要因　20
キャリア発達課題　231
キャリア発達感　87
キャリア発達支援　16, 22, 23, 117, 129, 224, 228, 233, 234
キャリア発達促進要因　18, 64
キャリア発達要因　123
キャリア保証　5
キャリア満足感　24, 62, 66, 71, 87, 136, 143, 146, 161, 162, 168, 174, 189, 216
キャリアメンタリング　145, 227
キャリア目標　71
キャリア・モデル　134, 226, 231
キャリア理論　14
キャリア・レインボー　14
QOL（Quality of Life）　39, 44, 47
QOL研究　39
QWL　87
狭義のキャリア　8
勤務継続意思　75, 151
クリニカルラダー　71, 135

経営理念　223, 225
経済人モデル　14
経済的な安心感　64
考課面接　226
広義のキャリア　8, 55
広義のキャリア発達　69
公式のメンター制度　22, 234
高次の（成長）要求　［→成長要求］　13
幸福感　27, 35, 38, 43, 51
高齢者　28, 30, 40, 140
高齢者の生きがい　30, 35, 42, 47
高齢者の生きがい尺度　44
高齢者のQOL　44
コーチング　20
個別局面的職務感満足感　［→職務満足感］　66
コミットメント　10, 28, 51, 150, 216, 222, 226
雇用保障　5

さ

ジェンダー　39
自己確認　193
自己啓発意欲　18, 68, 112, 119, 125, 164, 189, 217, 218, 225
自己啓発援助　17, 227
自己啓発活動　67
自己肯定・生きがい因子　194, 198, 205, 216
自己肯定感　28, 161, 164, 189, 197
自己効力感　19, 24, 67, 119, 120, 161, 162, 176, 182, 184, 189, 197, 205, 216, 217, 218
自己志向的キャリアモデル　10
自己実現　34, 35, 41, 52, 54

自己実現観	43		職務満足感	8, 16, 23, 27, 39, 53, 61, 63, 65, 87, 88, 93, 98, 112, 136, 151, 161, 162, 166, 168, 174, 182, 189, 197, 216, 219, 222, 227
自己実現至上主義	56			
自己実現要求	42			
自己充足	45			
自己申告	226		職務満足感構成要因	88
仕事観	20, 119, 224		自律的(な)キャリア	5, 16
仕事自己効力感	68, 71, 121		人事考課	228
仕事に意味を与える	231		人生観	27, 52
自己の充実感	13		人生享楽	48
自己の成長(感)	13, 63, 164, 189		人生の意味	50
シスター制度	234		人生の充実・肯定	162, 169
自尊感情	24, 28, 161		人生の目的	38
CDP	227		人生の目的意識	47
自分らしく生きる	191		人生の目標	70
社会的孤立感	45		人生への肯定感	161
充実感	23, 40, 189, 197		人生への満足感	63
充足感	23, 45, 63		シンパシー(共感)	22, 35, 233
主観的 well-being	38, 43, 64		心理社会的メンタリング	145
主観的キャリア発達感	110		心理的 well-being	23, 38, 40, 69, 87, 123, 161, 164, 182, 185, 220, 226
主観的 QOL	44			
主観的幸福感	37, 40, 43, 45, 55		心理的サポート	142
主観的充実感	40		遂行行動	68
受容・承認機能	23, 118, 134, 136, 137, 142, 143, 146, 148, 149, 217		spill-over 関係	100, 112
			spill-over モデル	65
上司の取り組み	229		成果主義	5, 13, 70, 135, 228
情緒的機能	23, 63, 118, 134, 136, 137, 140, 142, 144, 147, 148, 149, 183		生活意欲	45
			生活の充実感	51
情動喚起	68		生活満足感	8, 27, 40, 63, 65, 87, 95, 98, 174, 189, 197, 205
承認	40			
職業観	19, 20		成功感	63
職業的キャリア	150		性差	91
職業的パーソナリティ	68		生存充実感	33
職場への定着	23		成長感	23, 63
職務価値	55		成長・承認因子	194, 198, 205, 216
職務再設計	53, 226		成長要求	42, 63, 66, 161, 225
職務態度	40		全体的キャリア満足感	101, 103, 142

索引　261

全体的生活満足感　24, 27, 39, 65, 95, 98, 112, 161, 162, 169, 174, 182, 189, 197, 205, 216
戦略的人的資源管理（SHRM）　222
疎外感　55, 98
組織コミットメント　16, 23, 150, 219, 227
組織の従業員観　224
組織の人間観　224
組織の有効性　222
組織風土　73, 125, 174, 179, 224, 225
ソーシャル・サポート　22, 40, 62, 67, 70, 71, 111, 113, 115, 117, 142, 151, 168, 184, 197, 216, 218
存在価値　48, 51
尊重すべき個人　223
尊重要求　14, 42

た

退職意図　150
対人価値　55
対人関係志向　28, 68, 112, 124, 152, 162, 217, 218
代理経験　68
達成（感）　40, 54
男女別の差異　102
適合度指標　164, 166, 174, 177, 184, 197, 204, 235
デーセント・ワーク　226
伝統的キャリア　10
動機づけ　13, 16, 23, 40, 42, 192, 219, 222, 225, 226, 227
動機づけ要因　53
統合的人生設計　8
特性的自己効力感　68, 71, 112, 119, 120, 162, 166, 168, 216, 217

な

人間観　223, 226
人間関係　66
能力開発　5, 16, 19, 64, 67, 224, 227, 228
能力と承認　162
能力発揮　46, 53, 119, 164

は

派遣切り　13, 221
ハーズバーグの動機づけ要因　89
パーソナリティ　18, 40, 68, 112, 119, 189
パーソナリティ要因　119
働き甲斐　28, 31, 53, 69, 162, 168, 174, 176, 182, 184, 191, 195, 197, 216
ハラスメント　75
PIL　47
PCGモラール・スケール　44, 47
人並み　36, 70, 191
人を育てる喜び　232
評価　53, 234
フィードバック　43, 119, 229
ブラザー制度　234
Fulfillment　45
protean career　9
プロトジー　22, 71, 134, 233

ま

マズローの要求5段階説　13, 42
未来志向　36

未来展望　　　　　50
メンター　　　　　10, 22, 61, 64, 67, 71,
　113, 115, 134, 141, 218, 226, 229, 234
メンターシップ　　233
メンター―プロトジー関係　22, 71, 233
メンタリング　　　20, 22, 61, 64, 67, 70,
　71, 117, 129, 134, 137, 140, 150, 161, 166,
　168, 178, 183, 184, 189, 210, 216, 217, 219,
　226, 233, 234
メンタリング（の）機能　22, 118, 135, 149
メンタリング―キャリア発達―生きがいモ
　デル　75, 172, 182, 204, 215
メンタリング（の）測定尺度　118, 129
メンタリング尺度　135, 147
メンタリング（の）受領　137, 140, 149
メンタリング4機能　142, 146, 147, 151
メンタルヘルス（心の健康）　39, 98, 220
目標　　　　　　　33, 35, 37, 51
目標管理　　　　　70, 228
目標達成　　　　　37
モデルA　　　　　200, 204
モデルB　　　　　205
モデルC　　　　　205
モデルD　　　　　205
モラール　　　　　45
モラール尺度　　　44

や

役割モデル　　　　134, 231
余暇の充実　　　　64
余暇の過ごし方　　66
欲望充足　　　　　46

ら

ライフキャリア　　9
ライフ・キャリア・レインボー　7
ライフステージ　　14
リテンション　　　150, 216
労働意欲　　　　　55
労働観　　　　　　223, 224
労働条件　　　　　66

わ

ワークキャリア　　9
ワーク・ライフ・バランス　9, 221, 226

編者紹介

小野公一（おの・こういち）

1951年生まれ。
亜細亜大学経営学部教授（1980年亜細亜大学大学院博士課程後期単位取得退学。1980年(株)社会調査研究所入社。1983年亜細亜大学経営学部講師。現在に至る。）
専門は人事・労務管理、産業・組織心理学。職務満足感、キャリア発達とメンタリング、職場における人的支援（ソーシャル・サポート）などについての実証的な研究を行っている。
著書に、『「働く女性」のライフイベント』ゆまに書房（馬場房子と共著）、2007年。
『産業・組織心理学』（岡村一成と共編著）白桃書房、2005年。
『キャリア発達におけるメンターの役割』（単著）白桃書房、2003年。
『"ひと"の視点から見た人事管理』（単著）白桃書房、1997年。
『職務満足感と生活満足感』（単著）白桃書房、1993年。

働く人々のキャリア発達と生きがい
―― 看護師と会社員データによるモデル構築の試み

2010年3月31日　印刷
2010年4月12日　第1版第1刷発行

[著者]　小野公一

[発行者]　荒井秀夫
[発行所]　株式会社ゆまに書房
　　　　　〒101-0047　千代田区内神田2-7-6
　　　　　tel. 03-5296-0491 / fax. 03-5296-0493
　　　　　http://www.yumani.co.jp
[印刷・製本]　新灯印刷株式会社
落丁・乱丁本はお取り替えいたします。
定価はカバーに表示してあります。
ISBN978-4-8433-3352-5 C1011　　　©Kouichi Ono 2010 Printed in Japan